上海市松江区文学艺术界联合会

主编

许 平

执行主编

图书在版编目（CIP）数据

云间笔会. 2022/上海市松江区文学艺术界联合会主编.
— 太原：山西人民出版社，2022.12
　　ISBN 978-7-203-12493-1

Ⅰ．①云… Ⅱ．①上… Ⅲ．①中国文学－当代文学－作品综合集－上海 Ⅳ．①I218.51

中国版本图书馆CIP数据核字(2022)第219861号

云间笔会.2022

主　　编：	上海市松江区文学艺术界联合会
责任编辑：	吕绘元
复　　审：	刘小玲
终　　审：	李　颖
装帧设计：	张永文
出　版　者：	山西出版传媒集团·山西人民出版社
地　　址：	太原市建设南路21号
邮　　编：	030012
发行营销：	0351—4922220　4955996　4956039　4922127（传真）
天猫官网：	https://sxrmcbs.tmall.com　电话：0351—4922159
E—mail：	sxskcb@163.com　发行部
	sxskcb@126.com　总编室
网　　址：	www.sxskcb.com
经 销 者：	山西出版传媒集团·山西人民出版社
承 印 厂：	山西省教育学院印刷厂
开　　本：	787mm×1092mm　　1/16
印　　张：	23.75
字　　数：	300千字
版　　次：	2022年12月　第1版
印　　次：	2022年12月　第1次印刷
书　　号：	ISBN 978-7-203-12493-1
定　　价：	68.00元

如有印装质量问题请与本社联系调换

目 录

小 说

刘　敏	密林里的歌声 / 003
刘红炜	阿大玩琴 / 013
王　斌	写小说（节选） / 021
赵　靓	闺　蜜 / 027
黄抒绮	一年级的牛硕硕（节选） / 032
庄锋妹	女孩的伤（节选） / 039
谢　青	你只管努力做好自己，剩下的交给天意 / 049

散 文

许云琴	我的珍藏微篆《心经》 / 057
	两枚宋钱的感悟 / 059
	百年兴衰话颐园 / 061

章绍岩	孺子心头可耕田 / 064
	搪瓷茶缸喝咖啡 / 067
	白洋淀思恋 / 069
	心香一瓣送先生 / 071
方崇智	求真记 / 073
	寻友记 / 078
刘长海	休闲山水间 / 081
	屈原故乡乐平里 / 083
范锦文	闲说光盘 / 085
王元祚	我的江河之缘 / 086
汤炳生	狗　生 / 089
	养　生 / 091
	感觉幸福 / 093
景　青	网　船 / 096
	渔翁鸬鸟唱轻舟 / 098
	广富林的桥 / 100
	叫蝈蝈 / 103
朱正安	语音提示能否简单易行些 / 105
	时尚乱弹 / 107
张林琪	玉　米 / 110
钱明光	童年的蚕豆 / 113
	灯芯草 / 115
欧　粤	猪头肉 / 117
陈福康	辨近人伪造的古籍两种 / 120
俞福星	英雄精神永放光芒 / 132

冯　韬	信的故事 / 134	
吕六一	隔代亲 / 140	
	斧凿咚咚 / 143	
榛　子	闲读偶遇范先生 / 146	
邢砚斐	松江画坛陈氏三兄弟 / 149	
可　燃	大美新疆让我陶醉 / 152	
	独库公路风景 / 154	
徐亚斌	仙鹤在我头顶盘旋 / 156	
黄忠杰	行走者生命主题的寻觅 / 159	
徐天安	"识花君"与夹竹桃 / 162	
蒋近朱	秋染醉白池 / 165	
陆　良	徐教授的故乡情 / 167	
何伟康	内史第前话定律 / 170	
俞富章	农家的灶头 / 173	
李宗贤	痛失感觉 / 176	
陆　云	叶大鹰在松江致青春 / 179	
常　虹	读美文品书香 / 185	
魏　勇	那年边陲过春节 / 189	
周　平	901，印象和梦幻 / 193	
许　平	桑葚红了的时候 / 196	
李仙莲	九旬老爸玩穿越 / 199	
	美的老师 / 203	
周　明	拜访老校长 / 206	
	多一些理解，多一些宽容 / 209	
	由饮水机漏水想到的 / 211	

潘安农	读书真好 / 213	
侯建萍	相　聚 / 215	
倪红霞	我和中国饺子 / 219	
顾　夕	响板桥前的沉思 / 222	
徐俊国	向伟大汉语献上一个修辞礼貌 / 224	
清　水	镜中城 / 230	
洪　丽	窗　外 / 234	
林　琳	高山流水 / 237	
凌万来	纳　凉 / 240	
王一峰	映日荷花别样红 / 243	
年　磊	母亲的凉面条 / 246	
牧太甫	美成在久 / 249	
颜　萍	车与牌 / 252	
	摔出来的自省 / 254	
吴　安	生命的颜色 / 257	
杨强劲	陌生人的温暖 / 260	
陈贝贝	堪培拉的秋天 / 263	
乔进礼	轧水井 / 266	
方　晨	诗的断章，引我重新走向炙热山海 / 269	
淦　霖	任性的代价 / 271	
	潜伏岁月 / 273	
魏　叶	中山路上的童年 / 275	
	小角落演绎缤纷大世界 / 277	

诗　歌

何居华	山间午餐（外三首）	/ 283
王迎高	在松江，翻一本黑白相册	/ 287
云间方圆	你惊艳了这浅浅的夏（外二首）	/ 289
宋顺弟	活佛（外一首）	/ 292
沈亚娟	为中国女足亚洲杯夺冠而作	/ 295
王福友	一只黑蝶在三月凋落（外一首）	/ 296
梅　芷	闲云野鹤（外二章）	/ 299
漫　尘	炊　烟	/ 302
	一头鹿朝落日下跪	/ 304
夏　青	断桥（外一首）	/ 306
王民胜	我喜欢春天的燕子	/ 308
	世界如此寂静	/ 309
吴文利	偶入荷塘	/ 310
	独步泰晤士小镇偶感	/ 311
	浦江烟渚	/ 312
	入　夏	/ 313
子　薇	江南呓语	/ 314
	烤肉的酱香沾满了薄荷味	/ 316
	美术馆记忆之一	/ 318
李　潇	安静（外二首）	/ 320
朵　而	暴雨后，夜在鸣叫（外一首）	/ 323
古　铜	雪是一面镜子（外五首）	/ 326

谌贵芳	山　行 / 331	
鲁培栓	七绝·伤春 / 333	
	七绝·春日思 / 334	
	七绝·初夏自驾江南偶闻 / 335	
	七绝·重游西沙湿地公园 / 336	
李洪涛	尖顶树林 / 337	
胡　震	爱莲说 / 339	
俞月娥	爆　豆 / 342	
王崇党	生命本草 / 344	
青　也	荷居士：夜游昆秀湖（外一首） / 350	
张　萌	拧　开 / 352	
	随　记 / 353	
	已　然 / 354	
	白　鹭 / 355	
	适　度 / 356	
袁雪蕾	等　我 / 357	
	配　方 / 359	
顾雪莲	在云间（外二首） / 361	
柳燕梁	告别（外一首） / 364	
宋憩园	比如说生活（外一首） / 366	
张开江	离沪返滇有感 / 368	
	过娄底见窗外雪景有感 / 369	
	醉白荷韵 / 370	
	新春由沪夜抵昆明有寄 / 371	
	雨后晚晴 / 372	

云间笔会
2022

小 说

刘敏

密林里的歌声

土气的轮式拖拉机一旦开动起来，立刻惊天动地，尤其是从干燥的土路上开来，扬起的灰尘就像荒地上坠毁了一架飞机。灰尘逐渐散去，拖拉机已经停靠在修路队仓库门口。管理员跑来招呼卸车。车上装着供给的主副食品，快卸完时，角落里的几个麻袋动了，接着从尘土中站起三个人来。

"刚分配来的。"文书说。

我这才注意到几个人脚边的行李、旅行袋，还有装着搪瓷脸盆的网兜。

"到了，都下车吧！"

文书冲他们招呼道，他们用脚把行李蹬到车边，先后从车上跳下来，结果砸到了一起，意外的失误让几个人嘻嘻哈哈。这时我才分辨出来，竟然是三个女的。

"修路又不是坐机关，女的能干什么？"我训斥文书。

"男的被分光了，只剩下三个女的。"文书辩解道。

"不能不接收！"

"不要不行，硬塞给咱们，我也没办法！"

"找后勤单位调换一两个男的也好嘛！"

"她们表过态，不怕吃苦。"

"表态有屁用！她们是能扛木头，还是能拉大锯？"

"你这个人有偏见，都什么时代了，还看不起女的。"

三个人中个头比较高的一个摘下帽子，露出长圆脸，表情严肃地站到我面前。

"曹红。就是她争着要来。"文书分明在推卸责任。

"官僚。"另一个站在曹红身后，明显是支持曹红。

"邱学兰，"文书报出名字，"那一个叫胡梦薇。"

"有你们哭鼻子的时候。"

"我们为什么要哭鼻子！就是不哭，怎么样？"

初次见面就一句不让，这个曹红有些好斗，

我不想跟她们争论，转身走开了。

"你不该瞧不起人！"曹红在我身后喊道。

我站住，回头，看见一幅定格的画面：曹红、邱学兰在前，胡梦薇在后，她们拎着旅行袋，拖着行李，胳膊勾着网兜，愣怔地看着我。这个画面，让我几十年都难以忘怀。

我奉命带队开到乌苏里江边的抓金山下，突击修筑一条直通边境的公路，为了交通也为了战备。虽是初冬，但工程已经开始。先是砍伐树木，清理林障。每天的劳动是用大斧、锯子，把各种杂树放倒，砍去枝丫，拖下山去。没有轻松的活儿，人人都一样。曹红她们三个人好像要证明给我看，喊着号子，拖起一棵树就走。她们总是脸色通红，头上热气腾腾。工作艰苦，她们倒还乐观。劳动之余，生活就十分单调了，陪伴我们的只有风吹山林的声音。在帐篷里听久了，令人昏昏欲睡。走出来，满眼枯黄的茅草。茅草多年生长，岁岁枯荣，苍茫无边。人的心也随之苍茫起来。意外地，曹红会唱歌，她也非常爱唱歌，在劳动的间歇，在休息的帐篷里，经常会听到曹红优美的歌声：

……
当我离开了亲爱的故乡，
只有你知道我多么悲伤，
天边出现一寸金色的晚霞，
爱人含着眼泪悄悄地对我讲，
……

她唱的时候，营地里很静，人人都抻直了脖子在听。

……
我的小鸽子啊！
在这辽阔的海上。
在这遥远遥远的他乡，
我拥在你身旁。
……

不知这是什么歌，忧伤得让人想哭。也许是曹红唱得太好了，自从在抓金山下听过曹红唱的歌，我再也没遇上唱得这么好听的歌。曹红虽然来自城市，却有一副十分敞亮的歌喉，非常适合对着大地和草原歌唱。你听那歌声：

……
我的小鸽子啊！
在这蓝色的海上。
在这遥远遥远的他乡，
我听见你歌唱。

……

曹红兜里，总是揣着油印的歌谱。她早上醒来唱，上工时唱，放下肩膀上的树干，深吸口气，仍然是唱。唱歌成了她生命的一部分。人们听到曹红的歌声，会暂时忘记忧愁，忘记艰苦，忘记眼前的日子，干枯的情感会活跃起来。慢慢地，我了解到，曹红的父亲是华东军区南下干部团的，解放大军南下后，被组织上留下来接管城市。母亲原是部队文工团团员，进城后进了卢湾区机关。军人家庭出身，怪不得她无所顾及，快人快语。由于歌唱得好，曹红参加过几个文艺演出团的招考。有部队上的，也有地方上的，不知何故，始终没成，这使她戴上了不安心工作的帽子，但她并不理会，仍然唱她的歌。

刚开始的工程，物资不足，急需采购修路设备，我因此出差去了一趟南方，恰好到了曹红的家乡。当公事办完，我依照曹红个人登记表上的地址，特地到曹家拜访。

曹家住在靠近建国西路的一条小马路上，曹父热情地接待了我。

曹父瘦瘦的，很干练。说起曹红，曹父说，这孩子一心想当兵。喜欢穿军装，若能再挎上一条枪，什么都忘了。可能因为这个而不太安心。

"她现在表现如何呀？"曹父问。

我说："表现很好，工作极积肯干，不怕吃苦。"

曹父说："曹红小时候任性，有点干部子弟的优越感。我们这样家庭的孩子，更应该好好在下头锻炼。当年我们跟随解放大军进城时，那是什么条件？从山东出发的时候，一天只能吃上一顿饭。身上除了背包什么都没有，工作全靠自己去开展。你回去转告她，让她一定好好干。"

"那你写封信鼓励一下吧！"

"写信倒不必，写几个字还是可以的。"

曹父当即展开笔纸，写了两句勉励的话：

高举革命红旗

走好革命道路

那个时候，曹父就是对爱女有千般思念，也只能这样写。

吃饭的时候，喝了几口酒。曹父兴致颇高，一直在说着曹红小时候的事儿。说她如何淘气，如何能哭，哭起来声音又特别响亮，隔壁家阿姨受不了，常送些果脯、千层糕什么的过来。长大了，在学校里又特别爱唱。从小学开始，一直是班级文艺骨干。

这些话，是父亲对女儿的万般想念。

"现在也唱。"我宽慰他说。

"那就好。她们这代人多幸福啊！"

我想，也许曹红的梦想是在舞台上，是演出，只是现实不允许，她无法实现自己的梦想，只能把激情和歌声交给荒原。

就在筑路队开始向密林里延伸作业时，这三个形影不离的姑娘却突然不见了。最先报告她们不见了的是管理员，他在清点午餐人数时发觉少了三个人。

"是不是躲在哪里方便去了？"

野外作业，没有固定厕所，男女方便，都是互相背着走开，但就算方便也用不了这么久。

"要不是回营地去了？"排长张永江说。

"没收工怎么会去营地！"

我否定这个判断，但还是立即派人回去查找。派去的人一会儿就跑回来了，说营地除了炊事班的几个人和一个病号之外，什么人都没有。

帐篷四周是荒原雪地，远处是不见边际的杂树林，没有野兽袭击的痕迹，找不到她们离开的任何迹象，因为没有车，是走不出抓金山的。

张永江说:"她们最多是在两边的树林子里,决不会走远。"

但在树林子里走失那可不是闹着玩的,不敢大意,我让大家排开散兵线,十几米一个人,每人手里拿着根木棍,也有的拎着水桶脸盆,边走边敲打。人们吆喝着挑开灌木丛,掀开倒木树枝,用各种声音发出召唤。

当天推进了七八公里,一无所获。

夜晚,大家在林中空地上点起几堆篝火,希望曹红她们如果迷了路,看见火光可以自己走出来。篝火噼啪燃烧,大家围坐在火堆旁默默无语。

林中寂静,偶尔从密林深处传来几声奇怪的响动。空中时而洒下一层像沙粒一样的流霰,流霰互相撞击,发出轻微的沙沙声。

张永江突然说道:"有人在唱歌!"

大家闻听,离开火堆,钻进林子,站在雪地上屏住呼吸仔细倾听。

暗夜里的荒原冷漠如常。风吹冻干的树枝,发出口哨似的声响,还有就是那些枝头上没有落尽的树叶,互相摩擦发出细碎的絮语。

张永江不死心,说:"曹红的声音我能听出来,她一唱起来,就像江水流淌一样,哗啦啦地一路响。你们把头靠在树干上仔细听。"

张永江说着抱住一棵银亮的白桦树,耳朵凑近。在他的示范下,人们都就近抱住了一棵树。很快,都说真的听到了轻轻的歌声,从树林上空断断续续飘下来。

"能听清吗?"我问。

都说能听清。

我也找了一棵高大的冷杉树靠上去,奇怪,真的有歌声响起:

……
一条小路曲曲弯弯细又长,
一直通向迷雾的远方。
我要沿着这条细长的小路,

跟着我的爱人上战场。

……

曹红特别爱唱的一首歌，她在洗衣服或走路时，常会哼出几句：

……
在这大雪纷纷飞舞的早晨，
战斗还在残酷地进行。
我要勇敢地为他包扎伤口，
从那炮火中救他出来。
……

我知道，是大家的听觉被记忆所左右，所以歌声清晰可辨。

大家有了信心，在微明的天色里，冒着寒气再次出发，又走了几公里，仍是一无所获。当我们失望地准备返回时，又听到了歌声，分明就在山崖下头。大家几乎同时向山崖边跑去，还真找到了——

只见一眼泉水，在欢乐地汩汩流淌，泉口结冰，形成冰柱，泉水带着热气淌出来时，跌落到冰面上，如歌声般清脆……

下山的路上，大家边走边回头，那歌声像追踪着我们，但那歌声就像白云，看得见它，却无法接近。

春天时，我们修筑的战备公路已具雏形，路的一头已到达边境线。

边境线上有边防站。

边防站旁边耸立着高高的瞭望塔。

看见我们的队伍，边防战士们出来迎接，握手、问候，又递上几杯热水。

"你们是筑路队的吗？"战士们问。

"我们是筑路队的！"

战士们问过之后，仍然往我们的队伍中打量。我以为战士们怀疑我们的身份。他们的职责要求必须保持高度警惕，常备不懈。

"需要证明吗？"我问。

"不，不是。"战士们说，"我们不是这个意思。"

战士们问，他们认识修路队的三个女青年怎么没见到。

"什么三个女青年？"我下意识地问。

战士们说，去年冬天，他们这里曾经来过三个女青年，也不知她们走了多久，三个人浑身冰霜，发辫结冰。在战士们的宿舍里稍稍暖和了一会儿，就提出上瞭望塔的哨所上拍一张挎着冲锋枪的照相，其中一个还拿着一部海鸥牌照相机。按规定，瞭望塔上是不允许外人停留的，更别说拍照了。东方第一哨不是旅游景点，有着严格的边防纪律规定，但三个人执意要拍，其中一个还给战士们唱了几首歌：

> 听吧！战斗的号角发出警报，
> 穿好军装，拿起武器。
> 共青团员们集合起来，
> 踏上征途保卫国家。
> ……

战士们还记得这首歌。

战士们说，她唱得实在太好了，比我们军区文工团唱得还好。完全是被歌声打动，战士们破例让她们三个上去拍了几张相。会唱歌的那个，还戴上军帽，挎着冲锋枪拍了一张。拍完都高兴得直跳，说等到春天的时候，再来拍几张在江边的相片。

"后来呢？"

"后来她们就走了，说她们在此修路，不远的。说等路修到了这里，可以开一场军民联欢会。"

"她们走了？"

"走了。"

"去了哪里？"

"回去了，归队了。"

我爬到瞭望塔上，用大倍数望远镜看了半天，满眼都是树林荒草，漫无边际。一条刚开通的新路，在树林中若隐若现。我明白了，曹红她们是被瞭望塔领走的。她们看到这个高高的瞭望塔一定会无比兴奋。她们的梦想，就是站在瞭望塔的哨位上，背靠乌苏里江拍一张相片寄回家去。尤其戴着军帽，挎上冲锋枪，一直是曹红的梦想，如今梦想实现了，她们哼着歌儿从铁塔上走下来。

走下来之后去了哪里？

我观察很久，瞭望塔下只有一座营房。沿江是边防战士巡逻的小路，通向其他哨所，而我们简陋的营区，是在西边大片的荒草树林之中。她们来时，奔着这座高高的瞭望塔，不论在雪地乱树中如何绕来绕去，都能准确地走到塔下，往回走就不行了，进入密林之后，没有任何标志可以指引，只要走上十几分钟，就会迷失方向。

我站在江岸上，看大江奔流，沙鸥翱翔。江对岸层林莽莽……

张永江折了几把松树枝丢下江去。我相信，静默队伍中的每一个人，都从耳边经过的风里听到了悠长的歌声。

曹红失踪三个月后，收到一家部队文工团发来的调令，通知她立即前去广州某军区政治部报到。这份调令由文书交到我手上。那时，雪地已经完全融化，青草的绿芽钻出了地皮。山上有了星星点点的野花。早开的蒲公英，开始漫天飘扬起飞翔的种子。只是曹红的双手，再也不能接到这份期盼以久的调令了。

上级把曹红失踪的消息电告了她家里，我能想象得出，那位与我共同举过杯的南下干部，那位老军人该有多么意外，多么伤心。他一定会在建国西路的那间小屋子里徘徊上几天几夜。

我命令张永江，有关曹红的生活用品以及床铺上的一切，都不得挪动，我想让那位老军人最后看一眼他女儿的生活环境，给他的记忆里留下些具体的念想。

我还准备了酒，派张永江去山里打了只狍子，让食堂用盐渍上。

我还要陪曹红的亲人上一趟江边，登一回瞭望塔，看一看他女儿眼里的乌苏里江两岸。我通知张永江做好准备，就是背，也得把人给我背上去。我要在现场详细地向他讲述曹红最后的经历。

但她家里一直没有人来。

很久，收到曹家的一封电报，上面只有一句话：

请当地组织上代为安葬并致同志的敬礼

那一年，在春天结束之前，下过一场少见的大雪，我们被困在帐篷里。外边的雪借着风势，气势磅礴地飞舞，从帐篷外透进来的冷风把火多次吹熄，寒冷使我们瑟瑟发抖。张永江拎着大斧，钻出帐篷去寻找干柴，却怪叫一声趴在雪里。大家以为他撞上了猛兽，拎着家伙冲出去，只见张永江手指前方说不出话来。大家顺着他手指的方向看去，只见山谷的浓雪深处，出现了几个白衣白帽的人影。我带上人，钻进雪雾中去寻找。就是在今天，我还能在记忆里搜索这些山林。大团的雪雾从树后涌来，又飘然而去。接着是一片惊呼，是我们的帐篷被大雪压塌了。我惊骇不已：这是她们的灵魂来做告别吗？或者是对今后寂寞的行走心有不甘？她们才十八九岁，她们除了曾有的身影之外，什么都没留下。好在她们将永远年轻，并留给我们永远不变的笑脸和那动听的歌声。

刘红炜

阿大玩琴

阿大玩了一辈子琴。时隔30年的某一机缘让我再见阿大。

2016年我因公务去西班牙,在格拉纳达路边餐馆用餐,进来两位颇具吉普赛风情的中年男子,宽氅大袖,八字胡,各挎一把吉他,进门便唱,还在每张餐桌摆上一张碟片,是自制歌曲集。购买与否不勉强,两欧元一盘。我摸出两枚硬币,要了。

一向为吉他着迷。歌声委婉动听,一个弹拨,一个击打,珠联璧合天衣无缝。

"光达拉梅拉,噢,光达拉梅拉……"

好熟悉的曲调,忽有热浪拍打在胸口,遥远的记忆无声闯进脑海。这不是阿大唱过的歌吗?至今不知歌曲的确切名,一直称它《光达拉梅拉》,应是来自拉美,想到西班牙对拉美的殖民历史,出现在格拉纳达也就不足为奇了。原曲西班牙语,阿大早先唱的是中文,光达拉梅拉贯穿始终,猜想是姑娘的名字,一首脍炙人口的情歌。"光达拉梅拉,噢,光达拉梅拉……笑起来好像是一朵花……"阿大怀抱吉他,四二拍,眯着眼,醉意无限。

旅店当夜,阿大伴随着光达拉梅拉在我脑海里转悠。

陈明飞兄妹七个,因排行老大,故唤阿大。1969年上山下乡去了新疆塔克拉玛干沙漠的阿克苏,住的是地窝子,吃的是杂粮,水土不服尽拉稀,仍需腰系麻绳,肩扛坎土曼下地劳作。一年后探亲,在医院验尿时急中生智,往尿里吐了口牙血,结果血尿+++。医生是他堂叔,当即开出病休证明,诊断为肾盂肾炎。从此赖在了上海。

后来堂叔又开出好几张不适于留疆工作的医疗证明,当地就以病退处理了。

同伴都嘲这赤佬骰子活络,他一脸真诚地哀鸣:"好汉架不住三泡稀,你去试试看,真生活!"

闲逛半年,是娘求人为他在街道印刷厂安排了个排字工的活,月收入20来元,勉强糊口。都称他铅字先生,虽无褒贬。校对排字,实在无聊至极。

某日紧闭门窗听七十八转胶木唱片(属靡靡之音),一首《悲伤的西班牙》吉他曲让他如醉如痴。唯美的旋律,伤感的情绪,瞬间俘虏了他(开放后获知演奏者是法国吉他大师安捷罗斯)。

阿大痴了,被魔幻的奇妙音律弄得神魂颠倒。这琴声如珠玑落地,天籁普降。屋内黢黑,拨开的是心扉;门窗开启,阳光下双目冒出的是紫色光焰。"当朗当……滴答滴……"已然曲不离口,肆言如狂,变得神经兮兮。第一次晓得这奇妙的玩意叫吉他。

他开始寻找这种乐器。

跑遍乐器店,二胡、笛子、扬琴一应俱全,唯独不见吉他。最后在淮国旧柜台后的尘埃里觅到一把灰扑落脱的旧吉他。擦净看,栗褐色,包浆丰润。毫不犹豫,掏出一月薪水,抱着——这一路人均觉古怪的劳什子癫狂地往家跑。

阿大学琴没老师、没教材,自学成才。音阶是自己摸出来的,把位是逐一捏出来的。尤其各拍子的扫弦,是跟着唱片左敲右打模仿来的。诸如咚嚓、咚嚓,还有咚嚓嚓、咚嚓嚓……家人嗤笑他五迷三道,他兀自走火入魔。琴在怀里,耳黏音响,千百遍地捕捉节奏,足之蹈之,水乳交融。

年深日久,琴技日臻精到,悠扬的曲子开始在手边流淌。"苦哇,"后来他回忆说,"我一个音一个音跟着广播仿效出来的。"待我之后亲身体会弹琴的艰辛,不光理解了阿大的苦,更感叹他是个玩琴的鬼才。

1980年经朋友介绍我拜阿大为师。那时这种西洋乐器刚传入,"杜秋之歌"风靡一时。受电影《追捕》影响,心血来潮也想玩吉他。那晚去区文化馆会阿大,他正演出,瘦小身躯隐在乐队后排。因是合奏,聆听不到他个人才艺。幕间下台,朋友将我引荐给他。他一副玳瑁架梁,鼻唇沟特长(后知从小腺样体肥大,长期张嘴睡觉的缘故),镜片后的眼睛很和婉,怡然应许纳我为徒。

朋友私下交代,每月支付5元学费。

不日,我背一把在陕西路凯歌乐器行购买的蜻蜓牌吉他去找阿大。

他家在南城老区,陈旧老式公房斑驳陆离,下水道沟水四溅,瘴气隐溢。他住五楼,进屋一个过道,和煤卫一体,里面仅15平方米,床椅间堆满杂物,一股油腻味。除了阿大,夫人也带笑相迎。几分讶异,坦率说,论气质外形,阿大和媳妇差距甚远。她生得精巧雅致,眉眼波俏(阿大自豪地描述过,那时玩吉他属于社会新锐,姑娘们崇拜仰慕趋之若鹜。媳妇就这样倒贴上来的)。

我毕恭毕敬叫了声"阿嫂"。

终得以领教阿大琴弦上的才华。他接过我的蜻蜓牌吉他一番打量,随手拨弄几下,发出汪汪琴响。"可以唉,音质相当不错,"他继而授意,"用锯条把琴枕锯浅,这样琴弦、琴面贴得近,按压更敏捷。再去买一根二胡粗钢弦,换下弹簧六弦,音质会变得更脆,还不磨手。"

我点头应允,随问:"我学西班牙式还是夏威夷式好呢?电影《潜水姑娘》插曲就是夏威夷式弹法,也蛮好听的。""你说用压棍的那种?"他讥讽地瞟我一眼,"当然学西班牙古典喽,夏威夷式是人家小姑娘玩的,你就省省吧。"

开课前，缠着阿大先给我表演一段，他爽快接受："行，先弄一段给你尝尝。"说着抱起蜻蜓牌吉他，清清嗓门，连拨带打："光达拉梅拉，噢，光达拉梅拉……笑起来好像是一朵花……"这是他唱给我的第一首歌，委婉动人，满室生辉，陋屋似幻化成艺术华宫。

我兴致极度飙升。

"学琴急齁齁不行的，要慢慢来。总有一天你也能行。"阿大随而先教了我一段 E 小调练习曲。他在我带去的横格活页本上画下乐谱，天哪，只见他手捏中华铅笔，唰唰画下简谱，按六弦谱的格式点出和弦把位。我看傻了，不光字体隽秀，且烂熟于胸。

他先演示一遍，再让我端琴操作。我弹得疙疙瘩瘩。"回去慢慢练，"又交代按弦、拨弦要领，"别小瞧练习曲，是让你先熟悉 C、A、G、D、Em、Am 基本把位，和弦很关键，无论奏唱都是基本要素。"

临走，阿大嘱我下周二晚上课，每天必须练足两小时。

我哪是个玩琴的人，回想起来，纯粹赶时髦追浪头。那阵约翰·丹佛的《乡村路带我回家》环绕街巷，我骑自行车背着吉他在路上招摇，引来艳羡的目光。回家练琴可就不是那么回事了，枯燥乏味，手下是粗鄙苦涩之声，弹棉花似的。指尖被琴弦勒得起了泡，钻心地疼。何况白天上班，哪挤得出两小时，糊弄一小时就不错了。

周二去阿大家心怀惶恐。这晚屋内还坐着另一位学琴的姑娘，生疏地望着我。阿大要我把上周教的曲子弹一遍，有交作业性质。我抖抖擞擞抱起琴，弹得断断续续，实不成调。我脸憋红了，热汗直冒，等着数落。

"不错嘛，比我那时好多了。"阿大居然夸我。十分感佩他的教学风格，善用勉励代替训诫，批评极委婉，提醒我："演奏可以慢，但切记不要断。"显然我的表现很烂。

这小子真有一绝，吊你性子。

他指着姑娘说:"你来弹一段。"特别说明,姑娘学琴才俩月。女孩操琴,长发垂至琴枕,美爆了。她悠悠拨了一曲《雨点》,珠玉洒落,有板有眼,明显有羞我的意思。"我也给你来一首?"阿大让姑娘与他合奏,唱了首电影《佐罗》的插曲。吁的一声长嘶,霎时侠声四溢。姑娘打贝斯,他揉弦、滑音、钩弦、扫弦,珠联玉映,仿佛空气也有节奏地在跳跃,眼前掠过那位飘逸的黑侠。连阿嫂也立在一旁发了呆。我血脉喷张,劲头又被吊上来了。这是他一大教学诀窍,用热爱来激励你。

他在活页本上给我写下下周作业,是《重归苏莲托》。

朋友说,阿大的琴技连专业人士都感惊讶,很难想象是自学成才。

就这么一直被他吊着。由于工作繁忙,慢说每天两小时,每周二也难以保证了,但学费照例支付,偶尔还加几元。知他经济拮据,妻系效益不佳的小厂工人,他所在的印刷厂早已倒闭,仅靠参加文化馆演出挣点外快,忙时多,闲时少。每次给钱他都推辞:"不要了,都是朋友。再说你一月也不见得上一次课,开心就好。"我说,到你这我很愉快,不收我反不高兴了,将钱硬塞进他口袋。他自尊心颇强,像受了施舍,面肌尴尬地微微抽搐。

新千年一过,我与阿大联系几乎中断,吉他水平就此再无长进。

有时家中来客,发现墙角立着吉他,起哄让我表演,我生疏地拨一曲爱尔兰民谣《绿袖子》,或哼一曲3/4拍的《雪绒花》,纯属自乐,业余的不能再业余了,但朋友咂着嘴赞叹好听,说这乐器魔幻,一把琴能充当一支乐队,音色丰富,穿透力强,直透人心。我心说,你们没领教过我师傅的技艺,那才叫炉火纯青,不降服你们才怪。

某日,朋友传给我两个消息:一是阿大搬离了原先的住处,二是阿嫂另栖高枝,组建了新的家庭。

我震惊不已。朋友是这样叙述的:"他老婆你还不知道?家境贫寒,文化不高,可姿色悦人。当初纯冲着阿大玩琴的风流,现在看这算啥呢,如今家家都玩上钢琴了,何况吉他。你以为一首《加州旅馆》热捧的是吉他呀,无非沉迷于西部的颓废狂野。再看当下,大老板、洋插队早划破了人们的欲望底线,何况他如花似玉的老婆?女儿都14岁了,仍拴不住她驿动的心。女人的美艳到了中年会有一种奇妙的冲刺,妩媚中带着体恤,是姑娘所不及的。这样立在时代高度,她果断地抓住了最后的机遇。你说阿大除了弹琴,还有啥呢?据说为了挽回,阿大到了屈膝下跪的程度,仍没能撼动女人。唉……作孽的阿大。"

我体制内的人,听到这也不得不嗟叹世道的零乱。

好长一段时间,据说阿大失魂落魄,面壁发愣,差点迷怔了。幸好有琴陪伴,不时揣琴解闷,说倾诉也好,哭泣也罢,权作发泄渠道。毋须说,每曲都是悲怆的,一曲《悲伤的西班牙》如泣如诉。静夜里,几乎弹进了骨髓,刺进了夜空,想哭。

不知阿大搬往何处,原密集的旧宅连同数十万居民,随改造一哄而散。我也因为在单位担了点小责,更断了与阿大的走动。

转眼30年了,不是《光达拉梅拉》,兴许还没这样的念想。我已近退休,阿大长我八载,还不知被岁月塑造成何等模样。或如歌中所唱,聚散离合总关情。回国便打探阿大的消息,好在网络发达,通过民政部门工作的朋友很快就查到了陈明飞的下落。

周日,我提着礼品按图索骥寻到了阿大住所。

那是边远郊区,住宅建了一大片,多是安置户。他仍然住五层,我气喘吁吁敲开门,一位白发谢顶的老者狐疑地望着我。难怪,当年我还是个毛头小伙,现怎能不陌生。

"认不出我啦?仔细看看,当年跟你学琴的学生。"经我反复启发,他总算想起了:"是你呀,你怎么从天而降了呢。"

进屋后,他懒在了一只嘎吱作响的躺椅里,我快速上前扶了他一把。屋子两室一厅,比原先宽敞,阳光甚好,洒在他身上脸上,满面皱纹愈加清晰了。他歪头透过玳瑁眼镜端详我，好一阵才哎呀呀地摇头："30多年啦，做梦一样。""是啊，梦。瞧瞧我，也老喽。""不老，比我后生多啦。"我看着桌上吃剩的饭菜和尚未洗涤的碗筷问："闺女呢？"他挥挥手："在海南呢，人家自己过日子，都当妈了。"

这可算作正宗空巢老人了。细致观察，感觉他瘦骨嶙峋，我遂问身体可无恙。他头摇得像拨浪鼓："不行喽，风烛残年。""怎么会呢？"我大惑不解。扯着扯着，心情不由得沉重起来。

岂知他5年前重疾降身。

"唉，天数。患的慢性肾小球肾炎，年轻时冒充肾炎，现在兑现了，触霉头。"他很无奈。这病一时死不了，但须三天两头跑医院，降压药、利尿剂得长期使用，医疗负担非常重。对他这样的低保对象，境遇我极清楚。

"那你怎么过来的？"

他沉默良久，绕了一大圈才吐露实情，喃喃地："我不怕难为情……"坦率地说，我玩琴纯属消遣，想来阿大玩琴是花了性命的。

所言"不怕难为情"，是指他为摆脱困境一度去街头卖艺。

拖着疲惫的身子，扛不动音箱，只好挎琴，选择地铁过道，为聚拢音源，增强效果。他打坐在地，膝前置一纸杯，无力歌唱，只能专注地演奏曲子——《爱的罗曼史》《梦中的婚礼》，所谓"转轴拨弦三两声，未成曲调先有情，"一曲接一曲，琴声低回，如坐云雾……

人声杂沓来来往往，杯中纷纷落下纸钞和硬币。

我眼窝不明缘由湿了……我错了，这哪是卖艺啊，更谈不上乞讨，分明是艺术对生命的自救，哪有难为情可言。

终于，他拍拍我："比不了你们吃皇粮的呃，老阿弟！"羞得我愧疚难当。

无意中，一眼发现了他那把栗褐色的浆水包得愈加明亮的老琴，静静地斜挂在墙上,执着地陪伴着他的主人。他发现了我动情的目光,微笑着摸了摸我左手的指尖,继而笑道:"很久不碰琴了吧?"都知弹琴人指尖终日结着厚厚的老茧,又软又嫩的手出卖了我。

"不奇怪,你是握笔杆子的,干大事的。"他说。

我无地自容。

我径直走过去,摘下吉他递到阿大手上,真诚地说:"再为我唱一首吧。"

"啊?"他难为情地对我说,"我这嗓子还能唱?唱不动喽,还是弹一首吧。""不行,要唱!"我固执地坚持。"唱哪首呢?"我直截了当:"就唱《光达拉梅拉》。"他会心一笑:"你居然还记得。"

他挺了挺身,将琴搁于膝上,琴声俨然花绽四季,一串琶音流水般溅淌开来,只是嗓门枯哑难耐。屋内有一团暖气在升腾,音律畅然——"光达拉梅拉,噢,光达拉梅拉……笑起来好像是一朵花……"

我手托下巴,神志沉湎,思绪不由得飞出去好远好远。

我想说退休后或有充沛的时间,想再跟你学琴,但望着他孱弱的身躯,把刚到嘴边的话又硬生生地咽了回去。

王斌

写小说（节选）

一

时瑾玥原本不喜欢看书，喜欢刷手机，只要有空就不停地戳屏，乐此不疲。这几天，她觉得手机上也没什么好看的，在朋友圈、微信群里都是一些无聊的人发一些无聊的内容，有的人晒这个晒那个，有的人转发这个转发那个，有的人热衷发心灵鸡汤，有的人发生活琐事的照片，诸如吃饭、做菜、旅游、聚会、孩子做作业，甚至是在网上买件小东西都拍照，发来发去，生怕别人不知道。抖音上也都是类似的视频，当然也有不少人发一些搞笑的视频，大部分是摆拍、随手拍，甚至是偷拍，有的竟然是恶作剧、苦肉计之类的，博人眼球，她觉得看这些也没多大意思。自从有了智能手机，手机可以上网，看电视就少了。手机上网什么信息都能看得到，电视剧也能用手机看，这两年更先进，手机可以倍速观剧，节省看电视剧的时间。所以，她还把原来开通的有线电视给注销了，还省了有线电视费。

这几天，她突然有了看书的兴致，闲来无事的时候，拿起朋友送她的那本，看了起来。

书原来就搁在床头柜上，是本中短篇小说集，是聚会时朋友的朋友送的。朋友的朋友出版了这本小说集，聚会时每人赠送了一本。虽然她与朋友的朋友不是很熟悉，朋友的朋友也送给了她这本小说集，她当然不好拒绝，虽然觉得现在的人也不怎么看书了，要它也没有什么用，但有它也不碍事，干嘛拒绝呢？一本书嘛，多它不多，少它不少，一个可以用来当废品卖的物件而已，不应该拒绝。聚会回来后，她就随手把书往床头柜上一放。

正好这天没事，看到了床头柜上放着的这本书，时瑾玥就随手拿了起来。这时她才想起了这本书的来历。她想，既然朋友的朋友送给了自己，那就翻开瞄一眼，最起码知道一下究竟是什么内容的书吧，所以她就读了起来，也算是机缘巧合吧！

她随手一翻，翻到了239页，目光落到了这样一段文字上："我们边吃边聊。这时，一位中年男人走向柜台。我被他的手吸引住了：中指和食指又细又长，竟一般齐，像钳子。柜台伙计递给中年人一碗酒，问：'钻地道了吗？'中年男人抿了一口酒，说：'刚下公汽，开了个天窗。'柜台前的人，没想到我懂这行话，裤兜叫地道，上衣兜叫天窗。怪不得，中年人的手，是天生夹钱包的料。老嗑也注意到了，俯身对够玉道：'钳工。'够玉低头吃喝，好像没听见。柜台伙计朝我们一努嘴，说：'大鱼。'中年男人撂下空碗，在柜台上摁下几枚钢镚，扭身出去。经过我们这桌时，够玉头都没抬，倏地将背包一拨，转到胸前。钳工摸鱼儿一样的手，落空了。柜台伙计暗吃一惊。够玉直起上身，挺起胸脯，脸上露出迷人的笑：人钓鱼，鱼也钓人。中年男人提溜空，收起'鱼竿'，背着手，没事似的出去了……"看到这里，她觉得，这样的故事她也会写。于是，她突发奇想，她要写小说。

二

她突然想起来,那天晚上她回家的邂逅就很小说。时瑾玥喜欢养花,养了很多盆的花花草草,每次回家前都在门口,一盆一盆地看一下,然后才开门回屋里。那天晚上应酬回来,8点多了,她正在门口躬着腰看一盆花的长势,突然来了个人,就站在她撅着的屁股后面,说这盆绣球长得挺漂亮。

她吓了一跳,直起腰来,回头一看,是男邻居,40多岁的瘦高个子。他叫什么姓什么,她都不知道,只是从他每天出出进进邻居家,大概知道他是男主人。

她转过身来,随口说了一句,绣球很好栽的。

他问,嗯,绣球摘给谁啊?绣球应该是抛的吧?

她说,不是摘,而是栽,栽花盆里的栽,不是摘下来,不给谁的。

他笑了笑说,哦,栽花啊?

她点了点头说,闲着没事,栽花是一种休闲。您就是我们邻居吧?

他掏出一支烟来给自己点上说,是的,我老婆和你接触多一些。可是我老婆不喜欢养花,她喜欢种菜。

其实时瑾玥跟他老婆也很少接触,也不知道他老婆叫什么姓什么,只是几次擦肩,点个头道个早而已。时瑾玥说,种菜啊!种菜实惠呀,吃自己种的菜完全绿色,没有农药残留,吃着放心啊!

他深深地吸了一口烟,稍屏了一下,然后慢慢地吐了出来说,要说确实是这样的,但是种菜要比养花麻烦得多,花开多季,种菜只能一季一种,一年好几个季节,要种好几次哩,每个季节种的还不一样,冬季的不能种在夏季,春季的不能种在秋季。如此这般,种菜为了吃,那是得不偿失的,虽说是绿色环保,对身体健康有利,但仅靠这样花盆里种菜是不能满足蔬菜之需啊！反正是要买菜的，何必要种？说到这他停住不说了。

时瑾玥也停在那里，她以为他要继续往下说，做好了往下听的准备，没想到他便不说了。她知道他不再继续说，这才问他，既然这样，那为什么要种菜呢？

他说，种菜嘛，跟养花一样，也是一种休闲，在某种程度上说比养花更使人觉得是在休闲，因为种菜更费时间，要打理，管理更精细。我老婆她种菜，还有一套理论。说到这，他像卖关子一样，又不说了。

时瑾玥便又问，理论？什么理论？

他丢掉手里的烟头，掉在花盆边上。他迟疑了一下，弯下腰把烟头捡了起来，拿在手上。他看了她一眼，问她，你知道吗，民国以前中国妇女大都裹小脚。

她在心里有疑问，怎么又突然说起这个话题来了，很突兀嘛！不过，她还是回答说，哦，以前女人裹小脚这个我知道。

他的手指不停地捻着那个烟头，说，那么，裹小脚是为什么呢？是为了美，女人裹成小脚以后，走起路来踉踉跄跄，如柳丝摇摆，给人一种风吹欲飘、绰绰约约的感觉。美不美呢？按当时男人的审美确实是一种美，但这是一种病态的美，把脚裹成了残废，走路才呈现这种美；健康的女子，走路稳当，似乎没有这种美，所以那时的大家闺秀，因为追求这种美几乎都裹成了小脚。

她说，哦，原来是这样啊！时瑾玥本来想找个理由结束与他的聊天，因为她和他站在门口已经有好一会了，而且他说的这些，她似乎并没有多大兴趣。本来好好的聊着种菜、养花的，他却突然提起了古代女人裹小脚的事，好跳跃、好穿越啊！她觉得这样的聊天很寡淡，没什么味道。

三

而他并没有结束聊天的意思,又点了一支烟,一边慢慢地吐着烟一边说,我老婆说养花就像古代女人裹小脚,花很美,却是一种病态的美。花盆里栽的花,很多都是经过像古代女人裹小脚一样长期约束而成,如今开花的这个状态,娇艳异常,其实是个病态。我老婆还说,这是一个专家说的,这个专家让某大学在校园里不要种花、种草,而是种水稻、蔬菜。水稻啊,蔬菜啊,这些植物都是健康的美。所以用花盆种瓜、种菜是种欣赏健康美的的休闲,养花嘛,仅仅是欣赏奇异美的休闲吧。嗯嗯……这是我老婆说的,其实我并不认同,我觉得养花,要比种菜更美。养花是一种纯正娇艳的美、尊贵高雅的美啊,种菜也美,但只是一种粗糙寒酸的美、朴素土味的美,层次不一样哟。

时瑾玥又没有想到,他讲了那么多古代女人裹小脚的话,原来是想说养花、种菜,也不知道他是在反对自己老婆种菜,还是揶揄她养花,时瑾玥还是做出了保护自己"羽毛"的反应,当然是她最擅长的绵里藏针,便说,喔哟,水稻也是被被……被驯化得按照希望的状态生长,比如大科学家袁隆平培育的杂交水稻。

一支烟又吸完了,他说,哈哈,前几天袁隆平去世了,全国人民都在用各种方式悼念他哩。

时瑾玥明白他说的话中可能包含另外的意思,便说,是啊,全国人民,甚至是全世界人民都崇敬这位伟大的杂交水稻之父,他让杂交水稻产量大幅度提高,非常了不起……

时瑾玥觉得那天晚上回家前在门口的这一幕很像小说,但她想,如果写小说,怎么写呢?她为难了,她觉得这个邂逅挺小说,可是事情不小说。故事与事情是不一样的,故事是用作讲述对象的事情,而事情是人的活动或遇到的现象。现实中，很多事情是不能往外说的，是隐私、秘密、糗事，甚至是丑闻，怎么能对外说呢？写小说就是写出来给人们看的，等于将某个事情、某个故事四处诉说，只能写那些可以说的事情。

想到这里，时瑾玥遂放弃了想写小说的念头。

赵靓

闺　蜜

　　上初中要住校，大家从四面八方考到这个重点中学。进了这个重点中学之后，我突然发现男女生竟然互相再也不说话了，就连一起从一个学校考进来的也不讲话了。我还很天真无邪，所以对这个改变感觉很奇怪，因为之前小学里男女生虽然不在一起玩，但相互之间是说话的，没什么可避讳的。现在上初中，感觉大家划了一条界限，男女授受不亲，男女有别了。现在想来，也许那时有些同学各方面发育较早，已经懂得了男女之事，春心萌动，刻意回避异性。

　　初一我和惠一个班，我们成了好朋友，吃饭睡觉都在一起。睡觉不是独立的床，而是整个寝室十几个同学睡通铺。

　　我们几乎形影不离，她比我大一些，比我成熟。英语老师是个帅哥，她应该是动了心，经常去他房间，把他看成了将来要嫁人的对象。我可没有她那么成熟，什么想法都没有，更不用说嫁人的事。

　　其实那时我和班里的另外两个同学梅和秋也很好，大概我们都喜欢文学，只是不像和惠一样是固定的搭子。

　　惠请我去过她家，她父母勤劳朴实，妈妈做的饭我很喜欢，简单却很有烟火气息。

在学校文艺会演上，惠表演了《每当我走过老师的窗前》，我表演了合唱和一个小相声，后来我都没有那么大胆子了。我很惊讶于当时的自己，炽心一片的热血少年。

我在教室第一排，就在讲台底下，但我有时会换到后面，也就是惠或者秋的旁边，在那里看她们偷偷画古代仕女图，秋画得很好，梅也会。我很喜欢那些美丽的仕女，也想画出那样美丽的仕女，像仙女一样。

我们一共三个班，姗是二班的，她当时和姿是一对搭子。

姗是个很开朗的女孩，姿很美丽，瘦高个，是班干部，她们看起来比我要懂事一点。我少不更事，天真烂漫，姗非常喜欢我的性格，经常找我玩。她也邀请我到她家里玩。她也非常喜欢文学，这是我们的共同爱好，所以我们保持着跨越教室的友谊。

初二，学校把三个班的学生重新进行了排班。我和惠、姗、姿排到了一个班。老师把我安排在教室正中间稍微靠前的位置，和一个男生同桌。

姗和惠、姿都在靠后排的位置。我就经常换到惠那里，也去姗那里，和她们同桌。那时的我们气味相投，就喜欢黏在一起，上课下课都要在一起，真是待不够啊。

因为在一个班了，寝室也在一间，大家见面很方便。姗和我的交往逐渐多了起来，一起上课、做作业、讨论问题，一起吃饭，好多时间在一起，这样很多时候惠就失去了我这个搭子。她和姗来往不多，大概两个之间没电吧？

我和姗相处的时间多了，惠心里就不舒服了，要我陪她，让我不要和姗在一起。她和姗也谈了，但姗表示还是要和我在一起。我也不能和姗分开，不交往了。有一天夜里很晚了，我们三个还在操场上谈论这件事。

惠和姗说她们两个只能有一个跟我好，姗表示她还是要和我在一起。惠让我做选择。

我根本没有想到会出现这样的事情，真是个二难选择。

我左右为难，惠嫉妒我和姗的友谊。她觉得我冷落了她，要我做个决断。

她说她确实忌妒，告诉了我和姗。她让我做选择，只能跟一个人好。

在那个深夜，在操场上，惠要我的一个答案。

我对惠说，我没有办法做出选择，你们两个都是我的好朋友，我想和你们两个都好。我和你还是搭子，但是我还会和姗交往，姗和姿才是搭子。

我的表态让惠很开心，我告诉她，她一直是我最好的搭子，我不会放弃她的，还是要和她一直做朋友，请不要让我做选择，那么决断我做不到。

惠的眉头舒展了，她知道我对她的感情，我对她始终没变。她接受了我的建议。

姗等在另一处，我把我的选择告诉了她。她如释重负，她不需要失去我了。我还是她的朋友，还可以来往。

初中过后姗考上了师范，惠去了省重点高中，我则上了一所普通高中。这样我们三个人在不同的学校，见面的机会就少多了。姗的学校条件比我们高中好，希望我去她那里玩，于是周末有时我会去她学校，看他们练琴唱歌。看她弹钢琴的时候，我很懊恼自己不会。

高中课业繁重，虽然我不用功，但学习成绩很好。我喜欢上课偷偷看小说，如《红楼梦》《窗外》等。我知道书里面的感情世界，但在现实中我却懵懂无知。有帅气的男生和我打招呼，可我头也不敢抬，非常羞涩，而此时的姗应对很大方，想来已知道谈恋爱是怎么回事了。

我想实现自己的梦想，到农村去写作。我计划好了我的生活，到田野里劳动，回到家写作，还可以欣赏田野开阔自然的美景，觉得是非常理想的生活。我在暑假的时候在山沟边上看到过大片的红艳艳的映山红和路边的树木，觉得很赏心悦目。我想过这样的田园生活。

我跟父母说我不想读高中了，但他们不同意，于是我计划从学校偷偷地把被褥什么的搬回外婆家，但是外婆家在丘陵地带的山上，没有公交车可通那里，路程又遥远，要把东西搬到外婆家，可不是一件容易的事情。

姗很支持我搬到外婆家，也很佩服我。我得到了她的鼓励，觉得自己的决定更是对的了，很快就把东西搬到了外婆家。姗周末来看我，送了我一张明信片。是漂亮的晴雯倚着竹子，既美丽又不屈。我想她也许是把我和晴雯联系起来，她自己可能也是喜欢晴雯的。我看《红楼梦》的时候自然也是非常喜欢晴雯的，曹雪芹的批词以及宝玉给她写的诔文，几乎是熟记并抄下来欣赏。姗选了晴雯给我，不只是因为她是美女吧？我想她必是精心挑选过的，对我来说是意外的惊喜。

姗几乎把明信片的背面都写满了。

宇禅：

  一切尽在不言中。

  在这新年来临之际，你走向了将属于自己的那一片天地，在长长的心灵跋涉之后，你属于你自己了，也终于获得了这好好难得自由，祝贺你。

  我不知道该怎样评你走的这一步，只是如果我劝阻你回转心意，那便违背了我自己。

  只希望你在那宁静的小院落里，过得恬静、美丽。

  祝福你。

  你这超尘拔俗的仙子。

  你这世俗的叛逆者。

姗

那个时候，姗认为我做得对，而我还只是一个十几岁的孩子，除了怕父母知道外，也没有考虑其他，只想过一种田园生活，可以安安静静地写作。

很快，比我想象得还要快，我父母就知道了，马上又把我送回学校。

那时不明白父母为什么那么快就知道了，现在想想，一个学生不见了，学校会联系我父母。我极不情愿地被父亲送回学校，又开始了学习生活。

后来我考上了上海的一所重点大学，而姗分配到了乡里一个大村庄的小学里。寒假回去的时候，姗告诉我她恋爱了，家里所有的人都反对。

因为那个叫俭的男孩的父母是唱戏的，且俭无业，只是有音乐天赋，会弹吉他唱歌、作词作曲。俭比姗小一岁，是姗倒追的。姗说父母要和她断绝关系，她很苦恼。

姗带我去俭家玩，俭在房顶给我们弹唱他自己作词作曲的歌曲。俭做的饭很好吃，人也长得很帅。我对姗说，我非常支持她的决定，后来我们三个成了好朋友。

姗和俭结婚后生了个女儿，俭不仅会做饭带孩子，而且会开三轮车赚钱养家，姗则去城里教育学院读大专，提高学历层次。又过了几年，姗成了一所小学的校长，俭则经营一家店铺，并且一直坚持他的音乐梦想，没有间断过创作。

看到姗过得很幸福，我很为她高兴，姗当初的选择是对的。

年少的我们，虽然现在回想起来有些青涩，但那就是我们和属于我们的青春啊！

黄抒绮

一年级的牛硕硕（节选）

开学前一天

牛硕硕小朋友今年 7 岁了，明天就要成为一名一年级的小学生了。你别看他名字叫牛硕硕，好像很牛，好像很壮，其实他是个个子不高的小瘦男孩。幼儿园的老师就笑着对他说，牛硕硕，你应该是个大个子啊，怎么是个小不点？老师的话让牛硕硕知道自己的名字应该和大个子有关，有一天牛硕硕就问妈妈："妈妈，为什么我叫牛硕硕？老师说牛硕硕应该是个大个子。"妈妈说："牛，是你的姓；硕硕呢，可不光是身体壮、高，我和你爸爸希望你健健康康的，而且硕还有一个别的意思，我们希望你长大了做什么事都可以很厚实，很有成果！"厚实？成果？这是啥意思？牛硕硕可不知道，但是牛硕硕还是很一本正经地点了点头，装作很了解的样子。

一想到自己明天一大早身份就有很大不同，牛硕硕就特别兴奋。今日还没擦黑，他就问了妈妈很多问题：我在哪个班级呀？我们班主任叫什么老师？我们班有几个同学？妈妈除了告诉他在一（8）班外，别的都说不知道。一年级一共有 10 个班，8 班已经很靠后了，牛硕硕就觉得这点没劲，为什么不是一（1）班或者一（2）班呢？在前面该多好啊！妈妈说 8 班虽然数字靠后，但只要小朋友努力，在其他方面还是可以名列前茅，并不能因为数字靠后而受影响。好吧，牛硕硕往自己的小书包里装上了铅笔盒、饭盒，还有一辆玩具小车，然后高高兴兴地对着镜子里的自己说："牛硕硕，明天你就是小学生了，再也不是幼儿园的小娃娃了，是大孩子啦！"牛硕硕张开嘴一笑，又马上用手捂住，因为他刚刚掉了一颗门牙。

  牛硕硕躺在床上，翻来覆去怎么也睡不着，他在想学校里的饭菜会好吃吗？有没有点心？还有他的幼儿园同学，王子轩、张小雪、李家默他们几个在几班呢？会不会也在8班呢？牛硕硕希望在8班，那样他就没那么孤单了，他就可以和他的朋友们一起玩了，不过如果不在一个班也没事，牛硕硕可是一个很会交朋友的孩子，他会主动认识很多新朋友。这样想着他又咧开嘴笑了，他以为他今晚会一直睡不着呢，没想到想着想着就睡着了。

第一天上学

  牛硕硕起床的时候有点小小的不高兴，因为今天一大早还是妈妈喊他起床他才醒了，并没有像个大孩子那样到点就醒。不过他的表现还是比以前好了很多，他没有赖床，自己穿的衣服，自己刷牙洗脸，然后坐到餐桌边等妈妈把荷包蛋和面包、牛奶端上来。妈妈表扬了牛硕硕，说他特别懂事。牛硕硕坐在椅子上，晃着两条碰不到地的小腿一声不吭，他心里想着，自己今天起已经是一名一年级的小学生了，一切都不一样了。

  7点钟，牛硕硕和妈妈离开家；7点20分，来到校门口。校门口人来人往，非常热闹。校门口站着的老师，亲切地朝小朋友们微笑，很多小朋友向老师打招呼。妈妈放开牛硕硕的手，指着教学楼下站着的一个大姐姐说："硕硕，妈妈不能送你进校门了，你要自己进校门，看到那边站着的那个戴着红批带的大姐姐了吗？她会带你去一（8）班的教室。"牛硕硕看了看妈妈,突然有点害怕,他抓了抓妈妈的手,妈妈也很为难地看了看他,又抓住了他的手。这时,牛硕硕看到边上一个比他高、比他壮的男孩抱着自己的妈妈大声哭着说:"我不要进去!我不要!我不要!"很多老师过来劝男孩的妈妈放开手,然后半扯着男孩子的手臂,半扶着男孩的肩膀把他拉进了校门,进去的时候男孩还在大叫:"妈妈!妈妈!"牛硕硕看了看妈妈,他觉得这个男孩很丢脸,他抿了抿小嘴唇,然后甩开妈妈的手,大声说:"妈妈再见!"然后小声补一句:"妈妈早点来接我。"

戴红批带的大姐姐牵着牛硕硕的手把他带到了一(8)班教室。教室门口站着一个戴眼镜的年轻老师,不是特别年轻,但是看起来还是要比妈妈年轻一点。她朝牛硕硕笑了笑,把他安排在了第二组第一排。牛硕硕有点恼火,他觉得自己虽然个子不高,但是也不至于坐第一排,可他左右瞧了瞧,发现自己确实是最小个的那个。他又朝后面看了看,他看到了倒数第二排的王子轩正朝他挥手,他马上笑了,也使劲挥手,原来王子轩和他一样,也在8班,能看到自己幼儿园的同学太好了!

这个时候,他们班的同学陆陆续续进了教室。牛硕硕看到了张小雪,但是张小雪没有对他笑,不知道是真的没看见还是假装没看见,牛硕硕想叫她的时候,戴眼镜的老师走进了教室,大家都赶忙把小嘴闭上了。老师冲大家轻轻笑了笑,看了一圈教室,开始说话。她说话的声音真好听,普通话也特别标准:"欢迎各位小朋友,今后我们都是一(8)班的小朋友了,大家要在这个集体里生活5年,我们要互相帮助,团结友爱。我是你们的班主任,我姓杨……"牛硕硕听到这里扑哧一下笑出了声,又赶紧用手捂住——他掉了一颗牙,但是杨老师已经听见了,杨老师的目光唰地照住了牛硕硕。她收起微笑,严肃地问:"这位小朋友叫什么名字啊?为什么要笑老师?"牛硕硕脸涨得通红,结结巴巴地说:"是……我叫牛硕硕,老师刚才说姓羊,我觉得……觉得有点好笑,就不小心笑了一下。"杨老师听了后,紧绷着的脸又笑了,说:"牛硕硕同学,你是一头牛的牛,我不是一只羊的羊,以后不准笑。另外,回答老师的问题要起立,不能坐在位置上。"杨老师看了大家一圈说:"以后大家可以叫我杨老师,我是你们的班主任和语文老师,你们的英语老师是袁老师,数学老师是黄老师……"

这天每节课都是老师自我介绍,训练小朋友们的坐姿和站姿,牛硕硕觉得很累,中饭的时候小朋友又排队很久,牛硕硕觉得自己都没吃饱,好不容易挨到下午放学时间。牛硕硕跟着班级队伍走到校门口,好多家长都等在校门口了,牛硕硕虽然排在第二个,但是拔长了脖子才找到自己的妈妈。几乎每个孩子都迫不及待地朝自己的家长扑过去。妈妈问,硕硕今天在学校里觉得怎么样,硕硕想了想说:"还是可以的,本来我觉得我姓牛已经很好笑了,结果我们班老师的姓都很有趣。一个是羊老师,但是她说自己不是羊老师的羊;一个是圆老师,我以为是个很圆的老师,实际上老师很高,一点也不圆;还有一个是黄老师,就是黄颜色的黄,你看多有趣啊。"妈妈听了也笑了。

第一天就这样过去了。

交朋友

开学已经第三天了,一(8)班里也出现了哭着不肯来上学的孩子。说实话,上学跟小朋友之前想的不一样,不是做做游戏、唱唱歌、聊聊天,而是要正式坐在教室里,连续上课学知识和本领,连玩具都不能带,牛硕硕的玩具小车第一天回家他就偷偷地塞进了自己的百宝箱里了。

不肯来上学的孩子叫王宇,这天早上他奶奶把他送进教室,奶奶刚刚转身,他就哇哇地大哭起来,冲上去抱住奶奶。他奶奶往前走一步,他就被奶奶吊着往前一步,最后挂在奶奶的脚上,整个人像爬树贴住树干一样牢牢抓住奶奶的腿。奶奶喘着气走不动了,小朋友们都笑得不行。这时,杨老师进来了,看到王宇像只猴子一样攀着奶奶,非常生气,拉了几次王宇,王宇都不下来,边哭边抓紧不放。杨老师更生气了,对王宇的奶奶说:"他要是一直这样,就不要来上学了,小学和幼儿园可不一样!"王宇奶奶一听不让上学就急了,又跺脚又甩手,终于把王宇甩了下来,紧着几步就出了教室门。王宇在教室里放声大哭。

杨老师才不同情他,看都不看他一眼,就在王宇的哭声伴奏下响亮地说:"小朋友们,你们都是一年级的小学生了,你们到学校里是来学本领的,不能再想着像幼儿园一样,每天过来做游戏玩,吃饭,睡觉,再玩。王宇你看看,班里其他小朋友,不要说比你高的,就连……"杨老师顿了顿,用目光找了找,突然她找到了牛硕硕,继续说:"就连像牛硕硕这样的小个子同学也比你勇敢多了,从没哭过……"牛硕硕没有料到老师在讲道理、批评哭闹同学的间隙自己能得到表扬,心里突然像开了一朵花一样,情不自禁地坐直了身子,原来被小学老师表扬是这种感觉,被表扬的滋味可真好啊!杨老师后面又表扬了好几个同学,王宇才渐渐不哭了。

因为得着了表扬,牛硕硕认为自己有责任对王宇说点什么。下课后,牛硕硕来到王宇身边,看了看王宇哭得像蜜桃一样的眼睛,问王宇:"你干嘛要哭呢?"王宇先说:"不要你管。"然后说:"我不喜欢这里,每分钟都要规定怎么坐,老师教的我不太会,小朋友一个也不认识。"王宇越说声音越小。牛硕硕歪着小脑袋想了想说:"你可以认识我呀,我叫牛硕硕,就是刚才杨老师批评你时表扬的那个牛硕硕,老师说我个子小但是很勇敢……你记得这句话吗?"牛硕硕觉得这些还不够,又补充道:"真的,我们可以交朋友,老师教的拼音我在上学前班时学过,我都会,如果你不会我教你。"王宇抬起眼睛看了看牛硕硕说:"真的吗?"牛硕硕用力地点点头。王宇笑了,说:"我也可以跟你交朋友,我可以保护你!"牛硕硕也笑了,但是他心里想,我可不要你保护,我是个勇敢的人。

从第二天开始,王宇上学时真的不哭了。

考 试

　　冬天说来就来了，转眼间，小朋友已经上了一个学期，这天老师宣布他们将迎来进入小学后的第一次期末考试："我们已经学完了拼音，认识了很多字和偏旁部首，所以我们要进行一次测试，看看小朋友们学得好不好！"这是老师对考试的定义。

　　回到家，牛硕硕把快要考试的事告诉了妈妈。第二天妈妈就去书店给牛硕硕买了一大堆语文、数学、英语练习册，每天晚上都要牛硕硕做练习，牛硕硕觉得没劲死了。

　　这天在学校里，牛硕硕跟王子轩一起上厕所，牛硕硕就把自己每天晚上要做练习的倒霉事告诉了王子轩。王子轩拍着他的肩膀说："嗨，大人都一样，我妈妈也给我买了好多练习册，让我每天做，他们为什么要对考试那么紧张呢？""是呀是呀，这样太没劲了。"牛硕硕说，"我们要想个办法不做那么多试题。""我有个办法，今天晚上我们一起装病吧，我们说肚子疼，就不用做作业了。"王子轩得意扬扬，牛硕硕觉得这是一个好办法，他们决定今天晚上一起实施。

　　到了晚上，妈妈又拿出了练习册，牛硕硕立马用手捂住肚子，皱着眉头说："妈妈，我，我肚子疼……"妈妈紧张地看了牛硕硕一眼，说："是不是吃坏东西啦？妈妈陪你去医院吧。"牛硕硕急忙摇摇小手："不用，不用去医院，我想睡一会儿就会，会好的，好的……"牛硕硕有个毛病，一紧张或者一撒谎就会结巴，从小就这样，这会子估计小脸也已经配合涨得通红了，眼睛也不敢朝妈妈看。妈妈瞪了牛硕硕一眼，说："不许睡觉，要么去医院，要么做练习，你自己选！"牛硕硕瞄了瞄妈妈，小声说："那，那我还是做练习吧。"

　　第二天，牛硕硕碰到王子轩，王子轩一脸灿烂地问他昨晚怎么样。牛硕硕叹了口气说："唉，别提了，妈妈要带我上医院，我不肯，只好又做题了。"王子轩仰着头拍着牛硕硕的小肩膀说:"你太没有表演天赋了。我昨天先在卫生间里假装蹲了半小时,出来了就跟我妈妈说肚子不舒服,我妈妈也让我上医院了,我告诉她是因为前一天晚上睡觉没有盖被子,着凉了,只要休息一下就好。"王子轩笑得门牙全都露出来了:"我妈妈不但相信了没让我继续做练习,还给我炖了一个鸡蛋,让我早早就上床休息了,哈哈哈哈……"牛硕硕觉得王子轩太牛了,他才该姓牛。

很快到了考试那天,一共考三科,语文、数学、英语,一天考完。牛硕硕觉得自己比较紧张,好像小心脏都跳得比平时快多了。试卷发下来,牛硕硕松了一口气,那些题目好像都是自己平时做过的一样,他都认识,他很快就把试卷做完了,三科都考得很顺利。果然,牛硕硕三科都考了A+,得到了老师的表扬。

牛硕硕拿着奖状和奖品回到家,妈妈看见了,得意地说:"看见了吧,幸亏妈妈叫你多做练习吧,得了三个 A+,我们硕硕多么不容易。以后可不能装病啊!"牛硕硕点点头,看见妈妈转身回了厨房,才一个人小声说:"才不是你让我多做练习的原因呢,王子轩天天装病不做练习,他也得了三个 A+……"

唉,其实读书主要靠学校里的时间和小朋友自己的认真,但是大人们为什么总要让小朋友做更多的练习,参加很多补习班,他们才放心呢?牛硕硕想不明白。

庄锋妹

女孩的伤（节选）

之前她害怕黑夜，因为天黑了却看不到父母。

如今她恐惧白天，因为天一亮，她就要承受很多未知和已知的欺负。

他们那些无声和有声的行为可怕又充满威胁性，如影相随，她无力反抗……

阳光从破旧又单薄的窗帘布里钻进来时，章音揉了揉惺忪的双眼。随后，她像突然想起了什么似的，噌的一声，从铺满稻草的木板床上蹿起来，外套都来不及穿，就急急地跑向阿爸阿妈的房间。

凌晨的时候她做了一个梦：不知为了什么，自己不停地在脸上摸索，然后突然摸到了一根细细的，像头发丝一样的线。轻轻一抽，感觉脸上麻麻的，好像有什么东西从皮肤里跳出来。她特别好奇，不知道这根线是从哪里冒出来的，从皮肤里跳出来的是什么，什么时候才能抽完。就这样不停地抽啊抽，整张脸上像有无数的蚂蚁在爬，既舒服又轻松。不知过了多久，终于那根线抽不动了，但不管你怎么用力都扯不断……接着就是漫长地在不安和恐慌中找镜子，终于找到了一面镜子，那时却早已身心俱疲。

只是在看到自己的脸时,她惊呆了——脸上所有的雀斑像长了翅膀一样,不翼而飞,皮肤白净得像剥光了的鸡蛋。

她是笑醒的!

父母房间墙壁上的那面长满斑点的模糊镜子里,依然是一张布满雀斑的脸。

章音瘪了瘪嘴,似乎不相信这真的只是个梦,她踮起脚尖,脑袋用力凑近镜子,伸出又红又粗的右手手指,不停地在小脸上摸索,希望找到那根在梦中出现的线。没多久,她又换了左手手指,再次在脸上小心翼翼地游移。显然那根手指没有长冻疮,比较纤细,可能她认为长了冻疮的手指触感比较木讷吧。

良久。

唉——一声长长的叹息后,才惊觉身子发冷,牙齿打战,不管三七二十一就跑上了父母的床。

被窝里还有父母淡淡的余温,只是没有了父母的踪影。章音用力地拉扯着用陈年的坏棉花打成的老棉絮往身上盖,屁股底下传来老布床单摩擦稻草的滋滋声。几分钟后,她终于把自己稳妥地裹在了被窝里,然后盯着乌黑的三角屋顶发呆。

这怎么是个梦呢?如果这不是个梦那该多好啊!自从被同学们取笑脸上的雀斑后,自己心心念念想着的就是有一天出现一个魔法师,像动画片里的那个巫婆一样,手指轻轻一挥,就能把脸上所有的雀斑都抹去……也是从那时起,自己越来越羡慕那些脸上不长东西的女孩,哪怕她们皮肤黝黑,但总比满脸雀斑好吧。

唉——她又长长地叹了一口气。她觉得自己变了,变得不爱出去玩了,变得不愿意见人了,更变得害怕了……其实她不知道,这是自卑在作祟。每个人内心都住着一个自卑,只是有些人强大了就会变得自信,而有些人弱小就会把自卑给唤出来。她就是属于后一种,因为同学们的嘲笑和欺负,自卑就开始在她幼小的心头发芽。

昨晚,就在昨晚,自己曾小声地问阿妈,为什么自己脸上会长那么多雀斑。当时阿妈正站在矮桌前整理第二天要去贩卖的毛线,而阿爸因为村里的事窝着一肚子的气,正用酒精来缓解愤怒和压力。

"你永远不要拿自己和别人比较,每个人都与众不同,都有他的独特性。"阿爸抿了一小口二锅头,煞有介事地说道。

他根本没有考虑到这样一句富有哲理的话对于一年级的孩子来说怎么可能听得懂呢,所以当章音用茫然的眼神看他时,他一下子火了:"去,去,去一边玩去,别在我面前碍眼……"

阿妈完全置身事外,她的目光紧紧地锁在那些毛线上,嘴里念叨着数字,根本就没有在意章音委屈瘪嘴又想说话的样子。

其实她很想问问阿妈:为什么你把我生得那么丑,因为你把我生得那么丑,所以我才遭同学们的嫌弃和嘲笑。

阳光像个调皮的孩子,在有破洞的窗帘布里钻进钻出,玩起了捉迷藏。章音双手摩挲着脸蛋,一脸的愁容。

昨天是礼拜天,在外婆家待了整整一周的章音独自爬过那座高高的铁路桥回家,虽然她知道父母在忙碌生计,家里不会有人,内心却那么希望在推开家里的那扇陈旧木门时,会看到父母的身影呢。

事实当然还是事实,很难因为一个人的念想而改变。直至天黑,才等回来一脸疲惫的父母,然后在沉默中吃完了晚餐。章音不明白,是阿爸阿妈不爱自己还是对自己很放心,反正从上学到现在,未曾问过一句关于她在学校的话。

其实她还是很想说的,刚开始没被人欺负的时候,她想说说学校的趣事,数学老师喜欢打喷嚏,一打起来就没完;语文老师说话像唱歌,韵律很足;还有体育老师,整天绷着张脸,像扑克牌里的鬼牌,完全没有幽默感。也想说说那些陌生的同学，自己一下子叫不出他们的名字，但特征很明显的同学，比如那个永远流着鼻涕的盛明辉；比如缺了门牙说话漏风的吴辉，还有自己新交的好朋友黄洁。后来被同学欺负了，就更想和阿爸阿妈哭诉自己在学校里所受的委屈，希望阿爸能和何玲娟的阿爸一样出面保护自己，给自己撑起一片安全的校园天空。

唉——章音又深深地叹了一口气。不知从何时起，小小年纪的她越来越爱叹息了，像一个饱经风霜的老妇人。

昨晚又听到阿爸阿妈吵架了，他们的矛盾永远只有一个——穷！阿妈嫌弃阿爸没出息，天天把时间浪费在那些村民身上，不但赚不到钱还要受气；阿爸抱怨阿妈，一天到晚不着家，孩子也不管……后来的后来，千篇一律的情节：阿妈开始哭诉自己的不容易，为了让这个没有任何家底的家能好起来，自己没日没夜地赚钱，下班后舍不得睡一下，就又跑出去贩卖毛线，阿爸则从一开始的怒吼到沉默再到最后的妥协。

如果自己再告诉他们这些烦心事，就是给他们添乱。阿爸对她说得最多的一句话就是："去，去，去，小屁孩别给大人添乱。"

所以保持沉默也许是对阿爸阿妈最好的帮助吧，至少他们无须为自己的事情烦恼了。

"要做一个懂事的孩子。"阿妈经常这样说。

阳光越来越多，说明时间不早了。今天是周一，再上几次学，就要放假了。

章音不想起床，不是因为天气冷的原因，而是想到去了学校又将受到同学的欺负，她就不寒而栗。特别是最近，盛明辉给自己起了一个绰号，还说这个绰号很贴切，最适合她，要求同学们叫她章呆子。她怕真的有一天，同学们都忘了她的名字。

但是她必须去上学，不然阿爸阿妈又要生气了。

悻悻然地穿好衣服后,章音走出卧室来到客堂。客堂的东北角有一面不完整的全身镜,是阿爸从村里废弃的橱柜上拆下来的,因为阿妈爱美,喜欢照镜子。之前章音也爱照镜子,没事就对着镜子扮鬼脸,跳自己瞎编的舞,曾几何时,镜子是她唯一觉得有趣的东西,但现在她不会再去照镜子了,甚至有些讨厌照镜子,反正镜子里出现的永远是那张满是雀斑的脸,身上穿的永远不是自己的衣服,都是阿妈从堂姐那里要来的。所以,不必照,照了只会让自己越来越讨厌自己!

她像做贼似的穿过客堂,来到逼仄阴暗的灶披间里。破旧矮小的餐桌上赫然放着一个苹果。章音咧嘴一笑,急急地扑过去,刚触碰,就感觉手里湿漉漉的,拿起来一看,原来是一个烂苹果。不过这不足为奇,阿妈经常在贩卖完毛线后,买一些烂水果回家,她说这些水果便宜还不影响吃。

"又是烂的……"章音嫌弃地嘟囔着,但没有松手,一只手紧紧地攥着,另一只手去拿同样放在餐桌上的书包。

突然她的手停了下来,急急地冲出灶披间,向外奔去。

不多久,她吃力地提来一小桶井水,顺手拿了块又破又脏的抹布,放在水桶里浸湿后拧干,随后小心翼翼地开始擦拭书包上早已凝固的泥巴。那是上周六被盛明辉踩在地上留下的,自己没敢和阿妈说,阿妈也没有发现。

擦完书包,章音看了看还是有泥巴的书包,无奈地叹了一口气,扔了右手的抹布,晃了晃左手的烂苹果,迟疑了一下后放在水桶里洗了一下,狠狠地咬了一口。

呲——苹果的冷让她龇牙咧嘴。

没有早餐,苹果就是她的早餐。这个时候她特别想念外婆,因为在外婆家每天早上都会吃到早餐,如果哪天外公去小镇上的茶室喝早茶的话,还会带回一根油腻腻香喷喷的油条呢。

想到这里,章音狠狠地咽了咽口水,用力地挠了挠油腻的头发,背起书包，跨出了家门。

　　章音踏着上课铃声急急地奔向教室，在门口还和数学章老师撞了个满怀，她还来不及道歉，章老师的一个喷嚏把她惊得身子一缩。

　　"这，你，干嘛呢？"章老师语无伦次地说道，显然他也被吓了一跳，只是不知是被章音还是自己的喷嚏。

　　"冒冒失失的……上课了，还不进去……"他接着补充道，恢复了老师该有的严肃。

　　章音跌跌撞撞地跑进教室，在经过盛明辉的座位时，身子一个踉跄扑倒在地，刚刚擦干净的书包再次从肩膀飞离出去掉在了地上。

　　"怎么了，你又怎么了？怎么这么鲁莽呢？小姑娘家走路怎么不好好走呢？"章老师的声音再次传来，这一次带着深深的不满。

　　章音委屈地瘪了瘪嘴，慢慢地从地上爬起来，来不及揉一下摔痛的膝盖，就去捡地上的书包。因为着急，她忘了每天不变的被欺负形式，或者说，她以为老师已经进教室了，盛明辉没有胆子再欺负她了，但是她错了，她还不懂，当一种行为成为一种习惯的时候，是很难改变的。

　　欺负她，已经成为盛明辉的习惯。

　　"章呆子，真是个呆子！"盛明辉看着章音一瘸一拐的背影，心里嘀咕着。说来奇怪，之前欺负何玲娟的时候，感觉会有一种满满的成就感，但欺负章音，总是让他觉得很失落，这种失落是因为她从来不反抗，让他觉得特别没劲。

　　问题是，欺负何玲娟显然已经成为过去式，他可不敢和她的阿爸对着干。现在就要看用什么样的方式去激怒章音，让她学会反抗。

　　盛明辉塌鼻子又是一抽，心里开始策划起小阴谋了。就在他吸鼻涕的时候，章老师又一连打了好几个喷嚏。

　　章音小心翼翼地打开书包，拿出了数学课本，放在课桌的右侧，然后肩膀收拢，双手收在胸前，轻轻地靠在课桌上。

这张长方形的课桌上，除了坑坑洼洼的伤痕之外，还有一道很深很明显的三八线把课桌分成了两半，就像楚河汉界，互不干扰。

这是盛明辉为了讨好何玲娟画上去的，平时只要章音的手臂稍微压一点线，何玲娟就会用铅笔尖戳她，很痛很痛，但何玲娟可以肆意妄为，她若心情不好，就可以把整张课桌都霸占了，完全不顾及章音的感受；心情好的时候，会留出一点空间给章音，所以章音每天祈求何玲娟能有个好心情。好在自从被同学们拥护之后，她的心情一直还可以。

可是，今天何玲娟的心情似乎不好，章音刚刚靠上课桌，她就撑开了整个手臂，整张课桌被她一个人独占了。

"好，今天这堂课我们做个小测验。"章老师终于不再打喷嚏了，环顾了一下同学们，认真地说道。

随后，章老师转过身子，在黑板上开始出题。只要是考试都这样，老师在黑板上出题，学生在本子上抄下来并解题就可以了。

章音扑闪着眼睛看了看被何玲娟霸占的课桌，她不知道自己的本子该放到哪里。

"做完的同学把本子交上来，我当面批改。"章老师边写边说道。

何玲娟从书包里掏出了数学练习本，然后看都不看章音一眼，就把大半个身子严严实实地趴在了章音的前面，然后若无其事地开始做老师黑板上出的题目，这明摆着就是不让章音考试嘛。

教室里传出了铅笔在本子上书写的沙沙声，而黑板上的题目也渐渐在增多。章音手里捏着练习本，却不知道该放到哪里，急得眼眶都红了。她脸憋得通红，嘴唇哆嗦着，咬紧牙关，硬是把快要滴下来的眼泪给逼了回去。

随后她侧着身子，把本子压在桌角边上，小心翼翼地开始抄写黑板上的题目，但因为天冷，手上又有冻疮，所以她一笔一画，写得很慢很慢。

"好了，今天就做这些题目，"章老师转过身子，放下粉笔，拍了拍手说道,"有没有同学做完的?"说完,环顾了一下整个教室。

　　章音迅速地看了一眼黑板,大半个黑板上都是题目,而坐在最前面的盛明辉已经做完拿给老师批改了。

　　她开始紧张,越是焦急就越写不好,好几次笔尖从本子上滑下来。她以为是手指冻僵的原因,嘴巴凑近,对着右手不停地哈气,想让手利索点,却不懂是因为本子受重不均衡,才会导致写字写不稳。

　　不多久,何玲娟站了起来,自信满满地拿起练习本走向了讲台。

　　章音偷偷地舒了口气,立马坐正身体,开始奋笔疾书。

　　咚的一声,章音感觉手臂一震,紧接着,啵的一声,铅笔一歪,笔芯直直地断在了本子上,划出了一道深深的印子。

　　章音慌乱地抬起头,看到何玲娟正怒视着自己。看来是自己写得太投入,没发现她已经回到座位上了。刚刚就是她故意用手臂撞了自己的手臂,以示警告。

　　越来越多的同学走上讲台让老师批改了。章音急得像热锅上的蚂蚁,急忙从铅笔盒里找出铅笔刀,然后笨拙地开始削刚刚断芯的铅笔。

　　等她好不容易削完铅笔,才发现何玲娟再次霸占了她的课桌。

　　随后,下课铃声响起。

　　"是不是都批改过了?"章老师再次环顾了一下整个教室,问道。

　　章音低着头,根本就不敢看老师的眼睛,更别说出声了。

　　"章音,"章老师突然问道,"你的批改过了吗?"

　　章音战战兢兢地站了起来,右手不停地挠着脑袋,左手压在练习本上,低着头不说话。

　　"别人都做完了,你怎么还没有做完啊?"显然章老师看到了章音的练习本,他眉头微蹙,不满地问道,"你到底在干什么呢?这么简单的题目都不会做吗?是不是太笨了?"不知什么原因,章老师越说越生气,有点口不择言。

"你等一下带着练习本到我办公室来!"最后,他狠狠地丢下了这句话,很生气地走出了教室。

章老师前脚刚跨出教室门,盛明辉后脚立马蹿到章音的面前,幸灾乐祸地叫道:"章呆子,连老师都说你笨,哈哈……"

"这么简单的题目都做不出来,你是不是太笨了?"吴辉牙齿漏着风学起了章老师。

"下课后,到我办公室来一趟!"盛连强也开始过来凑热闹。

"章呆子就是章呆子,不会很正常啊!"盛明辉讥笑道。

章音的眼泪终于掉下来了,而且还是成串成串的。这是她第一次面对同学们的欺负哭泣。

盛明辉看到章音的眼泪,比谁都兴奋,说明自己刚刚的方式有效果了,她终于有反应了,所以他开始变本加厉。

"章音,1加1等于几?"

"老师,我不知道。"

"这么简单的问题你都不知道,那你知道你自己叫什么吗?"

"我知道。"

"叫什么?"

"章呆子。"

盛明辉学着章老师的口气自编自导着。

教室里一阵大笑。

章音的眼泪更加汹涌了,把练习本都浸湿了,而盛明辉像服用了兴奋剂一般,继续嘲讽着。

没有人知道章音为什么会哭,被欺负了那么久,比这次更甚的还有,她都没有掉过一滴眼泪,今天她却哭得如此伤心,似乎要把之前所有的委屈都发泄出来。

只有章音自己知道为什么哭。她之前能隐忍同学们对她的欺负,那是因为外公一直对她说，在学校里，只要读书好，老师就会看得起你，这样同学们也不敢欺负你的，你会受到尊重。虽然这个年龄的她根本不理解什么是尊重，但有一点她是记住了——只要成绩好，就不会被欺负，所以是这个信念一直支撑着她。如今，老师都说她是笨蛋，嘲笑她，她的这个信念瞬间就倒塌了，她觉得自己再也成不了好学生了，这也说明以后自己将继续被同学们欺负。

　　内心突然滋生的害怕主宰了章音整个人。她不管不顾地昂起头，闭着眼睛，哇哇哇地大哭起来，似乎只有这样才能减轻突如而来的恐惧。

谢青

你只管努力做好自己,剩下的交给天意

"快些写作业,晚上带你去吃大餐!"11月的一个周末,李铭亮对12岁的女儿说道。

不久之前,李铭亮收到一位网友的邀请,邀请他去参加自己的婚礼。李铭亮推辞不了,他是唯一受邀的网友,因为他们的爱情之路上有这位名叫"火烧云灿烂了天际"网友的答疑解惑……李铭亮虽坐有轮椅、站有拐杖,但也时常参加网友们组织的聚餐。

"好呀!"自从成为单亲家庭孩子后,李晓萌就跟着父亲时不时去吃大餐,那些叔叔阿姨或哥哥姐姐都非常尊重父亲也十分喜欢她,"再给我一个半小时就可以全部完成啦!"

李铭亮在"爱相随爱永恒"三人群里发了2000元的红包,一刻钟后,他们各领了一个。

"谢谢铭亮哥!有个惊喜在等着你,我们已经惊喜到无法用言语来表达了……"

"嘘,我们保持神秘!谢谢火烧云兄,接你的车子已经在路上了,带上萌萌一起来吧。"

"祝福你们终于领证、办婚礼,结束单身开始相扶相携、相亲相爱的婚姻生活。不过，事先声明，我今晚不上台、不发言，我今晚带着女儿来吃大餐，今晚的主角是你俩……"

群里没了下文，李铭亮打开文档，约80分钟后一篇1500字的散文《松江的秋天，我写不尽你的美》完成了。此时，一辆银灰色的轿车已经停在门外。于是，李晓萌搬出轮椅塞进后备厢后坐到了车里，对吃大餐这样美妙的事情，她向来是心驰神往的。

"李老师，我拜读过您的很多作品，也关注了您的微博。刚才王梓在群里问谁来接您，我便自告奋勇来了！"司机是个帅小伙，一上车就一边系安全带，一边忙不迭地说道。

"爸，您的粉丝无处不在呀，一会儿您给这位大哥哥签个名吧！"李晓萌笑呵呵道。

一听这个，小伙用一副自叹不如的语气道："说起粉丝，我姐才是李老师的铁杆儿，李老师的书、语录、海报、发表作品的期刊和报纸，我姐那里都有……"

"她真铁杆儿，估计和赵晓璇姐姐有得一拼。"李晓萌心里有点震惊。

秋雨淅沥沥下着，银灰色空间里播放着一首首轻音乐，自来熟的李晓萌一会儿打开这个话题，一会儿转折那个话题，三人倒也聊得愉快。约莫一小时后，车停在东方婚礼馆前，李晓萌推着父亲在礼仪小姐的带领下缓缓走进婚礼现场。在这神圣而浪漫的环境里，爱的味道浓郁至极。四五十桌的场地铺着红毯，中间有条婚礼走廊通向前方墙壁屏幕，偌大的屏幕上播放着新人的结婚照，两人甜蜜恩爱的样子让那些田园风景也稍逊一筹。荧幕两旁摆满了火红的玫瑰。亮白色的八角形吊灯、星光点点的小灯嵌在一个又一个心形图案里，一声声祝福、一声声问候……放眼望去一切都是那么美好。

"爸，您什么时候给我找个妈呢？我们也办场这样的婚礼才好。"李晓萌坐定在角落里，人小鬼大的她对父亲附耳道，说完一溜烟拿着手机去闲逛了。

李铭亮摇头苦笑，15年前他也遇到了一回爱情，那个长发披肩的眼镜女孩悄悄走入了他的心房。老天爷没有薄待他，在他适合恋爱的年纪也安排了一场姻缘，恋爱的甜蜜、婚后的幸福让李铭亮无限满足，残疾的阴影与痛苦一扫而光……但幸福的婚姻没有逃脱"七年之痒"的魔咒，妻子渴望外面纸醉金迷的大世界。在冷战、恳求无果后，李铭亮选择了放手，带着女儿独自生活，因为她好便是晴天。

"火烧云兄，你的座位我们另有安排。"说完，新郎推着他转弯向前再转弯而去。

新郎的出现打断了李铭亮的回忆："别闹，我和女儿今天只想安安静静在这里吃顿大餐……"

"放心，我们不请你上台，也不用你发言，但请你在第一桌见证我们的婚礼。"

把李铭亮推到第一桌旁，新郎就忙其他事情去了。此时，婚礼主席台上有一个忙碌的倩影吸引了李铭亮的目光，桃红色的呢绒过膝风衣、橘色的高筒靴、乌黑亮丽的短发。此时，那个女孩转身抬头，精致的瓜子脸上那双浓眉大眼一看到李铭亮也变得神采奕奕起来！

"雪融春姐姐，今晚你也在啊！好巧，我和爸爸也来了。爸爸，你换了地方也不通知我一声，害我一顿好找。爸爸，我来给您介绍一下，这是我的校外辅导员雪融春姐姐。"

雪融春怀着激动的心情走下主席台："您好，李铭亮先生，久闻大名，今晚终于见到您了！"

"您好，雪老师，这3年晓萌给您添麻烦了。"李铭亮握住了她伸出的右手。

雪融春握住的手没松开："晓萌聪明伶俐，是我的小小助手呢！晓萌知道我喜欢您的作品，常送书给我，我们不陌生，您的文字一直在我心里流淌呢！"

"今天，我们一桌吃饭吧！"李晓萌兴奋地拉着雪融春的胳膊在李铭亮旁边坐下。

音乐骤停，婚礼主持人的声音响起，居然是司机小伙。

"雪帅是我弟弟，他今天第一次客串主持人。"

耳边响起清纯悦耳的声音，李铭亮一回头，与雪融春四目相对。雪融春嘴角微微上扬，李铭亮愣住了，如雪融春暖叩进了他的心扉。台上在说什么，李铭亮已经听不清了，他已经好久没有如此直面一个女生了，他如沐春风，心跳在加速……

在灯光忽明忽暗之间，婚礼进行到了新娘抛捧花环节。新娘把捧花高高往后一抛，这束花跳来跳去，最终落入雪融春之手。

"哦耶，抢到了粉色玫瑰，不愧是我的雪姐姐！"李晓萌挥舞着双手，一蹦三尺高。

只见拿着手捧花的雪融春笑意盈盈地走到了李铭亮跟前："花送您，李先生可否给个机会？"

满座皆惊，主持人和一对新人的目光也聚焦到了这里。李铭亮的脑袋嗡嗡作响："我能给她什么机会？粉色玫瑰是爱的宣言啊！难道她……她对自己……不可能，这绝对不可能。"

"雪姐姐，这花还是送我吧！我爸是个大老粗，他哪懂得怜香惜玉养花呀！"

听了女儿的话，李铭亮才有了些木讷的反应，右手挠头脱口而出："来日方长。"

这时新娘下来把雪融春拉去挡酒了，李晓萌坐过来轻声问："爸，您在想啥呢？"

"想你个大头鬼呀，好好吃你的大餐吧！"李铭亮品着红酒，双眼却随一个身影转动。

原来心动只在一瞬间，原来缘分说来就来，那句"你只管努力做好自己，剩下的交给天意"是真的。从三十而立到四十不惑，李铭亮经历了大喜大悲、圆满和缺憾，一路走来，他坚持读书，虽然身困方寸之间，但是屋前的"一米阳光"照亮了他的整个世界。身处这个"互联网＋"的时代，李铭亮用文字演绎出了属于自己的独特篇章。

残疾只是生命的一种形式，贵在心灵站立，贵在灵魂挺直，贵在思想行走……有一句话是这么说的，风雨之中的那道彩虹之所以那么美，是因为经历了暴风雨的磨砺。雪融春就是李铭亮为之倾心的那道彩虹，此时想来，让他经受再多的磨砺他也甘之如饴！

那晚过后，雪融春主动添加了李铭亮的微信，他们时而说人生故事，时而谈文学情怀，时而谈古论今，时而道诗和远方……元旦过后，雪融春几乎每个周末都以李晓萌校外辅导员的身份来家访，辅导孩子的功课。头几次，李铭亮还郑重其事地招待雪融春。时间一久，便熟络起来，恰似家人一样。

第二年暑假，雪融春和李晓萌密谋去旅行，临出发前才通知他，于是三人愉快成行。

在飞机上雪融春说："父母帮我安排了一场相亲，我推脱不了，李先生可否做我的男朋友帮我挡一下？"

李铭亮的脑袋又嗡嗡作响，自己小说里的情节居然发生在现实中，而且发生在自己身上！

"雪老师，您这……不是为难我嘛！"说完，脸却开始泛红，李铭亮勉强答应了下来。

让人没想到的是，雪融春的相亲对象是李铭亮的粉丝，二人认识好几年了。见他们"一家三口"其乐融融的样子，于是竞争对象送上了满满的真心祝福。

在洛阳城，到处都留下了他们的脚印和照片……

玩了一圈回来，雪融春父母真的把李铭亮当女婿了。因为出发之前，雪融春已经把李铭亮获得中国五四奖章等荣誉的扫描件和许多媒体对他报道的打印稿，连同李铭亮出版的五本著作留给了父母。同样身为教师的父母看后震惊不已，心理防线慢慢被突破。

"李先生，对我还有什么不满意的地方呢？看你老是一副欲哭无泪的样子，难道我这个女朋友很差劲？和我在一起难道就那么让你难受吗？"

"不，不是的……"李铭亮深呼吸再深呼吸道，"你不是说……只是要我挡一下相亲对象吗？"

"之前是这样的，但现在我父母已经认可你这个女婿了，难道这不是你一直渴望的吗？" 雪融春眉飞色舞，冷不防在李铭亮的右脸颊上亲了一口。

夜晚，在乡间小路上，在星空下，右手撑拐的李铭亮蒙圈了。

一个星期后，他们回到了上海。回归二人世界的李铭亮一阵恍惚，恋爱的时光又回来了！

"雪老师，你为啥会选我？"恍若梦中的李铭亮喃喃地问。

雪融春认真而妩媚地说道："因为好看的皮囊千篇一律，有趣的灵魂万里挑一，而你又腹有诗书气自华！我想陪你慢慢变老，我想陪你去实现小说世界里的一个又一个梦。"

那夜，李铭亮的心田又见潺潺溪流。

云间笔会
2022

散　文

许云琴

我的珍藏微篆《心经》

《西游记》中唐僧赴西域取经的故事家喻户晓,那么玄奘取到什么佛经呢?其中一部名为《般若波罗蜜多心经》,简称《心经》,是大乘佛教般若中观学的重要经典之一。至今已有7种汉译本,流传最广的是唐代玄奘的翻译本。此译本仅260个字,连经文题目也才268个字,但就是这么一部短小的佛经,却包罗了大乘佛经般若中观学理论的核心。《心经》是佛教众弟子必诵之经典。唐以来许多著名书法家留下了众多的抄本,如唐代欧阳询手书勒石的拓本,已成为学习书法者临摹的经典范本。

我珍藏的《心经》,是一枚印章,用名贵的白芙蓉寿山石篆刻而成。石章身长足6厘米,手拇指那么粗。章面文只篆刻有一个"悟"字。在手拇指那么粗的章身上,作者以边款的形式每行微刻小字31个,并列9行,279字,包含《心经》全文以及篆刻者姓氏与篆刻地点。联系章面"悟"字与边款《心经》全文,篆刻者的用意显而易见,盼望石章的拥有者能通读《心经》,对经文内容能大彻大悟。

篆刻者覃一甲,西泠印社社员,著名篆刻家,刻章地点杭州西泠印社。2006年,国家级物质文化遗产名录公布,金石篆刻名列其中,西泠印社篆刻传承保护工作从此进入国际视野。篆刻的实物作品——印章,贯穿了中华5000年文明史的整个发展进程，是中华文明的重要载体之一。从微篆技法来考察，此印章实属不可多得的精品，令我十分珍爱。

　　《心经》译文是梵文音译，如"般若"就是智慧的意思；"波罗蜜多"的意思是到彼岸去。当今社会，人们热衷于功利，心浮气躁，精神压力大。我建议读读《心经》，这是一个不错的选择。

两枚宋钱的感悟

适逢生辰，朋友赠我两枚北宋钱币崇宁通宝。松江方言"宋钱"与"送钱"发音大致相似，他的心意是送钱致贺，祝我富裕地安度晚年。

抚摸把玩这两枚古钱币，我思绪千万。回忆童年，自己日思夜想盼过春节。长辈给红包，有了攒厚的压岁钱，便能随心所欲，可以买玩具、糖果零食。上了中学，政治老师说金钱是财富的象征、物资流通的手段……

随着年岁的增添、人生阅历的加深，我对金钱的感觉不再是童年的简单与天真。我有一个邻人，家底贫困，但凭着机遇和智慧，发家致富，蒸蒸日上，成了亿万富豪，令邻里刮目相看。不幸的是，后来他患了癌症，对财富十分依恋的他求医生给自己用最先进的药物与医疗技术，但还是病入膏肓而亡故了。

最近老城改造，时有传闻为了老屋的继承权，父子相背，兄妹反目，盯着几间老房子，争得面红耳赤，本来就很脆弱的亲情就更难以维持了，是金钱惹的祸。常言道，金钱不是万能的。富豪想用亿万金钱买健康与生命，但再多的金钱也难以办到，但是如果没有金钱，什么也做不成，即使是最圣洁淳朴的亲情，有时缺了金钱也难以维持。为了摆脱金钱的摆布和困扰，在日常生活中，我们要学一点有关金钱的辩证法。

中华民族使用铜钱的历史源远流长，从商代的铜贝，到秦始皇统一天下后通行 2000 多年的方孔铜钱，时间跨度足有 3000 多年。朋友送我的两枚宋钱，也有 1000 多年的历史了。朋友说，"崇宁通宝"四个字是瘦金体，为赵佶手迹，十分秀美。北宋钱币存世较多，所以目前市场价也并不高，但保存完好的也稀少，嘱我好好收藏。

百年兴衰话颐园

颐园位于秀南桥西,坐落于上海第四福利院内。它原是许威老宅的组成部分,占地约3000平方米,民国时期被誉为上海十大名园之一。

为什么小园名声大?因为园史悠久,为上海地区明代遗留下来尚能保持原汁原味少有的名园;再则,它布局小巧别致,区区两亩田地里,有山有水,亭台楼阁,古木参天,鸟语花香,曲径通幽,别有一番情趣;更令人惊叹的是,它有说不完道不尽的兴衰故事。

先说颐园建园史。明代中期,松江棉纺业骤然崛起,处处可闻机杼声,松江布畅销大江南北,连皇亲国戚都喜欢,有"衣被天下"的美誉。棉纺业繁荣,松江聚居了不少经营棉布发财致富的豪商大贾。万历年间,有位姓沈的布商在秀南桥西择地营造休闲花园。沈氏不仅经营有道,而且胸有文墨,所以造园讲究文化品位。当时,松江有个造园高手张南垣,曾应召去过京城修建皇家园林。沈氏对张南垣说,松江官邸园林占地硕大,比比皆是,我不稀罕。我造园要反其道而行之,在"小"字上做文章,以小胜大,别具洞天。张南垣胸有万壑,用山水画章法设计布局,弃当时园林惯用的太湖石,而选用黄石造景;又在假山前取土挖塘,伴以亭台楼阁,曲廊通幽,古拙高雅。园林格局布置简而不陋,富而不俗,艺术匠心与自然情趣融会贯通。于小小天地之中，洋溢诗情画意。花园竣工，深得沈氏喜爱。他想，我素来办事，不论头绪何等纷繁，总能条分缕理析出个"因而"来，于是他给新花园命名为因而园。

因而园传至曾孙辈，沈氏家道中落。清道光年间因而园易主，被新兴富商罗家购得。罗家主人腰缠万贯，却胸无点墨，对园子也想不出什么好名字，左邻右舍以罗氏园谓之。罗家主人对花园不善管理，好端端一座花园犹如迟暮美人，风华不再。暴发户聚财快，散落得也快，不久罗家放话说要转让花园。

光绪年间，松江有许姓望族，许铁珊（又名许威）、许嘉德两兄弟登科后仕途亨通，赴浙江就任要职，集资在三秀地区购房置业。许嘉德在秀野桥西买下豪宅，命名为葆素堂；许铁珊在秀南桥西购得豪宅，命名为安雅堂。两宅被市河相隔，南北相望。许威时任浙江归安知县，为官多年，对仕途颇感倦意，准备告老还乡，颐养天年。此时，许威得知罗氏园有意转让，喜不自禁，因为罗氏园正好与他家住宅相邻，若购下，拆了围墙成一统，珠联璧合，前宅后花园，正合他的心愿，于是耗资万两白银购得罗氏园。

许威精书画篆刻，富收藏，名重一时。他购得罗氏园后，延请名匠精工修缮，移栽珍卉名木，以假山荷塘为中心，重新布局。一泓池水，清澈如镜，塘上架有曲尺小石桥，沿廊临水而筑，梁檐下配有形状各异的挂饰、扶梯、过廊、栏架、楼窗等，构件都保留明代园林幽雅精巧的风格。为体现颐养天年之意，许威将花园以颐园命名。从此，许威在园中读书赏画，有时也邀请文朋画友来园吟诗作画，怡然自得，其乐融融。一日，许威登上沈氏营造的戏楼，南窗远眺，正值插秧时节，园墙外满眼葱绿，只见农家耕耘莳秧，好不快乐。许威赏心悦目，挥笔疾书"观稼楼"三字，为明代戏楼补上了匾额。

1924年，军阀混战，兵祸连累松江。孙传芳部残兵败将进驻颐园，名园惨遭践踏，亭台破损，花木凋零。1927年北伐胜利，军阀撤走，但许家子孙染上鸦片恶习，靠变卖祖产维持生计，已无经济实力整修花园。许氏四房后人许馨谷，北京政法大学堂毕业，是当时江南著名文学团体南社社员。他与金山张堰人士高君藩友好，同为南社诗友。当时参与南社的松江人不下30余人，高君藩为了南社松江诗友有聚会之场所，与许馨谷商量，要他出让颐园，由他出资修复。许馨谷与众房兄弟协商，虽有几房反对将花园出让，但因许馨谷坚持，最后还是让给了高氏。

高君藩的父亲高吹万，早年参加同盟会，是国民党元老，与柳亚子齐名，也是南社的发起人之一。他得知儿子在松江买得颐园，爽快地掏出2000块大洋，高兴地说："2000大洋一名园，实在便宜，买一幅名画都不止这个数呢！"就这样，许威后人半卖半送了颐园，从此人们把它唤作高家花园。

高君藩入住颐园后，往来者都是社会名流贤达、吟诗唱和的文化人，经常聚集在颐园的都是一些"风声雨声读书声，声声入耳；家事国事天下事，事事关心"的爱国人士。据资料记载，高僧弘一法师（李叔同）应南社社员、松江名流费龙丁的邀请，从杭州乘火车来到松江。费龙丁陪大法师到颐园，弘一见到颐园胜景，双手合掌，赞叹不已。

多年后，高君藩迁出颐园，而许氏后人无力偿付赎金，颐园关闭，从此荒芜。

如今颐园虽然尚未对外开放，但文化界名流慕名前来者络绎不绝。人们期待，随着松江仓城历史风貌区工程的实施与推进，颐园与周边民宅古迹，如秀溪禅院、杜氏宗祠、许威老宅等连成一片，成为松江古城旅游景区一颗亮人眼球的明珠！

章绍岩

孺子心头可耕田
——追忆陶本一先生

鲜花簇拥，身披党旗，陶本一校长与我们永别了。

我们很熟悉后，我才知道他是松江泗泾人。闲聊中，说起我在泗泾工作10年，他请我陪他去泗泾镇寻旧。从本一、本仁、本川三兄弟的名字，即可知先生父母的文化素养，他父母均毕业于大学中文系。泗泾镇面貌巨变，久寻未着，我提议请镇政府帮忙，陶校长婉拒："不要给人家添麻烦。"

我第一次见到陶校长，是因学校转制，筹建新领导班子，陶校长带领上海师范大学基教处处长和另一位老师来我校。我意识到那位老师就是接替我的，我站好最后一班岗，对学校以师范高中部名义招生两年来的情况，做了汇报。西装领带、气质儒雅的陶校长静听着，我谈到"培养具有中国灵魂、世界眼光的时代新人"这一学校培养目标时，发现陶校长眼神的一个变化，他第一次插话："请您展开阐述一下何为时代新人？"我侃侃而谈，他露出第一个微笑。会议结束后，我询问接下来日子的工作，我向谁汇报。陶校长干脆利落地表态："向我直接汇报。"我懂了，那位备用校长的位子撤销了，陶本一校长给了我一个拥有展示生命舞蹈的平台，放大自己生命本性的可能，我这才有了10年时间与同事们共创辉煌，有欢笑，也有艰辛。

陶校长建议我们办完全中学："完整的中学流程，有利于教学研究。"预初班招生了，他询问我准备招几个班。我思索后回答，招三个班，试点、总结，打出牌子后再逐步扩招。他极力赞成，并建议我将招生报名面试点就设在桂林路上海师范大学校园内："附中，不是挂名的，货真价实，利于招揽生源。"此后生源多年来一直潮涌，平行班最多时达12个。每年近1/3的初中毕业生直升"四校"，70%多的学生入市重点，高中部亦是年年有考入北京大学、复旦大学、上海交通大学、同济大学的学子。

陶校长华东师范大学毕业后，被分配到山西临汾，一个被世人所忽略的偏僻的地级市。他创办的《语文教学通讯》，成为全国中学语文教学研究会会刊；他创办的《语文报》，被誉为"中华语文第一报"，发行首月就突破100万份。"临汾虽偏，却有师院；师院不名，就数中文。"他从师专、师院，再到师大，教书办刊，直到担任山西师范大学校长，使临汾像黄河流域淘洗出的一颗璀璨的明珠。

调往上海师范大学任副校长后，这位具有浓郁书卷气的学者，引人关注。他的清高傲气，开始不敢让人亲近，可不久让名利、务实干的事儿一多，人们就认识到了他的谦逊大度。他创建了上海师范大学第一个博士点，组建了万方乐团，设立上海师范大学博物馆。他邀请我校师生去欣赏音乐会，建议我们组织学生参观博物馆，并鼓励学生写参观记。当一名初中生的参观记在《新民晚报》副刊发表后，他即时电话祝贺："这学生有才气。"他惦念我们办师范时遗留下来的数十架钢琴，要好好利用，他说："艺术熏陶太重要了。"陶校长是当年华东师范大学文工团团员，弹得一手好钢琴，高亢嘹亮的男高音把一曲《过雪山草地》唱得声情并茂；在话剧舞台上，他那磁性的声音震慑全场……这些屡屡在人们的回忆中重现。

上海师范大学教育团受邀，参加美国南部波尔大学校长加冕，陶校长带队。我是基础教育的代表，其余全是各学院院长。我们全换上博士、硕士学袍，甩着宽袖鱼贯上场，我位列末座。不料主办方太不讲究了，陶校长领衔而入，却坐在主席台末排，我正好坐在首排发言席旁。次日，陶校长手举一张当地市报笑着向我示意："上头条啦，祝贺祝贺！"大幅照片，是那位履新的校长和我。我受惊喃喃："这成何体统！"陶校长幽默地说："这报纸要收好，招生宣传可用。"

访美期间，院长们出访大学，访中学我一人包揽。每天晚餐后要聚集交流，并制订次日访问计划。座谈会一丝不苟，直到深夜，近于苛求。事后多年，陶校长住华东医院我去探望，谈及访美之事时，他不无后悔地说："没想到大多数老师没去过美国，一处游览都没安排，我真不应该。"

我最感内疚的是，他帕金森病逐渐加重，还在上海师范大学坚持工作。他召唤我，要我替他主持一个博士生研究课题，他说我实践理论皆有，最适合。我感到力不胜任，毕竟我比他还年长两岁。望着他那清癯的面容，我实在不忍心说不，但考虑再三还是婉拒了。他失望了，我看得出来。

他是上海九年制义务教育阶段《语文》教材的主编，享受国务院政府特殊津贴者。他对教育的热爱和渴望，成为他生命的动力。

搪瓷茶缸喝咖啡

公君，大学同窗。咱57级，上海师范学院第二次全国统一招生，南自两广，北至东北，西从秦岭，南到江浙，唯独上海市被录取者寥寥。犹如白菜萝卜土豆粉条一锅杂烩，上海籍学生仅是漂浮在汤面上的几粒油花。

公君就是稀罕的小油花之一。江西人氏，出身好人家，幼年丧父，家道中落，母亲送他到上海市舅舅处寄养。十里洋场，沾上洋气。普通话、上海话顺着舌头溜溜转。衣着既非东北黑色小棉袄，也非江浙藏青中山装，更非广东花衬衫，夹克、小西装，精神。我与他都是团小组长，应届生中的最大官职，班长、支书都是调干生。

未几，他就显现出与众不同。他向我们这些未开过眼的土包子解释冰砖不是砖，汽酒不是酒，教我们——暑假留校的外地生尝喝从没上过口的啤酒。从各宿舍捡来一大盆废弃的瓶瓶罐罐，到校小卖部换来一瓶啤酒，七八个人围着抢着开，晃来晃去啤酒犹如喷泉涌出，人人溅得一手一脸，没人能喝上一口，舔着手上的残液，大家齐声道："不好喝，苦。"

大家学习很卖力，运动也积极参加，但大家高歌《东方红》时，他会偷偷哼小夜曲；大家读《钢铁是怎样炼成的》时，他却在偷看《嘉莉妹妹》。

团支部批评他情调不对,他不抗拒,但总还在引领我们去认识什么是奶油泡芙,教我们碰杯时喊"去死!"我们相拥大笑,喜欢他。

出了一件大事:整个宿舍长廊里香气弥漫。公君在偷用电炉,用搪瓷茶缸煮咖啡,据说不知是牛屎咖啡,还是鸟屎咖啡,从外国留学生那儿弄来的。他还扬扬得意地捧着搪瓷茶缸边走边饮,激起干部愤怒,也激起我们这些学弟们的好奇心。说是要处理他,但结果还是不了了之,我们的干部大哥大姐,心还是柔软的,可是另有上海籍同学频频摇头:"哪有这样用搪瓷大茶缸来牛饮咖啡的?暴殄天物,老土!"

看来他这上海洋腔,从根子里还缺点什么。

毕业分配,我们同车来到松江。他飞快地找到了他的嘉莉妹妹,恋爱、结婚,倒是上海速度,但接着地属划分,他所在学校区域划归邻县。"文化大革命"运动随即到来,公君毕竟受过正统教育多年,当然挺身捍卫领导,于是成了保皇派被打入牛棚,在校监督劳动。我与崇智弟义然"探监",不料他还嬉皮笑脸地强行留饭。用土豆泥、蛋清拌出的色拉,勉强可入口,那碗甜不甜、咸不咸的所谓奶油浓汤实在让人作呕,我发誓再也不碰西餐。

时来运转,公君成了区教育局局长,时有创新举措传来,为他高兴。民办学校应运而生时,他适时退休,创办了一所多语种学校,取名南洋。众多原因,多语种办得不咋的,倒是他的国学教育,堪可一赞,毕竟是南洋外壳中国芯。

白洋淀思恋

辞别狼牙山,驱车直奔白洋淀。

中学语文课文中读过穆青先生的《雁翎队》,我念恋那华北地区最大的淡水湖白洋淀,据说有40个西湖那么大,雁翎队曾出没在芦荡深处。

美丽的白洋淀,清波吟唱,苇白荷香。我们雇了一叶小舟,船夫即导游,划桨向芦荡的远方驶去,这里有浩浩荡荡的芦苇群,更有自然生长的千亩荷花。夏季,莲菱蒲苇随风轻摇,满淀荷花怒放,令人暑意顿消。你还可以穿隐于荷花丛中,随手捞取剥食一枚莲蓬,清甜爽口。可惜,我们来的不是时节,眼前浩荡而无边际的芦花,苍苍茫茫,随风翻滚,滔天白浪,似钱塘大潮扑面迎来,呼啸而去,倒也壮观。

小舟轻荡,靠近水泽鸣禽的荒野湿地,一群白色的水鸟在此栖息觅食,船儿临近,惊起,翱翔于碧云蓝天,低掠过微波绿水。海鸥?船夫一笑。是湖鸥,个小。看着芦苇丛生的荒滩湿地,我想登临一游。船夫急切阻拦,他说,待苇子收割时,那是要到三九严寒了,湖面结冰,大群人马上滩收割,那时湖也冻结实了,土也冻结实了。芦苇何用?那可是我们当地一大经济支柱。造纸,编席,制作桌椅凳、工艺品……我好奇地问:"这么多苇子,如何挑运得了?"船夫哈哈大笑:"汽车来运,几十辆车来运。冰冻三尺了，湖面可走。"我惊得无语。

小舟钻入苇丛深处，顿觉"乱入池中看不见，闻歌始觉有人来"的意境。船夫笑指湿地苇丛里掩藏着的鸟窝问我们："记得嘎子哥将缴获的鬼子手枪藏在鸟窝里的故事吗？"我们哄然大笑，沉浸在调皮而勇敢的小兵张嘎的故事里，仿佛又看到他和胖墩打赌输了，却忍不住耍赖，还堵上了胖墩家的烟囱……

湖面上腾起烟雾。雾隐烟罩中的船夫，突然亮起了歌喉："雁翎队是神兵，来无影去无踪。千顷苇塘摆战场，抬杆专打鬼子兵。……"歌声在云端缭绕，又实实地落在我们心头。燕赵自古多慷慨悲歌之士，英雄的雁翎队在抗日战争中诞生，在血与火的战斗中成长，在艰难困苦的环境中壮大，在人民群众支持与掩护下坚持斗争。我们仿佛又看到了"拿起篙来往前撑，撑船不怕打头风"的雁翎勇士，看到一支支美丽的雁翎，插在疾驶的平底船头，看到包裹头巾的打伏战士。专打鬼子汽船，阻断敌人的水上运输线，叫他有来无回。

雁翎队名称，就源于船头插有雁翎？船夫为我们解密：因火枪和大抬杆引火处容易被水打湿，战士们习惯用雁翎堵塞防水。时任县委书记侯卓夫便为这支抗日武装起名雁翎队，从此彪炳青史，但我更喜欢船头插着雁翎的平底船的骁勇形象。

湖面起风，白洋淀翻滚，我们靠码头上岸。船夫热情向我们介绍一定要去品尝一下湖鲜，还可以带几篓海鸭蛋回家，可我记得的是：几秩回眸一塘荷蕊皆含血，14年抗日荡淀芦花尽请缨。

心香一瓣送先生

惊悉周慧珺先生辞世，哀恸。

与先生未有谋面之缘，更不敢枉称有神交之福，但我从心底里敬仰先生，那是真的。

我书房里悬挂着两幅先生的墨宝：一幅是沪上著名的申窑窑主罗敬频先生赠予的，越看越喜欢。懂书法的朋友对之评述不一，誉之者不乏其人，谓之乃周体书法珍品；毁之者不在少数，从笔锋判断，谓之模仿伪作。我才疏学浅，不敢妄做判断，至今仍悬挂着。另一幅墨宝是周慧珺先生手迹。

那年我70岁生日，昔日学生徐锋君邀几位同窗，为我庆生，当年徐锋君还未荣任上海市楹联学会会长。出于尊师重情、崇文尚礼，他们想为我从周慧珺大师处求一条幅，来表达他们对我的心意。这是有相当难度的。周慧珺先生是中国书法家协会副主席、上海书法家协会主席，是大师，是中国书法兰亭奖终身成就奖获得者，也是上海市文学艺术奖终身成就奖获得者，是巨匠。我仅是个普通的教育工作者，我的学生也都是普通的基层工作者。更现实的是，周慧珺先生一直病痛缠绕，手指关节肿胀得难以捉笔，所以早已不再接受外界任何请求留赐墨宝了。即便是达官显贵、文人雅士，也一律婉拒，所以我的学生们转托的请求，也理所当然地被婉拒了。

但我的学生们情真意切，坚持向先生说明，陈述学生弟子代表松江师范首届毕业生欲向老师行弟子礼，借先生书风饮誉之书法。周慧珺先生一听，是谢师礼，精神一振，频频点头，微笑着应承："为老师寿，应该应该。"四尺对开条幅："声如钟，气不馁，言传人，笔生花。"十二个字，气贯于锋端，劲滞留在笔根，金石刻就，力透纸背。落款："松江师范首届毕业生敬贺，章绍岩先生七秩华诞，周慧珺书。"

谦逊、平和、亲切，一位大师级人物，"像微风那样悄悄地吹来了，即使你挽留，我还是要走的，像泉水那样悄悄地流走了"，我不由得诵吟出了诗人罗洛的诗句。中国传统文人的立身行事，让人敬仰。

方崇智

求真记

陶行知说:"千教万教,教人求真;千学万学,学做真人。"
借此,我想讲一个亲身经历,而且自己就是主角的求真故事。

一

1961年上半年,是我在上海师范学院读大四的最后半年。当时,上海的基层学校亟缺教师,院方派我们紧急支援,去中学任临时代课教师。我被分派到南市区的敬业中学,担任高一理科班的语文老师兼副班主任。敬业中学是一所历史悠久的学校,是南市资深的区重点。我的指导老师叫杜功乐,是个中年人,学校的教导主任。杜老师也是教语文的,普通话极好,是全国第一届汉语拼音研习班的学员。杜老师的课上得极具魅力,常常迷倒我。

有一天,我向杜老师求教:"您的议论文教学,怎么那么思路清晰,语言雄辩,逻辑严谨?"他微微一笑,郑重地说:"其实,读写议论文,只要紧扣三个问题就行,那就是:是什么,为什么,怎么办?"当天,他就给我布置了一项作业,叫我每天阅读《人民日报》的社论,然后写下读书笔记，回答他所说的三个问题。我当场向他表态：保证完成任务！

没想到，我对这项作业估计不足。那时《人民日报》每天都不止一篇社论，最多时，一天六七篇。譬如，头版是国际政治，二版是国内政治，三版是工业，四版是农业，还有军事、科学、教育、卫生，以及文学艺术等。有多次，我读社论、写笔记直到凌晨两点！

到三个多月的代课任务将要结束时，我读社论的笔记已经写了十几本练习簿，这是实实在在的作业成绩。这时候，我感到自己和以前明显不一样了。一篇社论放在眼前，只要目光扫一扫、瞄一瞄，基本上就能抓住要害；会议发言时，只要略微整理一下思路，就能逻辑性很强地表达自己的观点！

敬业中学的所有师生，晚上都回家去，只我一个人住在学校一幢五层大楼的顶层。一天，我读社论、写笔记已至深夜，忽然，仿佛听见房门外有人走动，惊出我一身冷汗——半夜三更，只有我一人居住的大楼，哪里来的外人？届时，头脑中很自然地跳出了一串问题：来的"是什么"人，"为什么"半夜来，我应该"怎么办"？

当然，那天只是一场虚惊。不过，后来回忆，庆幸自己的应急反应，完全符合杜老师出的考题。

很多年后，回忆起在敬业中学实习代课的生活，还是感到十分温馨。这所学校底蕴深厚，那时的校长姓苏，后来在报上看到，曾任某民主党派的市委主委，后又任该党派的中央负责人。我上班的语文教研组，更是人才济济。组长吴正祺，是位博学的学者。有天，我在福州路古旧书店，淘到一本解放前出版的《中国文学史》，书的作者正是吴正祺。

二

1961年8月，我从上海师范学院毕业，被分配到松江县教师进修学校工作。松江是个好地方，人杰地灵，鱼米之乡。

我到松江之后，即到处寻访文章写得好的人。有多人向我推荐：县政府办公室有个叫干成的秘书，学历虽然不高，但文章写得极好，他的评论文章（议论文），经常在市级报刊上发表。我在《解放日报》和《文汇报》上多次读到过他的大作以后，便下定决心，前去拜访。

我找到县政府办公室，向干成自我介绍，说明来意，虚心求教。干成谦虚低调，一再向我说明，他学徒出身，只是边学边写，面对我这个科班出身的大学生，实在无"经"可传、无"宝"可送。那天临别时干成对我说，写文章，归结起来，其实只有一句话：就是观点和材料统一！那天夜里，我躺在床上，翻来覆去睡不着，品味和琢磨着他的话。

我想起大学课本里讲议论文的三要素：论点、论据、论证方法，竟然醍醐灌顶，豁然开朗：干成所说的观点，不就是论点吗？他说的材料，不就是论据吗？而使两者高度契合的统一，不就是论证方法吗？！

三

1964年秋，我被县教育局派到叶榭公社明星大队搞"小四清"，任工作组组长。这个大队的党支部书记叫柳金康，是个十分能干的人。他有两个本领：一是挑担，二是向社员做报告。有次我在田边看见他挑着一副重担远远地走来，潇洒地换肩，款款地迈步，有节奏地甩手和扭腰，很有美感！每次开大会，他给社员做报告，总是精彩生动，说服力特强。

有天晚上，我特地买了包好烟，到柳书记家里拜访，向他讨教"口头作文"——做报告的诀窍。柳书记听罢我的请求，不停地打哈哈，认为我是在开玩笑。

抽完几支烟，他见我依然无比诚恳，而且无意离去，这才说道："方同志，其实，跟农民讲话，最重要的是六个字'摆事实，讲道理'！"那天晚上我又失眠了，"摆事实，讲道理"，道理不就是论点吗？事实不就是论据吗？而怎么摆得巧，怎么讲得好，不就是论证方法吗？！

四

后来在学习和讨论真理标准的会议上，我忽然对有些词语感兴趣，譬如"实事求是"。在这里，"是"不就是论点吗？"实事"不就是论据吗？而怎样去"求"，不就是论证方法吗？！再譬如"有的放矢"，其中"的"（代表目标、靶子）不就是论点吗？"矢"（箭、箭头）不就是论据吗？而怎样让"矢"瞄准"的"去"放"，不就是论证方法吗？

20世纪80年代初，我托朋友买了点木料，请木匠师傅做了一对书橱和一张书桌。木匠姓李，新浜人。小李做好书橱和书桌以后，又精打细算，用多下来的木料，给我做了一张吃饭的方桌。那张方桌，做得特别平整、板扎、敦实。我这个一百五六十斤重的人，站在桌面上，不见它一丝一毫的摇晃。我对小李的木工本领钦佩得五体投地，便向他讨教经验和诀窍。他说，首先，桌面一定要平整厚实；其次，四根桌腿一定要整齐得力；最后，卯榫一定要装接得严丝合缝……

我忽然联想：其实木工小李做方桌的诀窍，也正是读写议论文的诀窍。桌面就是论点，桌腿就是论据，卯榫拼接则相当于论证方法！

五

还是20世纪80年代，我在松江二中连续担任了两届班主任，送不少学生考入大学。学生回家乡时，常会抽空来看望我，我也会不失时机地问他们："现在大学的议论文写作课，是怎样讲的？"有同学回答："现在讲议论文，往往还讲文章的结构：引论、本论、结论！"

有次，我在厨房看妻子煎鱼，鱼头、鱼身和鱼尾让我突然联想到那个学生讲的引论、本论和结论。松江二中老教师多，古文功底皆深厚，我向其中一位请教："古人写文章，有哪些主要要求？"这位先生立即回答："要言之有理，言之有物，言之有序，还要言之有文……"从中，我又联想到论点、论据和论证方法……

从敬业中学实习代课算起，一转眼，已经一个甲子了。这60年中，我深深地体会到：求真的路，是漫长的，而求真的心，应该是永恒的。

寻友记

我家中曾藏有两幅韩美林大师的画。一幅，是黑白的，大熊猫；另一幅，是彩色的，小熊猫。两只熊猫的茸毛，被画得根根清晰，灵动无比，观者无不感到震撼！

要说画的来历，则要从我寻友的癖好说起。

我1961年从上海师范学院中文系毕业，当年被分配至上海郊区的松江县，到刚创办的县教师进修学校任教。

我打小就特别喜欢文学，1957年考大学时，一共可以填12个志愿。记得我一口气填了全国各地院校的12个中文系，其他专业一个都没有。同学调侃我，说我的志愿是"清一色"，一条道走到黑！

由于喜欢文学，很自然地，我也就爱交同样爱好文学的朋友。

因为教师进修学校的工作性质，需要在全县辛苦奔波。这样，就给了我在全县各地寻找文友的大好机遇。记得，我在当时的泗联中心小学，结识了诗人柏才兴。柏老师的诗写得极有特色，他的短诗《丰收之夜》，曾被选入小学《语文》课本。改革开放后，他曾多年担任松江四中的副校长，直至退休。我还在当时属于松江县的朱行中心小学（现属金山区），结识了专写儿童诗的张铁苏老师。张后来调入金山县（区）少年宫，专职辅导少儿写作，最后加入上海市作家协会和中国作家协会。不幸的是，他后来因车祸遇难。我在张泽中心小学，结识了文友许云琴。未见面时，我当他是"小女人"（名字的误导）；见面以后，方知他是"大男人"。许老师在20世纪60年代，就和复旦大学附中的名师沈蘅仲合作，在上海教育出版社出版过一本书：《造句常犯的毛病》。可以说，在当今的松江作家协会里，他是出书最早的人……

在寻找文友的道路上，渐渐地，我从教育系统，扩展到各行各业。当年，听说浦南的亭新公社有个"老干部"，是公社的党委宣传委员，叫韩夫荣。我立刻千方百计地去拜访他。结果，两人一见如故，他把自己写的叙事长诗给我看，让我提意见。这个韩夫荣，就是后来大名鼎鼎的韩美林的亲哥哥！

韩美林在安徽淮南，吃过无数的苦。1976年以后，才暂时离开安徽，到上海松江来探亲。哥哥和母亲均在松江，他怎能不来看看呢？

韩美林先后两次，通过他哥哥韩夫荣送画给我，表达友情。送第一幅黑白的大熊猫时，他尚未彻底平反，落款只是一个拼音字母"N"。送第二幅彩色的小熊猫时，因为已经彻底平反，便大大方方题写了上款"崇智同志"，以及下款"美林"。令我高兴的是，韩美林所赠的画上，还钤有两方闲章：一方是"八公山下"，那是指他的人生苦难和艺术成长之地——安徽淮南；另一方是"纳天为画"，艺术家借此抒发自己吞吐天地、包容万物的艺术情怀！

世间的事情说来真巧。2008年，我搬家到新居。忽然发现韩夫荣夫妻竟然在同一小区，而且我家的北阳台和他家的南阳台，只隔数十米，可以相互遥望。自此，每年元旦和春节之前，韩夫荣必将美林画的贺年卡登门送来，而我也曾将出版的拙著托韩夫荣转给美林。

韩夫荣是山东人，很小就参加革命，曾任松江博物馆馆长。松江的方塔，是经他手修复的；方塔公园，是他负责修建的。应该说，他对松江的文化事业，做出过重要的贡献。退休后，作为离休干部，和我成为近邻，这是我的幸运，也是我和他的缘分！

我和我的文友们，都保持了数十年的友谊。没事时，大家只是时而牵挂；一旦相见，便可无话不谈。这样的朋友，是很珍贵的！

前两年，韩夫荣由于病衰，搬到了女儿处，由孩子照顾养老。后来，便离开了这个让他眷恋的世界。据说，他走得十分安然！

至于韩美林赠送的那两幅画，由于我也到了耄耋之年，近年又碰上了可怕的疫情，世事难料，为此我已托付可靠之人，将画送到可靠之处，妥为保管了。

刘长海

休闲山水间

　　枫叶红了的时候，秋高气爽，庐山三叠泉下冰川巨石，岿然相倚，我惊叹劈石开山之神工，坐定石凳，流连山水，摄影印象。

　　"静对古书寻乐趣，闲观云雾会天机。"此刻，亿万年的巨石铭刻风云水火雷电的印记，就算作背景吧！我从容淡定地坐着，这么望去，也许就是一首诗、一支曲、一幅画……其实什么也没有，就是想在那块石头上坐坐，别人都喊乱石危险，我却感到泰然安静，舒适悠闲。

　　品味生活，自在感受。一辈子能有几回在此一游？让我们对大自然保持敬畏，千百年来文人雅士、高僧大德在此修炼养神，享受自然的恩赐，欣赏造化鬼斧神工，颂扬大地的馈赠！

　　游山玩水，自在得意。其实只见到庐山一角，只知道一点庐山，弄不清方向，更不知山林好汉坡，不晓得日落日出、风雪之中的庐山模样！也许正应了苏东坡所言："不识庐山真面目，只缘身在此山中。"

　　"匡庐奇秀甲天下山。"白居易1500年的话竟成定评。山至邃，境至清，景至美，我仰观山，俯听泉，旁睨松柏云石，顿觉物诱气随，外适内和，乃物我两忘的感受也！庐山以灵胜待我，是天与我时，地与我所，清泉白石，我真忘乎所以矣。

休闲山水间,是要有点人生体验的,寄情山水,"发思古之幽情",总得有点依托吧。否则,"道生一,一生二,二生三,三生万物",又从何谈起?"一花一世界,三藐三菩提",怎么论禅?玄道虚禅实儒,来山林泉旁坐而空谈吧!

屈原故乡乐平里

寻访伟大的爱国主义诗人屈原故乡乐平里的愿望，终于在35年前的端阳节实现了，至今记忆犹新。

乐平里在湖北省秭归城外的山坳里，我们沿香溪河步行，县文化局创作员老卢招呼大家上桥过河。众人抬头望去，原来是晃荡的索拉桥，丈把宽，隔尺铺块木板，这怎么过？老卢率先登上桥，大家相互搀扶着，慢慢地往前移动。老卢招呼大家："成单行踩稳桥板，中间走，不要靠边！"人行至桥中，好似秋千，荡得人心惶惶。好不容易走完百米软桥，大家相视一笑，爬山赶路去了。

山道崎岖，陡壁悬崖；山溪哗哗，波光潋滟，闪烁着靛蓝明绿银亮的光，在山林间变幻着流波的倩姿。我们溯流而上，脚下得处处留神。噢唷！怎么人背猪呀？只见一个精壮小伙的背篓里捆着头黑毛猪，哼哼地从我们身边而过，脚底沙石踩得嚓嚓响。紧接着，上面又冲下来二人，挟风而去。我们惊呆了，贴壁紧靠。老卢指点道，这是乐平里老乡背着猪出山赶集去！为啥不赶着跑？诗人小于不解地问。众人哈哈大笑，曲里拐弯的山坡，人不小心都会滚下悬崖，何况呆头呆脑的猪。

转过山梁，只见前头斩削的石壁，夹峙之间，清溪跌宕而下，声如响鼓。

相传，这里是屈原击鼓抗秦的擂鼓台。"操吴戈兮被犀甲，车错毂兮短兵接……身既死兮神以灵，魂魄毅兮为鬼雄。"（《九歌·国殇》）

又翻过一座山，路渐宽溪缓流，走了五六个小时终于到了乐平里！真如仙境，山高水绿，平整的稻田油绿一片。屈原大夫就诞生在这群山怀抱之中呀！山上有古迹照面井，相传，由屈原离乡时留下的青铜镜幻化而成。正邪忠奸一照便知，所以奸臣贼子都不敢照。

千百年来，乐平里的老百姓在皎洁的月夜，常听到溪边岩洞里传出琅琅的读书声。我们寻着读书洞，洞壁如浮雕，钟乳石悬挂洞顶，晶莹如玉，千奇百态。屈原当年就在此读书，泉水叮咚，书声琅琅，山川陶冶，幽怡清静绝尘埃，育出安邦济世才！

屈原故里的山山水水、一草一木都牵动着我们的情思，置身于橘林丛中，耳边犹闻："嗟尔幼志，有以异兮。独立不迁，岂不可喜兮……"（《九章·橘颂》）

我们仰望屈原铜像，高冠长剑，宽袖飘拂，非凡出脱的相貌，令人起敬。是的，我们寻着了诗魂，在橘树上、在岩壁上、在古井里……屈原的精神渗透在后辈的足迹里、诗文中……

范锦文

闲说光盘

在饭店、公共食堂用餐时，我们要吃多少点多少，尽量吃完，吃剩下的打包带走。

光盘好呀，不浪费一粒米粒，不给饭店产生不必要的生活拉圾；光盘好呀，"锄禾当日禾，汗滴禾下土。谁知盘中餐，粒粒皆辛苦"。俗话说："一粒米，八担水。"说的是一粒米长成需要八担水。水稻田里要永远积1厘米的水。牛拉龙骨车不停地抽水，三天两头抽，一直到水稻抽穗开花，才允许田板干一点。等到水稻成熟，开镰收割，然后捆起来，挑到场地晒干。多不容易呀，所以人们常说要珍惜粮食，用餐时光盘是最好的事。

光盘好呀，小时候小孩碗里的饭菜不吃干净，大人便吓唬他，天要闪电打雷把那个人劈死的，吓得小孩不敢剩饭碗。

光盘好呀，可以养成节俭的好品质。

光盘好呀，大家都光盘了，全国要省下多少粮食！

王元祚

我的江河之缘

要说河，我还真是有话可说。我出生在一条大河（长江）边的一个小县城（安徽省铜陵县）。这个紧贴着长江南岸的小县城，背靠铜官山，面向长江水（长江安徽段又称皖江）。我在这里度过幼童时光，记得小时候端午节划龙舟，江边人头攒动，万人空巷，观看龙舟比赛，好不热闹。记得拔得头筹的龙舟在锣鼓喧天、旗帜招展的欢呼声中返回出发点，而此时龙舟上的划手上岸时，观众中会有许多人在后面追逐，据说是划船的人跑到多高地势，那年发大水就会有多高，所以大批追逐的人在围追堵截，不让他们向高处跑。后来我长大一些时理解，可能是一种类似今天对冠军明星的追捧加体育游戏、传说的民间风俗。1948年在上海教书的父亲把母亲和6岁的我接到上海，朦朦胧胧记得，先是坐小木船，透过船上的芦席棚，看外面星光点点。小船在荻港的江心停下，送我们的二伯父让我们换上小轮船，开到芜湖才转火车到上海。

之后我在上海读书成长，20世纪60年代支边到新疆19年，9年农工，10年教师。不惑之年我调回故乡铜陵县二中教书，期间曾不止一次在暑假从铜陵的横港码头，乘上从上游武汉开来的江汉轮回上海。面对长江的美景心中好不激动，江水滔滔，江风习习，凉爽而心旷神怡。"潮平两岸阔，风正一帆悬"，在船上的几十个小时，两岸景色和滔滔江水，让我真切地感受到长江和祖国山河的壮美。长江的每一滴水与祖国融汇，每一粒沙与祖国凝聚，与黄河、泰山、长城等一同成为中华文明的象征。

在铜陵工作5年后，我们一家又调回上海松江洞泾工作，直至退休。记得小时候在上海小学读书，从门口的上中路向东走，不远处就是黄浦江边名叫港口的地方，星期天会走到那里看江水滚滚和来往行进的船只。其实20世纪50年代的港口，黄浦江两岸十分荒凉寂寥，江上的行船单调而孤独，我只是好奇而已。今天此处大约正是上中路隧道浦西的出入口处。河与人相伴似乎不离不弃，长江和黄浦江给我们留下了太多的故事。多年前我们送别岳父母时，也是从黄浦江上乘船，参加骨灰海葬仪式，让两位老人与当年那里已有的2万多人互相陪伴看海阔天蓝，听海浪吟唱，思天地真情。

黄浦江见证了开埠近200年的天翻地覆，而今的黄浦江特别是黄浦段和徐汇段更是今非昔比。当年外滩情人墙边的年轻人依偎相拥的情景，被今天新的现代化的滨江新景所替代。这里有最时尚前卫的美术馆群。我家现居住在普陀区，小区门前是桃浦路，向东是大渡河路，往南是金沙江路，是不是总跟江河有缘？源自太湖的苏州河（即吴淞江）进入上海境内有53公里，而普陀区是流经最长的段落。苏州河曾经是上海工业发展的缩影，也是污染最严重的黑臭河流。沧桑巨变，经过几十年的治理，终于水清岸美变成景观河流。从武宁路桥到大渡河路桥，高楼林立，风光无限。近几年，苏州河上每年的端午龙舟和皮划艇比赛，卷起层层浪花，也成为别具风情的一道美景。

说起来其实很有意思，我在新疆工作生活的143团，东距石河子15公里，西至沙湾县的三道河子大约10公里。两处地名中都有一个"河"字。在中国的许多地名中，包含"河"字的地方千千万万，不计其数，河就是故乡，河就是家园，就是终身厮守的地方，反映出江河与人的密切关系。

著名词人乔羽创作的歌曲《我的祖国》中第一句是"一条大河波浪宽",他曾解释,为何不直接写长江、黄河。他说,因为在中国十几亿人中,真正到过长江、黄河的人并不一定多,而中国那么大,天南地北,哪里没有江河从自家门前流过,所以"一条大河"更能成为亿万人民的共同心声,家乡情,故土爱,祖国颂,说得多好!

我与江河的关联是不是很密切,是不是很有缘?

汤炳生

狗　生

  我小时候的家在醉白池东侧一条南北向小街的南头，家里有一大一小两只为母子的白狗，大的叫阿龙，小的叫小龙。小街一庹多宽，长而幽深，没有路灯。

  那几年父亲托开汽油舨的老板，将事先联系好了的在各乡镇肉店里的猪内脏带回来，大部分转送上海，剩下的给本地几家小饭店。过一段时间，父亲会在某个晚上去几家饭店将赊欠的款子收回来。每当在离家还有段距离的时候，阿龙和小龙似二重唱那样冲着来路发出细微的声音警惕地狂吠。这时父亲故意咳嗽一声，或说声叫啥叫，母子俩就会立马停止警告，兴奋地向我父亲飞奔过去，前扑后拥，异常亲热。这幅夜色中的狗狗看家护院图，我还解读出是阿龙对小龙为看家护院做的传帮带。

  在那食品十分匮乏的困难时期，一次我家已养了两年的狗狗欢欢外出觅食，归来时一阵阵地惨叫，我出来一看大吃一惊，它的后腿已被人打断，地上还有点点血滴。住在同一屋檐下的邻居劝我父亲："汤伯伯，有人动它脑筋啦，这年头看中它的人不少呀，倒不如你自己趁早杀了它改善一下伙食。"欢欢有灵性，它哀哀地望着父亲，痛苦地哼哼着。父亲默视欢欢良久，蹲下身抚摸了一下狗头对我说，包扎一下，好好看护它，别再让它出去。

那年我为大女儿租赁50多亩土地种树盖屋,让我老婆帮着看守管理。那地方离家较远,老婆必须住在那里,女儿就带去一只半大的小黄狗和我老婆做伴。刚开始老婆为小黄狗一天买一只猪肺,烧熟了给它吃,见它吃不完,就改为两天买一只,直吃得它膘肥肚圆,毛色光泽油亮。

现在,除了百里挑一的狗们经过特殊训练,成了军警和防震救灾的狗界精英外,大多已改行不再充当看家护院的卫士,转而成了人类的新宠。以我女儿养的狗为例,给它领证、打疫苗、买狗粮,定期去宠物店洗澡、修剪美容,病了上宠物医院,一年的费用着实不少。无论是婚丧喜事,还是亲朋聚会的场合,我也常见养狗的人,会将餐桌上吃剩的美食带回去让新贵们享用。现在养狗的人大多把狗当作自己的儿女,面对它们自称是爸爸或妈妈。他们为爱犬穿上漂亮的衣服牵着去公园遛达时,如果毛孩子蹲下便便,甘当狗们的铲屎官。手机上看视频不少狗狗成了网红,粉丝多多,它们在养活自己的同时,也为主人开掘了财源。

人们对狗褒贬不一,比如京剧《红灯记》中李玉和当着鸠山的面,痛斥叛徒王连举"你这条癞皮狗!"比如人品出了问题的时候,被骂"猪狗不如""狗到天边改不了吃污(屎)""狼心狗肺"等,甚至在特殊年代,还把一些干部骂成"忠实走狗"。其实狗品是很不差的,即便它的主人穷得揭不开锅,已顾不上紧随自己的小跟班了,可它忍饥挨饿还是对主人不离不弃,到外头自找吃的,回来还守着主人。

狗是忠义的化身。千百年来古人以忠孝节义来教示后人,而忠孝节义对应的动物正是马羊虎狗,以至于现在有人愿意把自己比作狗。原审计署署长李金华就把自己比作国家的看门狗。以前那些被称作光棍的人,现在或自称或他称单身狗了。

其实从狗生也能看到人生。

养　生

　　七八年前吧，我从报纸上看到一家网站向海内外的诗、书、画、文的文艺工作者发出邀请赛的征文（包括已在报刊上发表的文章）广告，我便费了点时间写了篇小文，修修改改后搁置了几天，再横看竖看觉得没什么问题了便发了出去。过了一段时间，我收到了那家网站的大号信封，寄来了我的习作获得了一等奖的喜报，也附来了习作小样，问我还有什么地方要修改的，同时恭贺我的习作已被选入《名家代表作典籍》，并附有历届邀请赛颁奖大会现场的图片。他们还要授予我当年××先进文艺工作者荣誉称号的勋章和红木铜牌。我吓了一跳：我现在是名家了？那习作也成了名家代表作了？不过入选通知上说，制作勋章和红木铜牌酌收工本费×××元，购书费视购书的多少而定，还邀请获奖者于×年×月×日至×日参加××文艺名家高峰论坛，食宿费、场租费若干，来回的飞机票等一切差旅费自理。在××大会堂举行的高峰论坛上，在众人瞩目之中，在耀眼的聚光灯下，将由那些前辈名家为获奖者颁发证书。如果交完了如数款项不参加高峰论坛，网站会把你应得的证书和奖品按时寄到你的府上。

　　第二年，那家网站再次召开文艺名家高峰论坛前，发来了我那篇习作已升格为特等奖的喜报。同年夏天，我把前两年在《新民晚报》上发的小文投了过去。网站先给了我个一等奖，后来又上了特等奖。我第三次投稿得了个二等奖，隔年又给了我个一等奖。前后三次获奖，我不掏腰包放弃领奖，后来网站陆续为我寄来了三个一等奖的证书。

2021年下半年，我又看到该网站刊登在报纸上的征文广告，我寄了篇小文过去。不久网站发来短信，说这期新春特刊要重点宣传、集中展示推广我的创作业绩……使之扬名全国，要我再寄诗词、散文共几（首）篇多少字……重磅推出永久展示，并收取编辑制作、推广费若干。我回复我可以寄一些习作支持你们网站，但真的不需要办我的特刊。

记得在这之后我曾在区里一个协会填过一次表格，在奖项一栏里，我没填那三个一等奖，在与友人闲聊中，也从不提及这个话题，直到写本篇小文。

话说回来，这是一家合规合法的知名网站，它靠收费生存无可厚非。如果作者愿意付费，既可去旅游胜地享受或京城或魔都参加高规格论坛，又可见到当今大咖、前辈名宿和各地同好；既可文坛扬名，又可载入典籍流芳，这是两情相悦又双赢的事，何乐而不为呢！但是现在，名利于我而言，犹如饮酒作文，都有了很大的变化：年轻时常与三五狐朋狗友聚酒，好胜而畅怀逞能，常烂醉如泥；作文急功近利，又不愿修改雕琢，总鹤盼着一举成名。到了承上启下的岁月，阅历和经历让我稍显老成，饮酒时能在将醉未醉之时搁下杯箸；对于作文，也总是看看改改，直到自己满意时才拿出去。夕阳红后的春夏秋冬，500毫升的白酒可以咪上七八天，细品过往的甜酸苦辣；草成的手稿反复修改，还不拿出去，要搁上几天，拿起来再看看、再润色。浮躁已离我远去，名利已不再属于我的年龄。现在就是做自己喜欢做的事来充实每一天，而每当专注于谋篇布局孕育腹稿时，每当专注于笔下慢慢成形的习作时，正在逼走老年痴呆，驱逐莫名的焦虑。这写稿、改稿到发稿的过程，正是我最为享受的过程。这过程味甘有嚼劲，也是我养生的不二法门。

感觉幸福

三年困难时期，我父亲的工作是在菜场值夜班。菜场的东侧临庙前街，从南到北有两个竹编大门，其中一个稍稍偏南，另一个在北面紧贴那个坐西朝东，有五开间大小的茶馆书场，它的南墙偏东一点是四扇落地门窗，门外就是菜场的范围。书场演出结束，仅靠东面那个单扇正门，听客散去太慢，同时打开那四扇落地门窗散客就快了。一到菜场下班，我父亲除了去关那三个大门外，为了菜场的安全，那四扇落地门窗在外面也给它上了锁，直到次日早上和菜场的大门同时打开。中午，茶馆书场在售票前将四扇落地门窗从里面关上，防止有人溜进去听白书（不买票听书）。

我从小没了母亲，一个人睡在家里害怕，所以每天吃了晚饭后，背上书包来菜场和父亲在财务室用竹凳搁一个竹榻挤着睡。早上父亲去开菜场大门的时候，财会人员还没上班，我在顾客们的嘈杂声中还能睡上个把小时，然后起身拆床……晚上做完作业不想看书了，就拿把藤椅到西面和书场相连的小花园里一坐，面对窗内的书台听书。

忽一日，父亲面带喜色地对我说，今晚书场散了，你去拾烟头。我听了一蹦老高。

那时候有个怪现象，就连茶馆书场的职工们都搞不懂：在人人饥饿、面黄肌瘦的当下，不管说书先生的水平高低优劣，书场基本上都能客满，尤其是夜场。

听客们十有七八是吸烟的，烟好烟坏，并非是自身的经济条件能决定的，那全凭烟券的配给。有勇士牌、大联珠、飞马牌等，大前门属高档烟，分配得少，烟瘾大的也舍不得抽，他们会拿了大前门去和说书先生调换其他牌子的香烟。比如两包大前门换三包飞马，或换四包勇士，讨价还价地换三包或四包大联珠，香烟照原价，多退少补。其实说书先生凭县文化科的演出介绍信是另有一份烟券的，他们有条件抽大前门。书场里总是烟雾弥漫，春、夏、秋三季还可以打开两边的窗子散散烟气，一到冬季门窗紧闭，书场内烟熏火燎。散场后，有几位听客在后面磨磨蹭蹭地弯腰拾烟头，这时打扫书场的员工就会喊："快走，快走，要关门了。"说白了，书场的男职工都是烟鬼，尤其是负责人老严，他从早上起来一直到晚上睡下前始终烟不离嘴，就连说话也不会把烟拿下来。像他这样的"老瘾头"除了每月要买几包不用烟券的高价烟外，就是靠日夜两场听客留下的烟头来弥补缺口。你想，这几位缺烟抽的仁兄竟让我去拾烟头，那不是西天出太阳吗？

父亲告诉我，老严有一桩头痛的事要请他帮忙，而且也只有他能帮得上忙，那就是夜场结束，仅从正门散客太慢，听客们要求打开南面的四扇落地门窗。这意见提了也不是一天两天了，老严知道这事和菜场领导商量肯定不来三（不行），因为这不仅关系到菜场的安全，还关系到我那上了年纪的父亲：如果领导同意开门，那就意味着一年三百六十五天，我父亲就得天天守到晚上9点以后才能关门睡觉。考虑到这一点，老严才硬硬头皮与我父亲私下"商量做"。我父亲知道这不仅为茶馆书场开四扇落地门窗，还要开菜场的大门，在开门关门这10多分钟的时间里，菜场万一有什么差错，他要负全责，而且这事一旦答应下来，今后不管刮风下雨，天天要为书场开门，不能早睡了，这一点老严是懂的。我父亲犹豫了很久才艰难地答应了。老严顷刻脸露笑容，连连拱手说谢谢，大面子，大面子！

老严知道我家家境清贫，我父亲除了每月16元的辅助工资外什么都没有，且不说我没有一件像样的衣服，就连读书也是年年免除学费的，只有脖子上的红领巾和手臂上中队长换成大队长的符号在炫耀，而我父亲不喝茶也不吸烟，但再穷一天一个小高升是必需的。

我随手拾了个空烟壳，在书场的长靠椅和几只八仙桌之间，弯腰弓背地来回穿梭，那拾烟头的动作就像小鸡啄米，其间打扫的职工会把我漏拾的拾来塞进我的烟壳里。这一晚我收获的烟头鼓鼓囊囊的，差点撑破三个烟壳。

回到财务室，父亲在办公桌上摊开报纸，我把烟头统统倒出来，父子俩仔细耐心地去掉烟头上的烟灰，再一个个剥去烟纸，将烟丝扯扯松堆在一起再捣捣乱，然后将报纸裁成20厘米大小，把烟丝分成五包。

第二天起来，我洗了把脸，父亲将烟丝交给我，给了我一两半粮票说，就去你那学校的路口卖吧，卖掉了买早饭吃。于是我背上书包，去东北面十字路口的东侧，先将报纸打开，撕去一半垫坐在屁股下，展开另一半铺平，将小包烟丝分摊在报纸上，又找来一些小砖块将报纸四角压住，防风吹走。早晨的庙前街是个热闹去处，我对着这涌动的人流，刚羞涩地喊了几声烟丝要哇，就有人围上来问价钱，五包烟丝立马被三个人买走。从我坐下到叫卖也仅仅是几分钟的时间，这生意也太好做了！我起身到点心店用粮票花6分钱买了一副大饼油条，将油条夹在大饼里，狠狠地香甜地咬了一口，想着父亲一天的工资才5角多一点，可这些烟头就卖了5角钱，将现在剩下的交给父亲，不知他有多高兴。晚上还拾烟头，明天还卖烟丝，那早饭……我看了看手中的食品，又狠狠地香甜地咬了一口。嘀，这一刻，我感觉到了幸福。

有时候幸福好像要有点铺垫，要有伏笔，忧愁、困苦、灾害都不属于孩子！

景青

网　船

　　一日傍晚沿着小区里一条河流散步，偶见桥下泊着一艘破旧的木船，上面还张着已经废弃的渔网。此情此景不由得让我想起20世纪六七十年代，上海市郊的一些河道里常年漂泊着一些捕鱼的小木船，这些船只坊间称为网船。

　　那时，许多渔民陆地上没有家，一家老小常年吃喝拉撒睡都在船上，生活之清苦与不便可想而知。家乡的一些老人常常吓唬小孩："你是从网船上领（抱养）来的，不听话就把你送回去。"将小孩吓得面如土色，再也不敢顽皮。这些以江河湖泊为家的渔民或张丝网或撒大网或打劈啪（一种在船上敲打出声响驱赶鱼儿进入张网区域的捕鱼方法）。翌日清早，网船娘子（网船上的女主人）或肩挑或手提将捕捉到的鱼儿拿到市场上去卖，以此换回粮食或一些生活用品，自家则留点小鱼小虾苦度光阴。

　　迫于生计的水上生活，绝非如雪篷浮居或画舫箫鼓般的诗情画意。一年三百六十五天，春花秋月、温风静浪的日子毕竟不多，而冬夏的日子是一年里最为漫长的。在朔风怒号、滴水成冰的季节里，居住在陆地上的人们尚且整日瑟瑟发抖，而停泊在风浪里的网船，气温常常在冰点以下，那薄薄的芦席船篷又怎敌那砭骨的寒风。这样的日子，一家子只能蜷缩在那个狭隘的空间，相互抱团取暖。酷热的夏天，水面气温往往在35摄氏度以上，吹来的河风也是热辣辣的。夜间，那无孔不入的花脚蚊子嗡嗡作响，争相叮咬，骚扰得一家人夜不成寐。有的男性渔民索性整天浸泡在水里，兼带捕鱼劳作。一旦遭遇雷雨或是台风天气，只能找个避风港，那一叶小舟也任凭风吹雨打，左右摇晃，一家子都惶惶不可终日。年复一年在逼仄的网船上生活，许多渔民都患上了佝偻病。

一年之中，河上以及两岸还是不缺诸如"清风拂绿柳，白水映红桃""清风徐来，水波不兴"之类的景致，但在以船为家，长年在水上讨生活、饱受风浪之苦的网船人眼里，已经没有了"舟行碧波上，人在画中游"的美妙感受了。

那个年代，江浙沪一带都有在河里讨生活的网船人，有感于渔民的苦难生活，20世纪70年代中叶，有关部门为市郊的渔民盖起了公房，几代在水上劳作的网船人终于结束以船为家的生活，住进了虽简陋但不失为安定的渔民新村。他们终于挺直了腰板，过上了寻常人的生活，政府为渔民实施的这一举措被网船人称之为上岸。之后，利用网船人的一技之长，各乡（公社）也先后成立了渔业大队，捕鱼不再是个体劳动，而是纳入了按劳取酬的分配序列，网船人终于结束了颠沛流离的水上生活。

渔翁鸬鸟唱轻舟

鸬鹚又名鱼鹰，是一种大型水鸟，长着钩状长嘴，外凸圆鼓双眼，蹼质的脚掌，因擅长捕鱼而被人驯养。大号的鸬鹚首尾长达1米，体重约5000克，翼展达1.5米。

小时候常看到有渔舟载着一群灰黑色的鸬鹚在江上出没，很有些"君看一叶舟，出没风波里"的诗情画意。渔人驾着载有鸬鹚的一叶扁舟在江河缓行，那木质的渔舟长10多米，宽约3米，两旁的船帮上揳入10来条木棍子作为支架，那是供鸬鹚休憩的场所，一条渔船载有七八只鸬鹚。因鱼汛时段江南多雨以及江上风浪之故，渔人通常都披蓑戴笠，驾舟时或用竹篙撑，或用双桨划。通常鸬鹚休息时，渔人就坐在船艄的一张竹椅上，咕噜噜地吸着水烟。渔人皆有看水识鱼的本领，船行一处感觉有戏的水域就挥动长篙，发出类似吆嘻嘻的口令，于是鸬鹚们就纷纷扑到河里觅鱼去了。

鸬鹚捕鱼是一个很热闹的场景，那七八只鸬鹚在风浪里出没。渔人吆嘻嘻地喊着，鸬鹚扑棱着翅膀嘎嘎地叫着，时不时地溅起一簇簇水花，假如有几条渔船同在一个水域作业，那更是热闹无比。鸬鹚是鸟类中的捕鱼高手，只要一个猛子扎下去，浮出水面时总有收获。它的喉咙很粗且有喉囊，很容易将到嘴的小鱼小虾之类储藏起来自己享用。鸬鹚捕鱼的本领再强也是被渔人豢养和驯服的工具。精明的渔人会在它的脖子上扎上一条细绳子，鸬鹚在水中觅到鱼类后就浮出水面，乖乖地站到渔人伸来的竹篙上，这时渔人就抓住鸬鹚的脖子，只轻轻一捏，嘴里的鱼虾就吐在了船舱里。有时候叼到大鱼，鸬鹚就在水面上扑棱着向主人邀功，渔人大喜，赶紧伸出网兜将大鱼兜住。鸬鹚还有团结协作的本能，倘若有伙伴捕捉到一条10多斤重的大鱼，就赶上去帮忙，双双叼着那条大鱼游弋到船旁，让主人将鱼兜住。这时渔人就会解开扎在鸬鹚脖子上的绳子，拿些小鱼儿犒赏它们，物质的刺激会让鸬鹚们更加卖力地捕鱼。

　　松江华亭人孙承恩（字贞父，号毅斋，明正德六年进士，累官至礼部尚书）曾有《观鸬鹚捕鱼》诗两首。其一："一叶波心棹小舠，鸬鹚没水觅鱼忙。舟人拍手相惊笑，衔得鱼来尺许长。"将鸬鹚捕鱼的情状与渔人喜悦的心情刻画得十分传神，极富生活气息。其二："画舫开筵酒共传，鸬鹚出水得鱼鲜。莫叫鼓吹惊飞去，立在滩头不上船。"写出了诗人在忙碌的公务之余，偷得浮生半日，邀约三五知己，在画舫上就着音乐饮酒作乐的情景。筵席上的鱼鲜就是鸬鹚刚刚捕捉来的，现捕现煮，怎一个"鲜"字了得！又生怕因鼓乐之声惊扰了鸬鹚捕鱼，故而让鼓乐暂歇。唐人杜荀鹤也有诗云："一般毛羽结群飞，两岸烟汀好景时。深水有鱼衔得出，看来却是鸬鹚饥。"写出了鸬鹚结群捕鱼之景象。陆游的诗句"一抹红霞映碧流，渔翁鸬鸟唱轻舟。归途满载清风里，笑傲人间乐晚秋"，则描绘出江南水乡晚秋时节的傍晚，辛劳了一天的渔翁，驾着轻舟满载而归的愉悦心情，画面恬适娴静，展现了一派古朴平和、岁月静好的光景。另外，杜甫、白居易、杜牧等也都曾为鸬鹚捕鱼作过诗。

　　我国驯养鸬鹚捕鱼已有千年的历史，但如今再难看到鸬鹚捕鱼的热闹场景了。盖因鸬鹚捕鱼的能力实在过强，大有将鱼类赶尽杀绝之势。为了让水族休养生息，维护水系生态，故而渔政部门已禁止用驯养过的鸬鹚捕鱼。

广富林的桥

广富林古镇坐落于沈泾塘和杨家荡两江交汇处的东隅，前有市河，东北有八曲江和大竺江。这些江河将广富林小镇团团围住，尤其是沈泾塘和杨家荡这两江，在广富林镇西汇合成一个大漾。那里终年江水浩荡，水流丰沛，因而水上交通十分发达。由陈坊桥、天马山开往松江秀野桥的两条小火轮专线，在广富林都设有码头，尤其是沈泾塘，常有大帆船和有数层楼高的大轮船航行。早年间，这里的水上交通十分发达。

水多桥也多。广富林小镇呈东西走向，全长千米左右，然而就是这条长不足1公里的街镇，却架设着5座形态各异的桥梁。小镇东首架有一座单孔石拱桥，桥名为集贤桥（民间称东石桥）。此桥高10余丈，全石结构，建于明末清初，高大简朴里透着一丝霸气。由于年代久远，又常年遭受风霜雪雨的侵蚀，桥身显得斑斑驳驳，许多石缝石罅里长出了青藤、花草，甚至小树木，桥面被行人步履打磨得十分光滑，给人以很厚重的历史感和沧桑感。我少年时代常常呼朋引伴步行去松江城里游玩，此桥是必经之路。至今还记得，我们常在桥顶上或玩耍或远眺。站立于此桥，觉得这里的江河很辽阔，天空很高远。因年久失修，东石桥桥基断裂，岌岌可危。后由乡贤发起，一些大户人家参与，对该桥进行修葺。为纪念修桥出资出力的人士，其姓名都镌刻于拱桥的弯石上。又因由乡贤集资修葺，故此桥又改名为集贤桥。

小镇中途建有一座中市桥，坐落于高家宅后，木质结构，桥洞中央有木栅栏。因古镇地处水陆要冲，南来北往的商客和闲杂人等有很多，加上当时的社会动荡，为确保小镇人家生命财产安全，每天二更时分，有更夫负责下栅封河，禁止商船通行。又因广富林水路交通十分发达，每到此时，外河里桅杆林立，灯火辉煌，炊烟缭绕，呈现出一派繁华夜景，过往商船也就在此处歇夜。镇上的一些旅馆、饭店、南北杂货铺等可谓生意兴隆。小镇最西端有座石桥，造型奇特，桥基歪斜，朝向非南非北，桥洞与薛家的后滩涂垂直，之后一个急转弯延伸到对岸。船家通过该桥时，一不小心就会撞到桥墩。但从牛头基眺望此桥，风格别致且雄伟壮观。此桥名曰金山桥，桥名出典不详。后来在疏浚沈泾塘时被改建成水闸。古镇最西端还建有一座烟浜桥。桥基由块石垒成，桥面由三块特大的花岗石拼成，桥块两侧也都由花岗石做护栏。每逢夏秋两季，是广富林人纳凉的场所。

在广富林众多的桥梁中，最著名的要数知也桥。此桥建于清代中叶，延至清道光年间，因年久失修而垮塌。青浦县衙（当时广富林由青浦县管辖）派毕姓工匠修建。毕工匠带了一帮徒弟作业。半年后东桥块完工，可西桥块修了垮，垮了修，如是再三，怎么也修不起来，弄得毕工匠心灰意冷，不辞而别。后青浦县衙请来了修建朱家角放生桥工匠的后裔，这拨人马来到现场一看，窃笑毕工匠无能。小小八曲江，宽不足10丈，只须单拱便成，三月合成，四月通行，五月庆功领赏。谁知当单拱合龙时，猛听见轰隆隆几声巨响，拱石纷纷落水，浪花四溅。如此，这位工匠也步了毕工匠的后尘：屡修屡垮。后来青浦县衙将这件蹊跷事禀告了松江府衙，松江府张榜招纳造桥巧匠，最后选中了造桥世家赵姓石匠。那赵石匠偏不信这个邪，带领一帮能工巧匠沿八曲江察看水情，终于看出了端倪。原来，那八曲江形似葫芦，口小身子大，且有三条支流汇合，涨潮时虽然水流湍急但还算平稳，而退潮时四水汇集一起，汹涌的波涛，争先恐后奔至葫芦口夺江而出，尤其黄梅时节，更有惊涛拍岸之气势。前清广富林诗人陆润玉称这股潮水为"松江钱塘潮"。坐落在八曲江拐弯处的知也桥，东西桥堍压力悬殊，西桥堍的潮水压力大大超过东桥堍，故而东岸巍然，西岸易毁。工程开工后，赵石匠先期将百余根木桩夯入地下，又将五块特大花岗石沉到东西桥堍之间，称此石为镇江石。东桥堍为单墙石墩，西桥堍为双墙双墩。桥面宽3丈有余，由五块拱形武康石并列。知也桥修葺成功后，由广富林名士手书"知也桥"三个大字，四周雕以莲花图案。至此，一座雄伟坚固的知也桥飞架在八曲江上。若有航船向北航行，知也桥犹如一条彩虹横跨东西两岸。细心的人，还能在桥洞里张望到辰山的山水，好似一幅水墨山水画。之后，凤凰山要采石，八曲江航运量大增，知也桥改建成钢筋水泥桥，抗战期间被日军炸毁。

叫蝈蝈

久旱不雨的夏秋之交,鸣虫们也不知躲哪儿凉快去了,自然也很少听到它们的叫声。一日晚间,我被雷声惊醒,随即一场大雨倾盆而下。骤雨初歇,忽闻虫声大作,这让我不期然想起了蝈蝈儿这种人见人爱的小精灵。

蝈蝈儿坊间称叫蝈蝈,也称叫哥哥。早年住乡间,每年夏秋之际,寻常人家客堂的屋梁上,大多挂着一个由竹篾编织而成的精致小笼子,里面住着一位"大自然的歌手"——蝈蝈儿。那唧唧唧唧的鸣叫声清亮而有韵味,不仅给人们送来了阵阵凉意,也营造出了些许岁月静好的气氛。

蝈蝈儿属昆虫纲,直翅目,外形似蝗虫,但体量较大,触角细长,浑身呈半透明翠绿色,在我国分布范围很广。与众多生物一样,蝈蝈儿北方的体型较大,南方的则相对娇小,故有"北雄南娇"之说。蝈蝈儿与蟋蟀、油蛉(油葫芦)并称为三大鸣虫,都属"大自然的歌手"。江南农村虽然多蚂蚱、蟋蟀、螳螂、天牛、蝉等昆虫,而蝈蝈儿无论是其体型、颜色,还是叫声,都是令人爱不释手的一种昆虫。它们生长在草地、竹园、山坡以及庄稼地里,具有极强的保护色,要逮到它们是件十分稀罕的事儿。每年从初夏到中秋,孩子们都会寻觅蝈蝈儿的踪影,但从没听说过有人曾逮到过。

蝈蝈儿通体翠绿，叫声悦耳，体型美观，不仅是孩子们的爱物，就连大人也都喜爱。它的主食是豆类、蔬菜、米饭、馒头、蚂蚱等，极易饲养。早年间，乡村常有货郎担穿村走户，夏天里还有专卖蝈蝈儿的。那货郎也从不吆喝，笼中蝈蝈儿的叫声就是最有吸引力的吆喝声，常常会吸引许多孩子，有时也有大人混迹其中，也总有人舍得掏银子将那小精灵捧回家中供养起来，于是人家的客堂里就不时会响起那极富磁性的唧唧声，此起彼伏，那是寻常人家夏秋时节里一道虽寻常却也生动的风景。

蝈蝈儿的叫声平和安详，是夏秋午后小睡的一支催眠曲，听着那唧唧唧的叫声，一颗被高温热浪炙烤得有点焦躁的心就会渐渐安泰起来，慢慢就能安然入睡。蝈蝈儿的寿命一般在5—8个月，其寿命长短往往与鸣叫次数多寡有关。雄性蝈蝈儿喜欢鸣叫且声音洪亮，雌性则很少鸣叫，声音相对较弱，性情温和。因此，雌性蝈蝈儿的寿命就相对长些，但鸣叫又是蝈蝈的天性，主人很难控制，也只好顺其自然。

屈指算来，我进镇进城已有 30 来年，在这段漫长的岁月里不仅从没见过蝈蝈儿，就更不用说聆听那种美妙的天籁之音了。蝈蝈儿，你们到底都去哪儿了呢？

朱正安

语音提示能否简单易行些

"……欢迎致电某某某某！中文服务请按1（跟着是一段英语服务请按几）——家庭及个人客户请按1；政府及企业客户请按9；报装业务请按4；业务咨询办理请按2；投资建议请按5；语音请按5……如需帮助请按0——您好！这里是……报装服务请按1；报修及其他故障请按3；未付费账单查讯请按×……人工服务请按0——请输入你的设备号码，然后按＃号键，费用服务请按×；某某服务请按× ……其他服务请按×——对不起，系统忙，请稍候再拨。"

以上是笔者因通信设备方面的一点点小事情，向某通信企业客服专线拨打电话不完整的记录（就没法记清，所以最后只能 × 了）。由于这语音提示几乎与相声绕口令速度差不多，快且难懂，前后又兜圈子兜了四五圈，早让兜晕了、转蒙了，所以起码有七八次都是半途而废重新再拨打。最后一次好不容易瞎猫碰上死耗子，拨到最后一关了，却又被"系统忙，请稍后再拨"一句话弄了个前功尽弃！我算是服了！这叫服务吗？这不是在折腾人嘛！而且不仅仅就这个通信企业，其他通信企业也一样，还有电、水、气和各大银行等，大同小异，只能在转弯数和圈数上分出伯仲来！这样的语音提示，不要说我们这些七老八十的老家伙了，我估计年轻人碰上了也会被整得汗流浃背的。

毋庸置疑，采用语音提示是信息化社会的发展趋势，是高科技服务的重要进步，然而我想，科技进步的最终目的，还是为了服务大众，给人们提供便利和享受，如此弯弯绕、捉迷藏式的服务，不仅没有达到目的，反而给客户增添了麻烦，就不是享受而是受罪，不是进步而是退步了！如今中国已经进入老龄化社会，老年客户的占比越来越大，这些企业或部门为什么就不想想这一大群客户的诉求呢？有人或曰："老年人也可以接受新事物学习接受高科技服务的操作技能嘛。"此话差矣！那不叫"七十岁学吹打"吗？！

从一个语音提示上，我们完全可以看出一个企业的服务意识，因为它反映出了这些企业看待客户的态度和对客户问题的重视程度。只靠几声"欢迎""您好""谢谢"是掩饰不了内心的虚情假意的，重要的是要在"诚"字上下功夫，真心诚意地从自己的服务流程、硬件设备、管理水平、用户感受各方面研究细节，并加以解决，我想是不难的，要不人家110、119、120、122这些电话怎么一拨就到位了呢？诚然，110等这些电话单位有特殊的社会应急任务，只能如此特殊，可是这至少说明两点：一是就简化语音提示的技术层面来说，是没有问题的；二是这些企业或部门通过内部消化繁杂流程最后实现一口对外的管理模式，是有效且可行的。那么，通信、电力、银行等企业为何就不能尽量在内部管理上下点功夫——不要说一口对外——哪怕在对外服务上少设几个转弯和圈圈呢？

古人有云："君子乾乾，不息于诚。"（周敦颐《通书·乾坤益功》）我想，只要心诚，金石为开！

时尚乱弹

说到时尚,许多人就会把它与时装、名包、T台、跟风、赶时髦、俗气、浅薄等联系在一起,甚至嗤之以鼻。其实,时尚涵盖了吃喝玩乐、教育文化等几乎所有人类活动的方方面面,而且追求时尚是每个人与生俱来的本能,无可厚非。譬如我,也是个天生爱追时尚的人,只是追来追去,总被时尚甩在后边。

刚解放,工人阶级是老大哥,背带裤便成了时尚。母亲就用父亲的旧毛料衣裳给我改做了一条,可我发现那裤子不是人家穿的那种蓝色劳动布的,不时尚,就是不穿!母亲就哄我,说我的裤子是真毛料的,不晓得比那劳动布的贵多少什么什么的,可我哪里听得进去,一气之下就把背带剪掉了,那时我才六七岁。中学时代,我冬天穿的都是那种中式薄棉袄,外加一件中式罩衣,而当时我们浦南的乡村干部兴穿棉布蓝大衣,因此蓝色棉大衣便成了当时当地的时尚,尤其是镶有海虎绒领头的,看起来就觉得既暖和又威风。不过,我知道家里的条件,只想不敢说,"单相思"了好几年,直到"文化大革命"才"移情别恋",另有所钟。那时,穿军装成了一大时尚,特别是学校里几位军人家庭出身的同学,头上戴着军帽,身上穿着军装(都是褪了色的那种真货),臂套红袖章,腰扎牛皮带,要多精神有多精神，简直叫我朝思暮想。当然我是有自知之明的，所以对褪色的军装绝无奢望，念念不忘的只是那顶单军帽。谁知就是这么一点小小的"抱负"，最后也未能如愿。1966年11月，我与几位同学到北京串联，住北京工业学院。为了接受毛主席检阅，由部队的同志把我们编成队，带着学习和操练。队里有位广西男生，穿一身单来京的，部队的同志就弄来了军棉帽、军大衣、军棉鞋给他穿戴，返桂时还让他穿回了老家，可把我羡慕死了，心想早晓得我也……说实话，我对那军大衣还是不敢有非分之想，只是把过去对单军帽的念想转移到了那顶棉军帽上，可以说是垂涎三尺。隔年我插队落户，第二年年底分红时就分得了100多元，正好那时商店里出售那种草绿色的棉军帽，有说是军转民的，也有说是仿制的，可我不管它怎么来的了，二话没说就买了顶戴在头上，心里那个兴奋啊，简直无法形容。遗憾的是，这种5块钱一顶的所谓军帽，第二年就几乎普及生产队中的每一个中青年社员，也就无时尚可言了。

我后来工作、生活的宁夏是比较落后的西部地区，大上海一波又一波的时尚穿着要过一两年，甚至三四年才能波及那里，往往我们刚刚把某一上海时尚品牌引进来了，阿拉上海人早把它掼一边去了。有一年春节，我们一家三口回沪省亲，拷花呢大衣是街上耀眼的一景，便忍着肉痛买了一件，穿回宁夏，许多朋友见了啧啧称赞，纷纷仿效。之后第二年还是第三年记不清了，我穿着拷花呢大衣回家没几天，就让老婆叫到一边，要我赶快把大衣脱下来，我愕然。她问我："木头人！你看见街上还有几个穿拷花呢的？"说着，就将一件不知什么时候买来的滑雪衫递给了我："快换上这一件！"我这才恍然大悟，因此对老婆更加佩服之至。

20世纪90年代有个顺口溜："男子汉，三件宝，领带打火机剃须刀。"我们单位那时搞营业窗口规范化服务，西装领带统一配置，所以什么金利来领带银利来领带的，与我无关。我生来胡子稀软，三五天刮次脸就可以了，所以对剃须刀并不感兴趣，只是烟瘾大，有一只体面的打火机扎扎台型,倒是我梦寐以求的,可一打听,一只国产彭都打火机的价格就让人咂舌,更别说正宗进口的了,便只得用朋友送我的一只国产防风打火机招摇过市。时隔几年,我终于弄到了一只正宗的朗声打火机,一揿就晶的一声,简直叫人爱不释手,可还没玩几天呢,打火机热就"退烧"了,你说扫兴不扫兴!

"男人的表,女人的包",是21世纪初的时尚之一,戴一块名表是许多男人心心念念的事,我也曾心向往之,可惜自己收入一般,所以只能"望表兴叹"。70岁时,女儿才买了块浪琴表作为生日礼物送给我,可我已是个退休在家的老头,戴再高档的表也无处显摆没啥意思了。所以这些年来,我腕上戴的依旧是那块伴我数十年的旧表,那块浪琴表至今仍躺在抽屉里"虚度年华"呢。

我追时尚几十年,我也被时尚玩了几十年,但我无悔。因为时尚本是一个时代的风向标,追时尚就是对美的追求。有了层出不穷的时尚,人们才会追梦似的不懈进取,人生才会多姿多彩,社会才会推陈出新,人类才能踏浪前行。诚然,有些曾经的时尚,很快就会被风吹雨打去,那叫大浪淘沙,但它们会给人们留下许多启迪,还有快乐,而有些曾经的时尚,经过时间的沉淀,或许就成了民族文化中的经典,譬如书法,譬如旗袍……

张林琪

玉 米

小暑未到，姑妈家栽种的甜糯玉米已经进入成熟期。前几天，纺锤状的玉米棒子，挨个儿从粗壮的茎秆腋间处钻出，头顶飘逸的柔发，玉白、金黄、粉色、火红，千姿百态，把那片墨绿的青纱帐点缀得色彩斑斓，婀娜多姿。仅仅过了一个星期，大自然就以生命的最后底色，将粉嫩的美发悄然染成了褐色的卷须。棒子们一个个昂首挺胸，似乎在向主人报告丰收的喜讯。姑妈说，再过几天，玉米就老了。于是，在咔嚓咔嚓的撕裂声中，那些玉米棒就被我们收获下来。

啊，闻着多年未闻的玉米清香味儿，我的思绪一下子被拉到了那段有着太多无奈的难忘岁月。20世纪70年代初，老家生产队按计划种植玉米5亩。清明下种，经过两个月生长，到了芒种，玉米茎秆粗壮，叶片宽厚肥大，把大地装扮得气象万千。茎秆腋间的玉米棒子头戴鲜艳的发须，试探着来到这个世界亮相，然而队长一声令下，全队社员立马出动，镰刀所到之处，情窦初开的玉米连带秸秆便齐刷刷地倒下，仅仅半天时间，11吨的水泥船装得就像小山一样高。接着，生产队的柴油机船开足马力，拖着一大串船队，浩浩荡荡地驶向上海浦东张家浜地区的第十一牧场，那儿的奶牛正等待着新鲜滋嫩、营养丰富的青饲料呢！生性直率的阿五头娘苦涩地嬉笑着说："上海人喝牛奶，乡下人吃粥汤。"话虽然难听，可道出了实情：计划经济年代，农村服务城市，天经地义。社员们相互调侃起来："谁叫我们投错了娘胎呢？"3天后，水泥船回来了，那曾经装满青玉米秆的船舱里换上了黝黑浓稠的牛粪。这年秋后，5亩单季稻因为用上了牛粪肥，亩产竟然达到1200斤。

冬去春来，又到了玉米播种的季节。阿五头娘这回学乖了，乘人不备，悄悄将一把玉米种子藏进口袋，其余女社员佯装没看见，但也并不是吃素的。老天帮忙，这一年风调雨顺，集体的玉米长得特别旺，阵风吹过，墨绿的叶子此起彼伏，就像大海中的浪花；自留地里的玉米也毫不逊色，英姿飒爽，更有夜露，如串串珍珠，顺着叶脉滑溜溜地往下淌，可爱极了。生产队的玉米照例按规矩急迫地被运往上海奶牛场，自留地里的玉米，却大摇大摆地迎风招展，玉米棒子们花枝招展，日夜膨胀。这下，阿五头娘笑歪了嘴，社员们也跟着一齐乐："今年，阿伲乡下人总算吃到玉米啦。"几天后，一阵阵盐水煮玉米的香味儿纷纷从家家厨房里飘逸出来，虽然口感有点粳，但在物资极度匮乏的年代，饥肠辘辘的乡亲们能够吃上这样的嫩玉米，算是三生有幸啦。我就是在那个时候首次尝到玉米香味的。

时间一晃进入80年代，家乡也建起了占地350亩的奶牛场，青玉米再也不用运往浦东地区了。由奶牛而起又因奶牛而兴的玉米，终于在家乡扎下了根。放眼万顷良田，五谷杂粮丰茂，喜看家家庭院，瓜果蔬菜飘香。近年来，随着农作物品种的不断改良，昔日粳性涩口的玉米，已经改良为甜糯适中、溢齿留香的佳品。我那年逾七旬的姑妈，一生勤勉，钟爱土地，由于家庭农场的兴起，整块的地早已不再拥有，荒地、杂边地却成了她的喜好，一到她的手下，总会被打理得疏松肥沃，杂草全无。她说，那些地远离化肥农药，享受雨露阳光，只要精心管理，长出的任何东西都是天然的。是啊，每次来到姑妈开垦的菜园子，满目葱郁总会让我流连忘返。坐在姑妈家喝茶，目视那一大筐新鲜的玉米，我轻轻拿起几个，剥开层层包裹的叶皮，上面缀满了排列整齐的粒儿，只只光洁饱满，颗颗晶莹剔透，就像姑妈年轻时候窈窕的身材和俊俏的脸蛋。岁月无情，姑妈衰老了，犹如摘光了玉米棒的枯槁茎叶。我心疼地说："姑妈，该好好休息了。""没事，我的身子板硬着哪。"

　　眼看天色向晚，我扛起沉甸甸的一袋玉米，与姑妈挥手告别，刚迈开几步，一转眼，要强的姑妈又钻进了她那心爱的菜园子。

钱明光

童年的蚕豆

立夏吃蚕豆是松江多年的习俗,不吃不行,说不出什么原因。

蚕豆季节性特别强,过几天就显老了。开始吃很嫩,过几天吃就要吐皮,再过几天就老了,只能放点咸菜煮成豆板沙。小时候,如果在还可以嚼嚼咽下去时吐豆皮,大人会用筷子打你头。

我们小时候对蚕豆是很有感情的。它是唯一深秋下种冬天长出来的植物。"立冬不出洞,到老一根葱",季节性也是蛮强的。茫茫一片雪地里有一点点绿色的,肯定是一棵棵顽强的冻不死的蚕豆苗。谁怕冷了,家长会说,你呀,比蚕豆都不如。因为它在冬天生长,松江老一辈人至今把蚕豆叫作寒豆。

其实,蚕豆一年四季都陪伴着我们小孩。春天一到,它开始发力长个、长叶时,我们常常一棵棵围着寻找"小耳朵",比赛谁采得多。蚕豆的叶子中,不知为什么,总有极少数叶子不是平展的,而是长成漏斗状,我们叫它"小耳朵"。小小的,很好玩。这锻炼了我们的发现能力。

小时候常听喇叭里唱沪剧"萝卜花开白似银,蚕豆花开黑良心",我们常会盯着一棵棵蚕豆看,果然,所有的蚕豆,开的花是一样的,白色的或淡粉色的花瓣中都是黑色的瓣心,不是偏黑、淡黑,而是纯黑,黑白分明，十分醒目。听得多了，我们一看到哪家有上门女婿，就会对他家老人产生偏见，因为"蚕豆花开黑良心，好比我岳父金学文"。嗨，小屁孩，懂个啥，还对着人家丈人唱这几句，好像很仗义执言似的。

蚕豆有两个品种：大白豆和小青豆。读一年级时，我们常从家里抓一把大白豆放在兜里，上课时抓机会，用削笔刀刻成戴钢盔的德国鬼子，很像的。那豆芽倒过来就像个高鼻头，上面留着豆皮当钢盔，中间到下刻出个钢盔带，就这么简单，也就这么像。一有空，我们把这些德国鬼子放在一处，用橡皮筋弹着比赛。

蚕豆老了，就成了可保存的硬豆，那可是家里的宝物。浸着，稍软了，剪一刀后煮，就成了剪刀豆；浸出芽了，就成了发芽豆，都是老百姓桌上常有的菜。

节日到了，如春节，过去松江农村平常人家哪有什么花生、苹果、糖果等，唯一能拿出来的是炒硬寒豆，大人小孩人手一把，边说话边嚼上一颗豆，农村人牙齿坚实也与这锻炼有关。平时来了亲戚朋友，也大多拿出来做闲暇时吃吃。

冬天，我们小屁孩最喜欢一边聊天或一边做游戏，一边在脚炉里煨蚕豆或扁豆，听到一阵阵啪啪爆响的声音，就急不可耐地打开，这时候，一阵特别香的味道就会弥漫整个屋子，我们就会在这气氛中品尝自己的成果。

这蚕豆走进大上海名扬全国的，就是上海五香豆了。

灯芯草

　　清晨早醒，不知怎么会突然想起灯芯草来。这个与现代事物没有一点联系、不可能触类旁通让人想起的灯芯草怎么奇怪地刺激着我的大脑皮层。我一直思考着原因。

　　这灯芯草小时候家家户户都有。煤油灯推广之前用的是豆油灯，灯芯可用棉纱绳，但棉纱绳时不时要用剪刀剪去烧焦的灰结，用灯芯草最合适，灯芯的粗细正适合灯的亮度，时间长了，稍有抖动或风动，灰就自然落下。"闲敲棋子落灯花"，说的就是这一现象。我就是在这种暗暗的豆油灯下学注音字母的（我小时候还没有拼音字母）。母亲则在一旁扎着鞋底陪伴着，说是陪伴，其实是共用一盏油灯。我前几天就在品味这首诗，一位文化人对不守承诺人的愤怒用敲棋表现了出来。莫不是诗意诗境带出了灯芯草了？

　　这灯芯草过去烟杂店都有，一根一尺左右长，绒线针那样粗细，笔挺，一分钱好多根，烟火买多了，会顺便送你六七根。灯芯用时要剥壳，用里面软软的芯。这芯太软太轻，即使拿一把在手也感觉不到分量。小时候喜欢玩它就是因为它太轻了，超乎所有物体；它能吸附水和油，我们用它玩老鼠偷油的游戏。松江有句古话："像吃了灯芯草，讲话轻飘飘。"意指讲话太随意。

不要看灯芯草太轻巧，却是重要的中药材。药店里是壳剥好后扎成小团作为一味中药，小孩生出疖疬，可单味少量煎服或泡水涂抹患处。没钱的孕妇还可拿它煎服催奶。灯芯草的主要功能是利尿清毒。记得小时候到一户人家去玩，翻出他家好几包扎成小捆的灯芯草，主人发现后有点惊慌失措地收了起来。我一直不解，灯芯草又不什么是稀罕物，直到几十年后才从一位中医那儿知道，灯芯草能治一种难以启齿的病。不知怎的，那人惊慌失措的神态常让我想起。

前年去浙江一高档民宿，吸引人的是摆设布置，特别优雅浪漫，在几个不起眼的地方，香水瓶上插着三根小棍，两根是塑料装饰，一根是两头剥了壳的灯芯草，散发出幽幽的香味。我一看，挺有创意，对着它看了很久。

那年有了灯芯绒布，很是风靡。第一次让人看到还有那么厚的布，颜色又那么艳，像密密地排着的灯芯草，所以取其名，人们不去探究它到底有没有正规名称。反正一到农闲时刻，布店里挤满了来剪灯芯绒布的妇女。我家有个老邻居，手工裁剪给人做衣裳，坊间也有点名气，就她对灯芯绒布很反感，因为这布不平，一轮一轮的，又厚，手工不好缝。她发牢骚时是用石骨铁硬的宁波话，我们就常常打趣说："宁可与苏州人吵相骂，不要去与宁波人讲闲话。"

这天早晨莫名地想起灯芯草，由此及彼地想到灯芯草油灯和中药，想到灯芯绒布和裁缝，触碰到内心那一块柔软的地方：那些画面，不知还有多少人记得？

欧粤

猪头肉

  作为食材，猪头在松江人的眼里向来档次不高，被看作是肉类中的低档货，因此婚庆喜事、招待贵客的酒宴是不会让猪头肉上场的。比如女朋友第一次上门，男家的酒席上端出来的不是蹄髈，就是扣肉，绝对不会是一碗红烧猪头肉，但在日常饮食中，特别是在老百姓生活比较困难的时期，猪头却又比较受欢迎，主要是其价格低廉，可红烧，可白煮，可做肉冻，也可腌作咸猪头，烹饪得法，味道也不亚于大排、蹄髈，且拆解下来的头骨还可到废品回收站换回几个小钱。花费不大，又可解无肉之馋，普通人家讲究的是实惠。

  我小时候，家的隔河对岸有爿城中饭店，饭店大门一侧设有熟食间，玻璃橱窗内的熟食中一年到头有猪头肉。猪鼻冲、猪耳朵、猪舌头、出骨后的猪面颊、酱色浓赤的猪头肉冻分别码放在盘中。各部位的销售价格高低不一，好像是猪鼻冲的价最高，猪头肉冻最便宜。常见嗜酒者到饭店切了几片猪头肉冻，从口袋中摸出一只小高升，即二两半装的小瓶土烧酒，喝完酒，再来一碗阳春面，活似小神仙，一次消费四五角钱。经济稍好者会点白切羊肉，但羊肉的价格大约是猪头肉的一倍，能常吃羊肉烧酒的收入应该可以。

平时肉店的猪头销售并不紧张，但时近腊月年关，猪头就成了抢手货，冬至、除夕、接财神等年节祭祖拜神都需用猪头做祭品。封建社会帝王祭祀称太牢，要用牛、羊、猪三牲做祭品。到了民间，就以猪头、鸡、鱼作为主祭品，缺了只猪头就少了主角，祭祀不成体统，就会得罪祖宗神灵。因此当年许多人家会在腊月起，预先买了猪头，煮得半生不熟，存放待用。祭祀仪式结束后，主妇通常将猪头烧成肉冻，装在钵头里，作为主菜，吃上十天半月。

实行农业合作化前，松江农村有春秋两季做社，祈求土地神禳灾保安康的信仰习俗。做社祭土地神必用猪头，必请说书先生唱书娱神。祭神毕，将猪头煮烂，全社（此社为传统的民间神社组织，由10来户农家组成，与后来的合作社是两个概念）男人聚餐共食之，或者每家分得一小碗猪头肉，而猪舌头是一定会留给说书先生独自享用，这是乡下历来的规矩。

猪头相貌丑陋，却有许多雅称：整头叫作笑脸，舌头叫赚头或门腔，耳朵称作顺风，都是人们喜欢的好口彩。除新鲜猪头外，市面上还有腊猪头、酱油猪头、咸猪头等。腊猪头有出于广东的，酒香重而稍甜；出于四川、贵州等地的，多为烟熏，黑乎乎的食之有烟味。酱油猪头大多出于江浙沪一带，用酱油浸制晒成，味同酱腊肉。咸猪头多出自江南、江淮地区，口味咸香。松江人有在腊月腌咸肉的习惯，经济条件差的人家买不起猪腿、肋条，就腌猪头，晒干后，以备日后不时之需。近年来，松江人的生活水平提高了，祭祖敬神的信仰习俗也逐渐淡薄，加上烹饪猪头肉费时费神，猪头肉逐渐淡出家庭餐桌，农贸市场的肉摊上也鲜见猪头的踪影。

其实猪头也可做成名牌菜，就上海周边地区而言，居头牌的当属淮扬菜中的扬州扒猪头。前年好友请我到位于上海龙华的一家老扬州饭庄聚餐，要了一只扒猪头，价400元。熟头置大盆，整头分两爿，面朝天，统摄猪头舌、耳、冲和面颊四部。用红米上色，上桌时肉微颤。食之肥而不腻，酥而不烂，博得众口赞誉。另外，苏州的百年老店杜三珍的酱头肉可与扬州扒猪头媲美,其清明时节的酱汁猪头肉、夏季的糟头肉都是口碑极好的佐酒佳品。小连生猪头肉是松江的地方名菜,可惜早已不再制作经营,只留下坊间的美谈和回忆。

与猪头有关的话题还有松江的俚语,如"猪头肉块块不精""猪头肉三不精",其本义是说猪头肉的口味特色,而在日常用语中,大多用于贬指某人无论是做生活,还是业余爱好,没有一门精通,都是一般般而已。再有粗俗的"阿胡卵不吃猪头肉",常用于朋友间嘲讽对方做事说话假正经、假斯文。"猪头三"是骂人语,通常指不明事理且言行出格者。这些俚语在松江本地年轻人中似乎不大流行了。

陈福康

辨近人伪造的古籍两种

中华古籍，历史悠久，汗牛充栋，世界为最。同时，我国也出现过一些伪书，时间一久，那些伪书也成了古籍。于是，学界又产生了一门辨伪学。传统的辨伪学，所辨之伪书皆为古籍，亦即至晚在清代以前已经问世之书。民国时期和共和国时期当然也出现过伪书，包括冒充外国人写的伪翻译之书等，新伪造的冒充古人所作的古籍则比较罕见。不过，也并非没有。

2013年1月23日《中华读书报》上，曾发表一篇拙文《整理古籍应有敬畏之心》。该文首先肯定国家重点立项的800巨册影印本《清代诗文集汇编》（以下简称《汇编》，上海古籍出版社2010年出版），认为是百世千秋功德无量的工作。同时，也指出了该《汇编》中存在的不少问题。如诗文别集汇编中竟混进了少许总集、合集，甚至还有民间日用类书、小学考据类书、刑律类书、笔记类书、诗话类书、判案集、尺牍集等。编者所撰清人的小传也时有错误，特别是常常考证不出生卒年。

第一四四册收有许友诗集两种：《箬茧室诗集》和《米友堂诗集》。编者写的许友小传为："初名宰，字有介，一字介寿、介眉，号瓯香，福建侯官（今闽侯）人。生卒年不详，卒年四十有余，康熙二十年（一六八一）尚在世。诸生。工诗，善书画……"并注明："参考文献：《清史列传》

卷七〇、《碑传集》卷一三八、《箬茧室诗集·附录》。"我查了《清史列传》和《碑传集》，均无许友康熙二十年（1681）尚在世的任何记载。那么，《汇编》的根据就只能是《箬茧室诗集·附录》了。《汇编》是按生年的先后来编排各个作者的诗文集的，今将许友排在钦揲（1636年生）和查容（1637年生）之间，这当然就表明了编者对许友生年的推断。

  柯愈春《清人诗文集总目提要》载，许友"现存所着稿本二种：一为《米友堂诗集》，不分卷次，福建师范大学图书馆藏。……另一种则为《许有介诗稿》，仅一卷，北京市文物局藏。……阳新石荣暲曾藏一钞本，名《箬茧室诗集》，仅诗六十六首，民国二十五年辑入《蓉城仙馆丛书》……"现在，《汇编》第一四四册所收的《米友堂诗集》，即据福建师范大学图书馆所藏（按，实际并非稿本，而是原燕京大学图书馆所藏稿本的影印本）而再影印者，而该册所收的《箬茧室诗集》，就是据"阳新石荣暲……民国二十五年辑入《蓉城仙馆丛书》"的铅印本而影印者。《汇编》的编者大概也不可能见过所谓的"石荣暲曾藏"的"钞本"，而只看到这个1936年的排印本。然而，在这个排印本附录的诸文中，其实看不到许友1681年尚在世的任何记述，而只是在该书目录后面石荣暲写的两则附记中，可看到这样的说法：

  右有介先生诗六十六首，系先生亲笔手迹，计全帙二十九页。惟原稿剥落较多，殊为欠缺。集中有《丁酉岁正月四日雪》诗，及《辛酉立春日溪园试笔》诗，先生至有清康熙中以诸生终，则丁酉为顺治十四年，辛酉为康熙二十年。以相隔二十余年之作，一时录出，应为先生自选生平佳作。是以末页署名，并盖"有介书画"章以赠友人者。卷首有"眉公"二字白文印章，或先生以之赠陈眉公者欤？ 末附《放鹤篇》四首，则由《明诗综》录出。校讫附记数语于此。丙子（一九三六）仲春，阳新石荣暲记于故部西城之西丘草堂。

再,此本收藏家,首为陈眉公,次为王文勤公。文勤公名庆云,字雁汀,闽人,道光进士,历任陕西巡抚、四川总督、兵部尚书。均有印章盖于卷末。次则为赠予之叶可庵,君亦闽人。三百年中,知者仅此数人。至入予手,则为之装潢,为之校印,竭尽吾力。若至予后,又不知归于何人,流于何地。校录之余,俯仰古今,有令人不胜唏嘘太息者矣! 荣暲又记。

石荣暲(1880—1962)原名修忠,字荩年,号靖龛,湖北阳新人。民国时历任山西兴县知事、交通部参事、财政部参事、吉(林)长(春)铁路文书课长兼附属铁路学校校长、吉(林)敦(化)铁路工程局总务科长等职。1929年起定居北平,从事文史研究。中华人民共和国成立后任中央文史研究馆馆员。石氏提到的赠书者叶可庵(据他说是其任职吉林时的同事),我没有查到他的材料。石氏在铅印本《箬茧室诗集》跋文中又言:

民国甲子年(一九二四),予宦游吉林,同事叶可庵君以许有介诗稿见赠。予受而读之,则见诗之孤旷高回,纯任自然;字则飞扬磅礴,不在黄米下。暇时一为翻阅,令人意远神怡。但有介先生之诗集,遍觅而不可得,仅于《明诗综》见其诗数首而已。……予于是仍随时访求而不已。乙亥(一九三五)秋卧病故都,复托田耀东教授求之图书馆。一日,田君告予曰"馆中有《米友堂诗集》",予闻之狂喜,因托其借出,详加披阅。计诗三百余首,为连江刘东明所藏,殆亦未全之稿本,民国辛未(一九三一)始付石印。惟刘君藏本皆先生少年作品,每多率意成章,不加修饰;不若予之藏本,博大精深,雄浑修洁也。刘君藏本既经印行,予亦拟付刊印,以广其传。刘君印本题曰《米友堂诗集》，予则题《箬茧室诗集》以别之，箬茧室亦先生书斋名也。先生由明末至今三百年矣，生平遗著始同时出现于世，殆亦有天数存其间耶！

在上引石氏的话中，已经露出不少可疑之处。例如，他自问自答，先是说"或先生以之赠陈眉公者欤"，然后在未做任何考证的情况下又径言"此本收藏家，首为陈眉公"，这就已经有点像江湖老千的口吻了，而石氏竟然不知，明代著名文人陈继儒（眉公）在明亡前就已逝世。眉公又如何能看到并"收藏"许友在清初顺康年间写的诗呢？再说，许友如有"有介书画"印章，那也必是只能用在他的书画作品上，怎么会钤在自己的诗作稿本上，并以之赠人呢？石氏称明遗民许友"至有清康熙中以诸生终"，也极不妥，因为明遗民许氏只能称为明末诸生。

说许友1681年尚在世，绝无可能。近时郑珊珊在《许友年表》（《闽江学院学报》2014年第1期）中，据许氏友人周亮工《赖古堂集》卷六《十月廿六日城阳寄冠五》诗记"许眉信（按，指凶信）已真"，和其子周在浚《周亮工年谱》对该诗的系年，考定许友卒于康熙癸卯（1663）。另外，周亮工《赖古堂集》卷一〇《哭许有介》和《哭徐存永》两首诗紧相连，上述《十月廿六日城阳寄冠五》在记"许眉信已真"的同时又写"徐生新赋鹏"，可知许氏当与徐氏同年而逝，而黄曾樾早在《读尺木堂集》所附《徐存永先生年表》（《福建师范大学学报》1957年第2期）中，即已考定徐氏逝于1663年。特别是，我看到许氏友人陈梦雷《松鹤山房诗文集》卷一七为许夫人写的《许母黄孺人传》中，有更明确的记述："癸卯夏，有介先生寝疾，孺人躬侍汤药者累月，百计问医呼吁，竟不起。"

至于许氏生年，虽尚待细考，但我看到过柯氏在《清人诗文集总目提要》著录的今存日本的《米友堂集》刻本中，有明确作于崇祯戊寅（1638）的诗多首，已足证许氏绝对不可能生于1636年以后！陈庆元《徐墇年谱简编》（广陵书社版《鳌峰集》第一二三六页）据《荆山徐氏谱》，认为徐氏生于1614年。《汇编》的编者相信了石氏的话，竟将许友的"排位"往后推迟了20多年！ 而石氏为了抬高自己所谓的藏本价值，竟称"刘君藏本皆先生少年作品，每多率意成章，不加修饰"。其实，刘东明所藏《米友堂诗集》中的不少作品，一看就知是写于明亡以后历经患难的中年，绝非"皆先生少年作品"。

  《汇编》编者只要能够稍微注意到上述的一二可疑之处，就不会那样轻信石氏刊印的《箬茧室诗集》了。这其实只是一部胡编乱造的伪书！书中所有的诗作都能找到出处：第一至第九题（有的诗一个题目有好几首），明人杨基所作；第十至第十一题，元人王逢所作；第十二题，明人林鸿所作；第十三题3首，其一、其二明人林鸿所作，其三明人浦源所作；第十四至第十六题，明人浦源所作；第十七至第十八题，元人戴良所作；第十九题，明人高启所作；第二十题3首，其一明人杨基所作，其二明人沈周所作，其三明人王鏊所作；第二十一题，元人梁寅所作；第二十二题，元明之际高逊志所作；第二十三至第二十四题，明人林鸿所作；第二十五至第二十六题，明人徐贲所作；第二十七题二首，其一明人徐贲所作，其二明人高启所作；第二十八题，明人高启所作；第二十九至第三十题，元人王逢所作。

  以上诗共30题、64首（石荣暲、柯愈春等人说有66首，不确），其后还有《放鹤篇》等4首，石氏称是他"由《明诗综》录出"，既然非属所谓《箬茧室诗集》原稿，那这里就不多说了（其实朱彝尊《明诗综》中并没有这些诗）。总之，所谓《箬茧室诗集》中的许友诗可以全部指出原作者与出处，而伪造者有意在题目或诗句中加上很多的虚缺号（□□），以冒充"原稿剥落较多"而已！伪造者还经常乱改原诗的题目和诗句，有的改动大概还是因为伪造者水平低，看不懂原作的意思而胡改的。伪造者还常常将几位前人之诗硬归于一个题下。这里就举几例：

第四题《秦淮官舍怀春》，原作题为《秦淮官舍春怀》，伪造者将"春怀"胡改为"怀春"，这样一来，竟把许友变成了少女！第七题《新柳》二首其二，原题是《春草》，伪造者不仅改题，又将原诗中的"嫩绿"改成了不通的"懒绿"。第二十一题《丁酉岁正月四日雪》二首其二，原题应是《次韵酬黎以德》，该诗开头就是"银河斜界"，明显不是冬天下雪时的夜景。第二十二题《城南小饮为松江郭彦礼赋》，原题为《城南小隐为松江郭彦礼赋》，伪造者大概不懂"小隐"为何意，硬将隐居变成了饮酒。第二十三题《冬夜与高五秀才馆林八员外》，原题为《冬夜与高五秀才馆林八员外宅》，伪造者删去一个"宅"字，就使人误以为"坐馆"（任教）。第二十五题《秋江离思图》二首其二，诗中明明有"江上衣裳冬倍冷"之句，伪造者居然仍可偷换在"秋江"的诗题下。

也许会有人问：该书稿会不会本来就是许友读前人诗的笔记，而被后人误为许友所作诗稿，因而并非有意作伪呢？但只要稍微动动脑子，就可以坚决否定这种可能性。一是凡读诗笔记，自当记下诗作者名字；二是凡读诗笔记，绝对不可能胡改前人的诗题和诗句，更不可能合并多位前人之诗作于一个题下；三是读诗笔记会"末页署名，并盖'有介书画'章以赠友人"吗？因此，可以判定《箬茧室诗集》必为蓄意而造的伪书无疑！

那么，这本东西到底是谁伪造的呢？我现在只能说，石荣暲及他提到的叶可庵，如果不是受骗上当者，那么就是可恶的欺世伪造者。所谓"阳新石荣暲曾藏一钞本"，如果真的有这个钞本的话，那么我敢确认也绝不可能像柯愈春说的"名《箬茧室诗集》"。因为石氏明明说，叶可庵赠他的是"许有介诗稿"，他在出版排印本时才取名《箬茧室诗集》的。那么，所谓"阳新石荣暲曾藏一钞本"，原名当为《许有介诗稿》，而柯氏所提到的那本"北京市文物局藏"的"仅一卷"的《许有介诗稿》，就有可能即为《箬茧室诗集》的原本。今查《中国古籍善本书目》，集部第一一四九四种即是此本"北京市文物局藏"的《许有介诗稿》。

中央文史研究馆在近年所编的历年最著名的该馆馆员之论文选集《崇文集：中央文史研究馆馆员文选》的第一编（中华书局1999年出版）中，竟然也特意选录了石荣暲的《箸茧室诗集跋》。《崇文集：中央文史研究馆馆员文选》的前言中说："值此中华人民共和国成立五十周年之际，我们从馆员的大量文史论述中选择了一部分比较优秀的学术价值较高的作品，编纂为《崇文集——中央文史研究馆馆员文选》一书，作为向国庆五十周年的献礼。"读了这些话，真正是"有令人不胜唏嘘太息者矣"（借石荣暲语）……

1998年2月，吉林人民出版社出版了一本题为《岂有此理》的书，署"（清）空空主人撰，王建忠译注，冯迪评点"。在封面上，醒目地印着这样的话："古文精译，一部体现中国知识分子独立精神的经典，作者被三代皇帝定为离经叛道，视为眼中钉，被迫逃亡数十载，真所谓忠臣贤将不入眼，贪官酷吏任横行，一部被前清多次查禁的奇书。"连书脊上也印着："知识分子独立精神的经典。"王建忠在写的《前言》中说："要考证空空主人的生平是很困难的，我们只能大致推测他出生于乾隆中期。此人文字练达、老道，绝非泛泛之辈。……甚至惹得乾隆大为光火。……嘉庆四年（公元一七九九年），八十八岁的乾隆寿终正寝，空空主人为《岂有此理》写了自序，匆匆将书印出。……全书按地支次序分为十二部分……我们未加改动，以此表示对作者的尊重。"前言最后还说此书出版得到了蔡辉、苗怀民等人的大力支持和帮助。

过了8年，2006年2月，上海文艺出版社再次出版了此书，署"空空主人著，王建忠译注，冯迪评点"。在封面上也醒目地印着："一部体现中国知识分子独立精神的奇书，作者被三代皇帝定为离经叛道，视为眼中钉，被迫逃亡数十载。"

我还查到，在这8年间，2001年内蒙古人民出版社也将这本所谓"（清）空空主人"的《岂有此理》（删去王建忠等人的译注、评点）收入铅印线装的大型丛书《中国历代禁书》第一辑第九十二卷。这部大型丛书由国学大师季羡林题写书名，各册封面都印着季羡林为学术顾问，李肇翔为主编。另外，我在中国国家图书馆·中国国家数字图书馆官网上还查到，2001年远方出版社也出版了铅印精装的共百卷大型丛书《中国古代禁书文库》，"（清）空空主人"的《岂有此理》也收在其内。

短短8年间，全国至少有4家出版社隆重出版了这本"奇书"。可惜鄙人孤陋寡闻，当时并没看过这本"经典"。直至2013年，我有幸参加了一个纪念顾炎武诞辰400周年的学术研讨会，在会上看到有好几位专家在论文中引用了这本书，才知道有此书，并得知：原先大家都说将顾炎武"有亡国，有亡天下"一段论述精简为"天下兴亡，匹夫有责"八字的是梁启超（或麦孟华），现在则不是了，而是更早在悠悠百年前的"空空主人"，出于《岂有此理》正文的第一句话！

于是，我在会后设法找来此书，阅罢深感疑惑，遂与华东师范大学教授刘寂潮兄商讨，不料他也看出这是一本伪书！因我辈长期关注有清文史，居然曾有这样一个被"三代皇帝"视为眼中钉，还"惹得乾隆大为光火"的"空空主人"，却能安然"逃亡数十载"，而且还出了书！如此奇人奇事，何以从未在史籍、笔记中看到过？再说，该书丑部题为《正义岂有此理》，亥部题为《文化岂有此理》，"正义""文化"两词这样的近代用法，在清代前期就已有了吗？怀疑之下，稍许一查，伪造的铁证就纷至沓来了。

首先，书中大量内容似曾相识，特别是一下子就发现书中大肆抄袭清人梁绍壬《两般秋雨盦随笔》。如书中子部《人死言善》，全抄自该书卷七《烈皇惨诀》；丑部《人佛之间》，抄自该书卷六《和尚破荤》；丑部《考弊》，抄自该书卷二《贺知章》；丑部《盗亦有道》，抄自该书卷一《郭婆带》；寅部《荆卿诗》，抄自该书卷三《荆轲诗》；寅部《史不可信（四）》，抄自该书卷二《书词与史笔迥异》；寅部《似与不似之间（一）》，抄自该书卷七《古今人比拟》；寅部《似与不似之间（二）》，抄自该书卷六

《相似》；卯部《达人知命》，抄自该书卷七《达语不可为训》；卯部《戒纨》，抄自该书卷五《纨绔传》；卯部《知县念佛》，抄自该书卷五《县令念佛》；卯部《好食说》，抄自该书卷一《异禀》；巳部《象棋源》，抄自该书卷一《象棋》；巳部《解经喷饭》，抄自该书卷五《讲易》；酉部《鬼诗》，抄自该书卷四《鬼诗》；戌部《伶谏》，抄自该书卷六《优剧》。以上共抄袭《两般秋雨盦随笔》达16处之多，而且大多一字不改。

　　《两般秋雨盦随笔》近年来许多出版社大量印行，故绝非僻书。查其振绮堂初刻本，书前有"道光十七年太岁在丁酉夏五月朔表弟汪适孙拜序"，汪氏在序中说："君之书成，而君之身杳矣。"可知梁绍壬未及看到成书便已谢世，而出书自当在1837年后，《岂有此理》译注者王建忠却说："嘉庆四年（公元一七九九年）……空空主人为《岂有此理》写了自序，匆匆将书印出。"请问，1799年这位"空空主人"有什么道法，竟能抄到要在38年以后才问世的《两般秋雨盦随笔》？即此一条，就可判定此书必伪无疑了！

　　这本《岂有此理》，全部内容殆九成以上已可确认是抄撮自他书者。其他我查到的，主要都是比较常见的类书和笔记，如宋代《太平广记》、明冯梦龙《智囊补》、明朱国祯《涌幢小品》、明张萱《西园闻见录》、清纪昀《阅微草堂笔记》、清戴望《颜氏学记》、清阮葵生《茶余客话》等。

　　虽然在明清笔记中，常常见到抄来抄去的现象，但像《岂有此理》这样几乎全部都是抄来的，或者说凡是内容比较重要的地方全部都是抄来的，确实还是非常罕见的。可见，此书实在没有什么意义和价值。

　　当然，为了欺骗世人，书中也有伪造者本人的东西，如一开头就编写了"亭林先生曰……""梨洲先生尝曰……"

　　更令人气愤和匪夷所思的是，这本《岂有此理》很多地方竟然还抄袭了真本《岂有此理》和《更岂有此理》二书！

　　原来，清代嘉庆年间，还真的出过一本笔记《岂有此理》。《更岂有此理》

是其续书，为同一作者所著，二者均未署名。因此，"空空主人"这个不伦不类的名字也是伪造者的拙劣之处（旧时文人喜欢自称某某主人，这"某某"或是书斋、藏书楼，或是什么宝物，总之都是实在的东西，不可能将"空空"置于"主人"之前）。两书绝不是像伪书那样"按地支次序分为十二部分"，而是都分为四卷。真本《岂有此理》书前印"草庐藏版"，自序署"嘉庆四年孟夏书"，可知自序作于1799年4月；书末跋云"屠维协洽且月戏笔书成"，乃己未六月（亦为1799年）。又见一种同版刻本，书前印"嘉庆己未孟夏新镌""绛雪草庐藏版"，书当刊于是年。《更岂有此理》之自序署"嘉庆上章　滩辠月五日书"，乃庚申（1800）十一月五日，可知后者隔一年亦完稿；书前印"嘉庆庚申五月新镌""绛雪草庐藏版"，书当刊于是年（又见同版两种重印本：一书前印"嘉庆甲戌新镌""醒目斋梓"，则刊于1814年；一书前印"道光甲申新镌"，则刊于1824年）。

伪书《岂有此理》既然抄袭了真本《岂有此理》和《更岂有此理》，该伪造者当然是看过真本的。事实上，伪书《岂有此理》的作者自序就是抄自真本，但真本序是手书上板，伪造者可能不认识其中的字，或者不知道有的地方该怎么标点，就删去了几句话（伪书中抄袭他书的地方亦时有删节，大概都是因为点断不了，于是干脆删去）。伪书中有抄来的《腊八粥》一诗："霜降牵连五九风，粥名腊八菜名冬。调和百果成佳味，有碗先盛购背翁。"注释者不懂装懂，说："购，皮肤坼烈或皱起。老年人后背的皮肤失去弹性，多坼烈和皱褶，所以称年纪大的男性老者为'购背翁'。"乃因伪造者不懂"曝背"一词（原本"曝"之"日"字旁误刻为"目"，但绝非"月"），令人啼笑皆非！

伪书中的《势嘲》《荆轲论》《咏史》《溺爱戒》《活死人说》《人身小论》《书房公赋》《钱铭》《咏钱》《画史问答》《棋谱铭》《酒说》《讨船妓檄》《青楼曲》《鬼论》《升官图》等诗文，据查核，均是从真本两书里抄来的；伪书中的整个亥部《文化岂有此理》的两篇赋和13首诗，更是全部从真本两书里抄来的。只是有大量删节或抄错的地方，而且把真本的篇目次序全部打乱了。

其实，真本《岂有此理》及《更岂有此理》，在清代也确曾遭到过一次查禁，但绝对不可能有"被三代皇帝定为离经叛道"，"甚至惹得乾隆大为光火"这种事情，因为在历代奏准禁毁书目中该二书影踪皆无。今知，在"三代皇帝"后隔了好几代的同治七年（1868），即真本《岂有此理》及《更岂有此理》出版后近70年（据考，连作者也死了约50年后），有江苏巡抚丁日昌在地方上查禁"淫词小说"，曾将此二书列入拟禁书目；翌年，苏郡乡绅余治的《得一录》在苏州得见斋刊刻出版，其中的"计毁淫书目单"中也列入了此二书。此外，在道光二十四（1844），浙江士绅张鉴呈请地方当局销毁淫书，刊有《劝毁淫书征信录》，内中也列有《岂有此理》。

然而这真是岂有此理！ 因为这两本书中主要有大量俳谐游戏俚俗之作，或一些对正统说法唱唱反调的文章等，虽夹有少数略微不洁文字（如《人身小论》），但绝非猥亵一流，最多也就是在正统文人眼里不大"正经"罢了，与"淫书"则是浑身勿搭界的！这两本书本来就不可能印数很多。道光元年（1821）刊行的《皆大欢喜》一书中，还透露了此二书的作者死后，"其家恐以口过致冥责，遂毁其板，欲购而不可得矣"。再加上当地（据考，此二书作者是苏州人）官僚、士绅这样一禁，这两本书存世就很少了。但近代以来也颇有人看到过，特别是因为1935年、1936年上海的大达图书供应社就多次铅印过《岂有此理》，如周作人、刘半农、钱玄同、郁达夫、舒芜及李梦生、宁稼雨、辛德勇等人，在文章、书信中都提到过此书。不过，他们有的只看过《岂有此理》，而不知道《更岂有此理》。

寂潮兄更查得，1947年上海有一位学者子振（殆为笔名，其人待考）根据顾禄《清嘉录》及钱国祥《三邑诸生谱》、陆懋修《长元吴三邑科第谱》、曹允源《吴县志》等书，考证出此二书的作者是苏州人周宗泰，号（或字）竹君。周氏曾在乾隆五十六年（1791）应童子试，以胡宗师科试吴县栏第十三名入学为生员。后也曾应过乡试，似未售而以诸生终老。该学者子振还指出这两本书中也不尽是周氏之作，偶亦有掇拾旧文者，如《混堂记》一文即出自郎瑛《七修类稿》。

想不到近 70 年前已有学者基本考证明白的两本书，在当今却还有人蓄意伪造，正因为此，我认为真本《岂有此理》及《更岂有此理》就更值得出版了，更不用说这两本书本身在文学、民俗学、语言学等方面都具有较大价值。

俞福星

英雄精神永放光芒

我有一本《新中国英模故事选》，着重介绍了70位中华人民共和国成立以来涌现出来的英模，涉及政治、经济、科技、军事、教育、体育、卫生等领域，无论是科技专家，还是道德模范、战斗英雄；无论是健在的，还是已故的，都是名震四海、如雷贯耳者，如李四光、林巧稚、华罗庚、钱学森、钱伟长、焦裕禄、邱少云、黄继光、雷锋、孔繁森、任长霞、邓稼先、袁隆平、屠呦呦、陈景润、王选、蒋筑英、南仁东、包起帆、景海鹏、郎平、姚明……

看着这些名字，犹如仰望碧空中璀璨的星辰，令人遐思。是啊，英雄们是怎样炼成的，他们给我们的启示是什么？

这些英模人物的事迹集中体现了中华民族勤劳智慧、不畏艰险、顽强拼搏的优秀品质与精神内涵，他们既是青少年学习的榜样，也是所有人学习的榜样。

作为50后，我觉得自小接受的教育中，不缺乏英雄主义这一课。可以说，我们是在"雄纠纠，气昂昂，跨过鸭绿江……""学习雷锋好榜样，忠于人民忠于党"的歌声中长大的，或许正因为早年头脑里植入过英模因子或者说受过爱国主义的教育，我们能正确面对挫折与困难，用一颗追求光明的心艰难跋涉，走出了阴霾之地。更值得庆幸的是，这一代人中不仅涌现出了一批学有所长、事业有成的人，而且被认为是史上最勤奋、最乐观的人。在安度幸福晚年的同时老有所为，发挥余热，比如担当志愿者、参与各种公益活动等，常常获得人们的喝彩。

"举头望明月，低头思故乡。"回首自己半个多世纪的人生旅程，我不无欣慰地发现，在英雄主义、爱国主义的熏陶下，自己从一个懵懂少年逐渐走上了追求知识、崇尚奋斗精神的道路。或许由于生性愚钝，起初进步不快，但我信奉笨鸟先飞的原则，勤恳工作，终于有了点业绩，并在组织的关心鼓励下，在不惑之年光荣地加入了中国共产党。入党后，我更是有了动力，在工作之余，努力学习文化补短板，力争上游搞教改，终于在知天命之年评上了高级职称。我业余喜爱写作，出版专著数册，退休之后又加入了上海市作家协会。从原本60年代末初中即辍学的知青，到了21世纪初成为具有大学本科学历的高级知识分子和作家，想想真有点不可思议，疑似在梦中，期间跨越的岂不是一条鸿沟？思索良久，我有点明白了，改革开放40多年，国家面貌发生了翻天覆地的变化。个人命运与时代息息相关，乘时代大潮、改革大船，为我人生的扬帆起航提供了无限的可能。

想到此，我的耳边响起了一首大家耳熟能详的歌曲《我们走在大路上》："我们走在大路上，意气风发斗志昂扬。共产党领导革命队伍，披荆斩棘奔向前方。……革命红旗迎风飘扬，中华儿女奋发图强。勤恳建设锦绣河山，誓把祖国变成天堂。……我们的道路洒满阳光，我们的歌声传四方。我们的朋友遍及全球，五洲架起友谊桥梁。……我们的道路多么宽广，我们的前程无比辉煌。……向前进，向前进，朝着胜利的方向。"

那些污蔑、诋毁、歪曲，甚至恶毒攻击英模，逆历史潮流而动的小丑，必将受到全社会正义之士的唾弃及法律的惩罚，英雄精神永放光芒。

冯韬

信的故事

好久不写信了。

我是很喜欢写信的，可以说，我会写点东西，就是从写信起步的。我把写信当成一种享受，铺开信纸，听笔尖和信笺沙沙的摩擦声，似乎在听艺人的低吟浅唱，想象着对方看信时会意的神态，真有一种如沐春风的感觉。

因此，信，伴随了我的大半生。

20世纪60年代末到70年代中叶，我由插队落户经过培训走上教师岗位。那还是文化大沙漠时期，工余饭后，百无聊赖之际，听到不少离奇的故事，有《一双绣花鞋》《梅花档案》《绿色的尸体》《第二次握手》等，有人甚至给了我一本《一双绣花鞋》的手抄本，还嘱咐我切不可外传。这份手抄本纸页破碎，字迹各异，实在无法看下去，但在当时，又确实没有什么书可看。也许是初生牛犊不怕虎，我突然萌生一个想法，设法打听一下，这故事到底是真是假。如果有可能，我把它写出来，至少把拿到的那份手抄本改得通顺可读。怎么打听，向谁打听，我想到了写信。于是，我根据《一双绣花鞋》发生的地点，给重庆市公安局写了一封信，大体内容就是询问这个故事是真是假。本来只是写写而已，没想到半个月后，重庆市公安局真的给我回信了,说那是谣传,根本没有那么回事,我也就打消了修改和写作的念头。过后不久,国家进入拨乱反正阶段,我们老师也忙起来了,上班、下班、进修、备课、上课、批改作业,还有大量的业务、政治学习。每天一到校,从办公室到课堂,又从课堂到办公室,忙忙碌碌,写信也减少了不少。

在华东师范大学中文系函授进修期间,我曾选修了一门宋词研究的课,课程结束时要交一篇论文,评论一下宋代某个词人以及他的作品。说真的,这种正儿八经的论文我还从没写过,也确实不知道论文的规范格式,怎么写呢?我想起了我喜欢写的书信,能不能用书信来完成这个作业呢?我不知道,问了许多学友,他们都表示怀疑,论文怎么能用书信体表现呢?我想到当时我看到的一些书,如歌德的书信体小说《少年维特之烦恼》、奥地利作家茨威格的《一个陌生女人的来信》,又想到以前政治学习中学到的很多书信体的政论文,如马克思和恩格斯关于《资本论》的通信,特别是想到《毛泽东选集》中《星星之火,可以燎原》一文,其实就是毛泽东写给林彪的一封信。当时,在敌人的不断"围剿"中,红军屡次失利,处境十分艰难,林彪给毛泽东写了两封信,流露出悲观情绪,怀疑"红旗究竟能打多久"。毛泽东于1930年1月初给林彪写了一封长信,批评了林彪以及党内一些同志对时局的悲观思想,信的末尾以磅礴的激情写道:"中国革命高潮快要到来,决不是如有些人所谓'有到来之可能'那样完全没有行动意义的、可望而不可即的一种空的东西。它是站在海岸遥望海中已经看得见桅杆尖头了的一只航船,它是立于高山之巅远看东方已见光芒四射喷薄欲出的一轮朝日,它是躁动于母腹中的快要成熟了的一个婴儿。"这几句话是我在讲修辞方法时,经常作为例子给学生分析的。这封信在收入《毛泽东选集》时,才改题为《星星之火,可以燎原》。我想,文学作品可以用书信体,政论文章可以用书信体,文学评论应该也可以吧。于是,我冒着可能被判不及格的风险,还是用书信体写了评周邦彦词的文章。作业交上去后，心里一直忐忑，能不能过关？虽然这种选修作业不会影响毕业，但我还是想知道个结果。机会来了，在结束进修前夕，我们到华东师范大学与一些指导老师见面，宋词研究的指导老师正好在我们这个小组，我忐忑地问："我曾经用书信体写过一篇评周邦彦词的文章，您有印象吗？"没想到他惊讶地说："哦，那篇用书信来评周邦彦词的文章就是你写的啊，虽然评得不够深刻，但形式新颖，我有印象，很不错。"我心中一块巨石落了地。

那天在让学生背诵陆游的《游山西村》，我听着听着感觉有些不对劲，好几个学生最后都背成"zhù 杖无时夜叩门"，我连忙为他们纠正："应该是'zhǔ 杖无时夜叩门'，'提手旁'，第三声……"一个学生不声不响地塞过一本语文书，我一看，傻眼了，语文书上印的确实是"柱杖无时夜叩门"，"木"字旁，第四声，应该读zhù。怎么回事？我马上想到这会不会是古汉语中的通假字，教材要通过这个字让学生认识古汉字通假的现象？但查遍了我手头和学校图书馆里所有的古汉语资料，都没有说"柱"和"拄"可以通假。我又查遍了有关陆游这首诗的所有资料，都是"拄杖无时夜叩门"。怎么向学生解释？如果考到这个句子，让学生写"柱"还是"拄"？于是我又想到了写信，连忙写了一封信给当时的教材编写组，提出了我的困惑。回信终于在等待中来了，教材编写组承认这是印刷的错误，应该是"拄"而不是"柱"，我赶紧向学生做了说明。

20世纪80年代末，我的几个初中毕业后参加幼师定向培训的女学生学习期满，满怀憧憬地想成为幼儿教师，可是正遇上当时体制改革，当初负责办理她们定向培训手续的干部调离了，而后来接管的干部只是推脱，说不清楚这件事的始末，将她们弃之一边，迟迟不解决她们的就业问题。我得知后，多次向有关部门写信反映这个问题，这几个女孩终于进入了幼儿教师队伍……

其实，我能坚定地在农村当一名初中语文老师，信也是其中的动力之一。那是我下乡没多长时间,有一次回家,与邻居的几个孩子闲聊,一个中学生说起了这么一件事:他们班里有个孩子,爸爸在常熟的一家漆厂工作,他妈妈要他给爸爸写封信,让他爸爸回家时带两只漆桶回来挑水用。妈妈原本想,孩子好歹上了中学,写封信应该没有问题(当时可没有手机、电话什么的),没想到孩子在房间里憋了两个小时,白纸上只写了六个字:"爸爸,两只七桶。"孩子将"油漆"的"漆"字写成了"七月"的"七"字。那学生把它当作笑话来讲,说真的,我当时也是大笑了一番,但笑过以后,心里有点沉甸甸:一个中学生,连信都不会写,这样下去,怎么得了?这样的学生长大后怎么在社会上立足,又怎么服务社会?所以我产生了一个念头:如果我能当老师,一定好好教我的学生。后来,在上海师范学院学习期间,我把这封信的故事说给我的指导老师张斌教授听。张斌教授说,记住这封信,对你以后的工作有好处。是的,直到现在,这封信一直萦绕在我的脑际,成了我做好语文教学工作的一个特殊动力。

  为了让学生也掌握写信这一基本功,我好几年的寒暑假都布置一个特殊的假期作业:在假期里写一封信,通过邮局寄出。为了便于检查,我要求学生把信寄到我家。放假前,我对如何写信、如何写信封专门做了指导。收到他们的信以后,我根据信中内容,有的当即回信,有的开学后直接与他们面谈。

  不少学生由此学会了写信,逐步养成了写信的习惯。毕业后,学生们还与我保持着通信联系,有的学生还把我的回信一直保留到现在。有一个学生,中考受挫,没有考上理想的学校,我得知后,立即写信给她,鼓励她面对生活,接受挑战,把坏事变成好事,一直坚持到她高中毕业。后来,这一届学生搞30年毕业纪念活动,她还拿出我当时给她写的信,而这样的学生不止一个……

  渐渐地,工作深入了,我对初中语文教学就有了些感受,少年时养成的写作习惯不断萌动，除了写信以外，我更想写点东西充实自己的生活。我把写好的东西寄出去，都附上一封信。稿件一次次石沉大海，我一次次投寄，每次都忘不了附上一封信。

俗话说："精诚所至，金石为开。"我的第一篇文章终于在上海《中学生知识报》（上海《中学生报》的前身）登载出来了，这是我收集整理的初中语文教材中文言课文文体格式的介绍，才500字出头，事实上还算不上文章，但这确实极大地鼓舞了我。此后，我和学生的文章，源源不断地寄出去，当然都附有一封封简短而真诚的信。渐渐地，我和学生的文章发表得越来越多。

现在，我文章还在写，信却越写越少了，因为现在投稿根本不用邮寄，只要通过电子邮箱甚至微信就可以发送。由于电子设备、通信工具的普及，与亲友联系，拨几个号码就能实现，还可以视频通话，因此一般人都不写信了，但我还是会想起写信时的温馨，在投稿的时候，还是像以前写信那样附上几句话，只是也已经非常简略了。

有时我会想，如果在几十年、几百年抑或几千年前，电话就发明了、普及了，我们还会读到李白的"思君若汶水，浩荡寄南征"吗？因为这首诗的标题是《沙丘城下寄杜甫》，实际上是李白写给杜甫诗化了的一封信；我们还会读到白居易那首有100韵、1000字的《代书诗一百韵寄微之》吗？因为那是白居易在苏州刺史任上，写给好友越州刺史元稹（字微之）的；我们还会读到苏轼的"明月几时有，把酒问青天"这首传唱千古的杰作吗？因为这也是苏轼在中秋之夜写给弟弟苏辙的；我们还会读到鲁迅和许广平的《两地书》吗？还会读到洋溢着浓浓父爱，对孩子进行音乐、美术、哲学、历史、文学乃至健康等全方位教育的《傅雷家书》吗？如果那时有了电话，这一切可能都不存在了，而没有那一篇篇诗化了的书信，没有挚友之间生死以之的情谊和亲友之间魂牵梦萦的思念，没有华夏历史上一幅幅流韵久远的文化景观，那中国的文学将是多么乏味啊！……

人们似乎都在为新型的电子设备、通信工具而欢呼,有谁想过这种欢呼背后的代价呢?新型的电子设备、通信工具确实方便快捷,可失去了情调,失去了韵味,失去了等待,失去了期盼,失去了憧憬,失去了焦灼,甚至失去了由此而引起的误解,以及消除误解后的狂喜,这是社会的进步呢,还是……

吕六一

隔代亲

毛豆是我们的外孙女，她跟父母生活在北京，今年 8 岁，读小学三年级。寒暑假我们会去北京陪她，"五一""十一"她会跟父母来上海度假。人们都说隔代亲，是的，我们跟毛豆可黏着呢。

那是她刚会看图画书的时候，我想她了，给她画了一封信。信的第一行是一节毛豆，跟着是翘着大拇指的手，表示毛豆你好。换一行是个熊猫收纳箱，那是小区门口回收旧衣物的小屋，提醒她不要忘了上海的生活。接着是小区的雕塑广场、学校的跑道，是我们散步游戏之处。再是两头迎面站着的绞着鼻子的大象，是西郊公园的门口。有一艘轮船，表示浦江夜游。当然少不了迪士尼的城堡，是女孩的梦境……这些都是我们快乐生活的标志。毛豆收到信破天荒跟我们打了一个多小时的视频电话，言语里处处是有趣的细节，脸庞上神采飞扬。要知道父母规定她每天只能使用半个小时的手机。

毛豆从小就喜欢缠着我讲故事，并且要用画笔画出意思。记得我们讲雪地里狼追鹿惊动熊的故事，就画了这些动物的脚印。从一张纸的边上开始，狼的脚印离鹿越来越近，鹿危险了。狼和鹿的脚印越来越稀，追击的速度加快了。狼的脚印没了，它跳到了鹿的背上。狼的脚印又有了，鹿勇敢地甩掉了狼。又出现了熊的脚印，冬眠的熊被惊动了……最终脚印去了三个方向。这是我执笔与毛豆确定共同创作的图画，这幕情景深深地镌刻在了我们的记忆之中。

去年因为新冠疫情，毛豆在家上网课，我们就留在北京，有了更多共同生活的经历。那天书橱里翻到一本法国科幻作家儒勒·凡尔纳的《太阳系遇险记》，这是我小时候迷恋的读物。我试着给毛豆读，她饶有兴趣：彗星加利亚碰撞地球，把地中海的边缘刮走了，上了彗星的上尉萨尔瓦达克、教授伊萨特、财迷伊萨克等人物的为人做事激起毛豆丰富的联想；彗星的运转变化，让毛豆知道了许多出乎意料而又合情合理的科学现象。每天我们读一点谈一点，互相提问，不断认同，大约一个月啃掉了这本书，我惊叹毛豆记忆人名的本领和愿意用单词评点人物性格的准确性与积极性。

毛豆不愿服输。小时候她经常会拿着书考我们：这幅图上有个钱包在哪里，那幅图上最有趣的是什么。现在她乐于考一些脑筋急转弯的内容，我们答对了，她会翘起大拇指说不错；讲错了，她会更快乐地说，外公您的小脑筋不行了吧！接着就爽快地把答案和推理的过程说出来。原来如此，我们都笑了，那真是快乐的笑声。

我们外出旅游往往会给毛豆寄上一张明信片，那也是很快乐的事情。

今年10月，一天毛豆放学回来，我问她今天老师讲的最让你开心的一句话是什么？她响亮地说："下课。"我愣了一下："那么昨天呢？"她高兴地说："同学再见。""那么前天呢？"她夸张地接口就答："今天没有回家作业。"毛豆在学校里是非常认真的，她还是中队的纪律委员，但这样回答似乎有看轻学习的意思，背后应该有原因。我试探着问毛豆："上课的内容你都懂了吗？"她说都懂的。"所以你感觉轻松？""对的。"毛豆一脸得意。小孩的话是率真的，这让我舒了一口气。

其实我也讲不出太多的故事，好在毛豆并不挑剔，她在创造一种氛围。

她会说外公那么您讲讲插队落户的故事吧，讲讲明义的故事吧，那是插队时一个跛脚小孩与我的友谊的故事。她其实已经听熟了，此时我若讲错一丁点儿，她会旁若无人地大笑起来："哈哈，不是的。"

　　毛豆就是这样，和我们在一起，没有年龄差别，没有隔阂，随时都是轻松和欢乐的。那天放学我们接她，她排在队伍里目不斜视一脸严肃，跟老师道了再见，转过身马上笑逐颜开跑过来拉住我的手："外公，走，那里有一棵柿子树，柿子红了。"我接过毛豆的书包，跟上她的步伐，向校园的一侧跑去。

斧凿咚咚

斧凿敲击，咚咚作响，绵绵密密，不绝于耳，那么你可能走近了一个船厂，一个当时修木船的船厂。江南水乡，离不了船，千百年来，木船是水乡交通运输的主要工具，于是催生了一种职业——修船。夏天最热的时候，把木船拔上岸，修船工凿去朽烂的船板，填入新板。在木板拼缝中凿进麻丝、桐油、石灰。整个船身再抹上几遍桐油，待到干透，将船推落水中，可以几年无虞。

当年松江泖港公社新建大队的塘口船厂，修的不是一般的木船，而是载重100多吨的海舢舨，就是现在也能见到的机帆船，用于海中捕鱼。在工厂解体前，塘口船厂还独立建造了两艘机帆船，创造了当时的一个奇迹。那时农业学大寨，以粮为纲，但发展各项副业，提高经济收入，促进社会繁荣的种子，从来也没有在人们心中湮灭。新建大队位于米市渡南岸，历来有劳动力季节性外出去金山海滩修船的传统。20世纪60年代，大队把这些劳动力组织起来，利用贴着黄浦江的有利条件，挖了个河湾，开了船厂，专修大船。

修船是件辛苦单调的活儿，大的就三项分工：锯木板，打油灰，嵌船缝。那时从米市渡摆渡到塘口，下了渡船，就能看到西侧泥场上粗大的木头倾斜着支棱在三脚架上。一人坐地，一人站在木头上，上下拉动大锯。锯齿声咝咝入耳，绵绵不绝，一拉就是一个多小时。休息了，下面的那一位往往一身木屑，脸都看不见。打油灰是把破麻袋、生石灰、桐油按比率放进石臼，打成充分混和的面团状，以供嵌缝。也有只打桐油、石灰的，麻丝由灰工直接凿进船缝，船缝的大小深浅不同，油灰的选择也不同。修船的主要工作就是嵌船缝。一艘机帆船20多米长，最高处4米左右，要很多木板组成船壳。船拔上来离了水，风吹日晒，原来的油灰干裂松动，几乎所有的缝都要重新挖开嵌灰。那么多灰工围着大船，一斧头、一凿子不停地敲打，船身震荡，声音洪亮。灰工还有一个艰苦之处。那时条件差，因为船大，搭不了棚。露天操作，背阴处还好，太阳直射的地方，可能会有一小块篷布，但遮不到时，只能干忍着，甚至晒上一天。修船工作就是两只手不停地用力，所以修船工的手臂粗壮，手掌巨大、厚实、粗糙，其程度大概只有铁匠可比。

有人可能会担心，海里风高浪急，机帆船左右摇摆、上下颠簸，出不得半点儿差错，一个大队船厂，如此手工操作，能保证船的质量吗？是的，船厂的信誉来自质量，而修船的质量主要是嵌缝水平。塘口船厂存在的10多年，业务量一直满满的，场上常常保持两艘大船同时维修，可见有信誉口碑。当时的修船工八弟说，嵌灰是良心活，事后无法检查，但用人是有标准的。船厂招的都是熟练工，看他锤打的架势，斧凿的角度，敲击的声响、频率，走线的进度，就知道他的工作习惯和态度，3天下来就可以决定这个人的去留。厂里的工人也都知道：一斧一凿，关系着自己的信誉、大家的饭碗、工厂的生命、渔工的安危，责任重大，不敢有丝毫的懈怠疏忽。平时，船厂的顺达、顺德师傅还会不时转到你身后，看你一个点上凿了几把，用力如何，随时指点提醒，所以修船质量不成问题。

船厂开创之初，完全是手工劳动。稍后有钱买桐油、石灰了，打灰的工作量减轻些。再后来拔船有了卷扬机，用不着临时到生产队叫上很多人来帮助拔船了。再后来买了一台龙门锯，锯板的工人解放了。20世纪70年代初，船厂信心满满，在公社的大力支持下，为公社渔业队成功打造了两艘机帆船。造船最关键的工作是放样，这根大梁由顺达挑着。顺达文化不高，不用纸笔，平时言语不多，说话有分量，行内能压阵脚。顺达的父亲也是修船工，他善于琢磨，积累了丰富的经验。他能在地上划拉一会儿，用墨斗在木板上弹出不同折角的线条，修出不同的弧线，工人锯下拼成船壳，一定严丝合缝。工人们说，有顺达在，工厂放心，我们安心。八弟说，当时不敢讨教，现在估计没人能说出个子丑寅卯了。两艘船下水那天，塘口彩旗飘飘，锣鼓喧天，好一番庆祝。

20世纪70年代中期，水泥船、铁壳船、钢板船日益增多，并且黄浦江防汛要求越来越严，船厂河湾必须填埋。塘口船厂完成历史使命，工人们返回生产队，顺德被聘到公社船厂，顺达被聘到松江船厂。

榛子

闲读偶遇范先生

我来松江也晚,对此地的历史缺乏了解。即便是老松江人皆知的"三文敏",我也是近年才听到的,却并没有就此探究一番。少年时看小人书,常常把《水浒传》和《三国演义》的武将混为一谈,对古人旧事不敏感,缺少大局观,但松江的人文资源,又实在过于丰厚,有些人,有些事,你不去了解,它偏要撞进你的耳鼓里,其中就有一个范志超先生。

有个朋友拜访过晚年的范先生,好像她住在谷阳南路的一幢公房里,无子女,有病痛。她已经回归为普通人,铅华洗尽,晚年寂寥。后来由于文字工作的需要,我读到了有关范志超先生的词条。一个人的一生,浓缩在几百个字里,你只能看到大关节目,看到她命运的几个转折。她是进步的、革命的,有能力,很漂亮,从松江走向了更大的世界。斯人已去,年轻的生命所焕发的鲜活和美丽,后生晚辈总是无缘得见,即使做成影视剧,也难免走样。

很多年以后的今天,我也靠读闲书打发日子了。文字是不朽的,但终归要有人读,没有人读的文字,除去"朽"还有什么呢?读什么样的书,在书里你将遇到谁,也有一个缘分吧。

张郎郎是著名画家、国徽设计者之一张仃先生的公子,他年少无知乱讲话，吃了多年的牢饭，差一点获死罪。改革开放后成为中央美术学院教师，又做了国外大学的访问学者和驻校作家。我读得津津有味的，是他的《大雅宝旧事》。大雅宝胡同旧称大哑巴胡同，其甲2号是中央美术学院的家属区，那是名人荟萃之地，张仃、彦涵、黄永玉、李可染……他们的故事如此精彩，我感慨人的命运这般迥异，然而在上苍的安排中，又逃不脱殊途同归。

读闲书总是期待一分意外的，果然，在文字的光阴里，范先生生动地走了出来。

张郎郎笔下的范先生："很重的上海口音，非常爱干净，衣着相当讲究，经常是深色西装套服，黑丝袜，每天还化浓妆，画口红。""她家里就是自己一个人，有人说，她名叫范志超，人们还是叫她范先生，省事。""听说司徒雷登请她吃过饭，有人说不对，是她在美国留学的时候，和杜鲁门的太太一起吃过饭。"小孩子之间的传闻，大多免不了戏剧性。范先生当时在中央美术学院主持图书馆。张郎郎一干顽劣少年，跑到图书馆淘气，对范先生说，我们来看小人书，也来看看你。没有子女的范先生显然被感动了。男小顽们呼啸而去，她却在后面叫住他们，满面笑容地说："你们有心来看我，就是我的客人，走，我们一起去小卖部。"范先生给他们每人点了一块泡芙蛋糕，还笑着问，好吃吗？她真是慷慨大方，且挟有江湖义气。

那是50年代前期，是难得的共处时期。很快，范先生就搬出了甲2号。男小顽们也讲义气，帮她搬东西，并且叫她有空回来看看。"她眼圈都红了，轻声说好的，一定。"谁也不知她为何而搬，搬到哪里。"她不会失信，肯定是有更重要的原因，就那样失踪了。"

范先生的命运，确实带有神秘色彩。

再一次偶遇范先生，是在胡山源先生《文坛管窥》里的《朱季恂》一章中。"在我所教的女学生中，有一个叫范志超。据另一个女生作文中的反映，那时朱季恂也在景贤女中教书，因患肺病，每天起得很早，在天井里做健身活动。而范志超也有肺病，也起得很早，在同一地点从事身体的锻炼。因为他们'同病相怜'，接近而亲密，后来结成了伴侣。柳亚子文章中所称的'超弟'，我以为就是范志超。"其实朱季恂不仅教书，他也是景贤女中的出资人之一。时年朱35岁，范17岁，故事应该热烈而浪漫，胡先生却写得含蓄。朱先生是英年早逝的松江名人，百度可查，不赘述。我在书中遇到的两个范先生，一个生龙活虎，另一个年轻而生病，又还未找到革命道路，不过从婚姻看起点不低，但是且慢，拜访过范先生的朋友说，胡先生见到的可能是误传，朱、范二人并未结成伴侣。

　　文字是不朽的，但终归要有人读，有人读便不朽了。读书而遇故人，那种感觉很奇妙，难以言说。就像你在世界到处旅行，满目陌生，突然有人对你说，看，这是你的邻居。你惊讶地啊呀一声："原来你也在这里。"

邢砚斐

松江画坛陈氏三兄弟

张大千在《黄山画景》中评论莲花峰飞龙松时说："此松繁枝密叶，非顾瑟如、陈载东辈不易为之。"民国时称"近世之赵孟頫"的赵叔孺（1874—1945）也曾说："画蔬果能气味醇古，似而不俗，于宋元来，写生家中别创一格者，允推郎世宁、陈载东二氏。"能与顾瑟如、郎世宁二位相提并论的画家陈载东（约1694—1745），名枚，字殿抡，号载东，晚年又号枝窝头陀，松江人，家住黑鱼弄。

陈载东之兄陈桐，字筠亭，号石生，工草虫花鸟，点染如生。在京城很受名臣公卿的欢迎。康熙年间，陈桐带陈载东北上京城，想让陈载东拜宫廷画院待诏陈善为师。陈载东欲自成一家，因此口头答应，不见前往。他在京城闭门不出，焚膏继晷，"凡宋元人名画极意临摹，兼精山水人物翎毛，经历寒暑，始取其墨付装裱家"。陈善在装裱店见到陈载东画卷，惊出意外，细问之下得知是陈桐之弟。

陈善连忙赶到陈载东寓所相见，并成莫逆之交。陈善将陈载东引荐入宫，供奉内廷。1726年，官拜内务府员外郎，恩赉优渥，赐予骈蕃，自此名声益振，艺林荣之。

《娄县志》记载："陈枚画初学宋人，折中唐解元寅，参以西洋法，能于寸纸尺缣图群山万壑，以显微镜照之，峰峦林木，屋宇桥梁，往来人物，色色俱备。其用笔之妙与巨幅同。"陈载东作画所用的笔极细，长久以后，导致两目大伤，遂请假归家。居住在松江清河桥之左（今西司弄处），焚香煮茗，仍以笔墨自娱。陈载东晚年曾购庐于杭州西溪，1745年病逝故乡。

集清宫书画收藏之精华编撰而成的《石渠宝笈》卷二十三，著录陈载东《耕织图》一册，被列为上等。图册为素绢本着色画，共46幅，1—23幅为耕图，24—46幅为织图。每幅上方由康熙御笔题句，册前副页有乾隆亲笔题写的序，落款为"乾隆四年四月十六日"。《耕织图》贮于重华宫。另有《山川呈瑞图》一轴，藏于静园宜。此外，《石渠宝笈》还著录陈载东与他人合画的《寿意图》8册、94幅（其中《群仙献寿》为陈载东所绘）；1737年合画《清明上河图》一卷；1740年合画《庆丰图》一册；1744年合画《丹台春晓图》一卷。

陈载东之弟陈桓，《娄县志》曰："一名诗桓，字岱门，性狷介，工诗嗜酒，兼好禅说，画则规橅倪、吴，以天趣胜。"陈桓自号石鹤，颇工诗画，画如其兄，多技能而不修边幅，因此声誉并不彰著。郡人沈大成《陈石鹤诗集》序谓："石鹤吟弄之余，亦善山水，间作小笔，大幅脱手即为人取去，与诗并称于吴中。"称其："画难画之画以诗凑成，吟难吟之诗以画补足。天不能穷其诗，更不能穷其画也。"陈桓不善理财，兄长过世分家后，日益穷困。"衣如悬鹑，耸两肩行吟风雪中，市人或匿笑之，而石鹤左右顾自若也。"陈桓丧偶后，携其子居无定处，委栖黑鱼弄内，后转入西门外宋家桥西塊湛然庵（约位于今松江阔街卫生院处）。在庵中"与客谈诗画，间为人作画，得钱即沽酒以饮，父子或忍饥竟日而终不肯乞贷于人"。陈桓卧处与庵僧仅一板之隔，某夜庵僧听得其挑灯作画，中宵放笔有声。第二天早晨，只见陈桓偃然在床，无疾而终。

陈桓著有《六香庵诗稿》。姜兆翀所编《松江诗钞》卷三十九，选录陈桓诗10首。其中《白牡丹》诗曰:"真色人间不易逢,宛然玉立殿春风。心中富贵生来淡,眼底繁华看去空。雨毂时光云琐碎,养花天气月玲珑。大年写遍江南景,粉本何曾有此工。"

可燃

大美新疆让我陶醉

2021年6月末至7月上旬我到新疆旅行了16天，有了对大美新疆身临其境的切身体会。

新疆美轮美奂的景点使我陶醉，如融地质文化、地域特色、民族风情为一体的可可托海；喀纳斯湖汹涌的激流与寒冷；赛里木湖碧波荡漾的蓝色湖水；巴音布鲁克自由翱翔的各类飞鸟、一望无际的绿色草原、风光旖旎的九曲十八湾；雄浑壮阔、苍凉野性之美的帕米尔高原；犹如巨龙腾跃山顶的盘龙古道；飞沙走石的沙尘暴；穿越皱褶如凝固浪涛的塔克拉玛干大沙漠；雅丹地貌魔鬼城；引人入胜的独库公路；依山傍水的图瓦村落；吐鲁番坎儿井；天山天池等，让我刻骨铭心，难以忘怀。

南疆看风俗，北疆看风景。我们这次先从上海到乌鲁木齐，再奔新疆最东北部的阿勒泰，然后从阿勒泰往南，穿越天山到达新疆西南的帕米尔高原，经喀什回乌鲁木齐。在新疆开车14天，行程7000多公里，平均一天行500多公里。

独库公路是给我留下最深印象的公路，真的是一路风景一路行。独库公路是从独山子到库车，纵贯天山南北，全长531公里。我们从那拉提匝道进入独库公路，即在山沟的公路上行驶，路两旁都是几百米的高山，山上是郁郁葱葱的云杉林，仰望山顶，一片绿色，和蓝色的天空浑然一体。汽车沿着盘山公路一圈又一圈地开上了山顶，山上云雾缭绕，汽车仿佛在云中穿梭。山上和山下的温差很大，山顶只有 3 摄氏度，体感很冷，我不顾寒冷，把这难得一见的美景拍了下来。汽车翻过山顶，眼前是蓝天白云、参天大树，身后是云雾袅袅、白云飘飘。

　　大美新疆，不枉此行。

独库公路风景

从那拉提到巴音布鲁克只有 80 多公里，我们的车开了两个多小时，因为路上的风景实在是太美了，山间是奔流的河水，山坡上是平缓的草场，牛羊马在草地上吃草。绿色的草原上激情盛开着黄色的花儿，山谷中弥漫着野花的芳香，高耸入云的山峰上长年驻留着寒气逼人的白雪。牧羊人把羊群用石头和木栅栏圈起来，在毡房里点燃柴火，袅袅炊烟缓缓升腾……这种高原牧歌一路总会不经意间闯入我们的眼帘，让思绪充满诗情画意。

巴音布鲁克是中国最美的湿地之一，由大小珠勒图斯两个高位山间盆地和山区丘林草场组成。这里雪峰环抱，地势跌宕，水草丰美，景色诱人。巴音布鲁克主要有两个景点：一个是天鹅湖，可以近距离观赏天鹅；一个是九曲十八湾，据说黄昏时分的九曲十八湾有世界上最美丽的日落。夏日的 7 月，这里也会举行一年一度的那达慕盛会。

天鹅湖是亚洲最大、全国第一的天鹅自然保护区。有众多相互串联的小湖组成大面积沼泽地。春暖花开之时，上万只天鹅成群结队地飞到巴音布鲁克栖息繁衍。当冬季来临时，它们就会向南迁徙，但我们这次去只看到了黑嘴鸥。

到了巴音布鲁克，草原是那么美，湖水是那么静，雪山是那么银亮，人与鸟和谐相处,草原以它的慷慨,哺育了这么多的生灵。

继续在独库公路上行驶,有的路段是高山峻岭,汽车180度原地调头盘旋行驶;有的路段是悬崖峭壁,人不敢往峡谷中看;有的路段是在大峡谷中,长满茂盛的云杉树,人们贪婪地呼吸林中含有高负氧离子的空气;有的路段一马平川,两边的绿色草地上是成群的羊儿,让你目不暇接。走过天山,进入南疆,公路两边是红褐色的山脉,没有绿草和树木。由独库公路到达南疆的库车县,这里气温达31摄氏度,真的是一条路走过了春夏秋冬四季。

徐亚斌

仙鹤在我头顶盘旋

此生有幸，能与仙鹤有过亲密接触。

前年秋天，我如愿去了一次东北的扎龙，那里是我国丹顶鹤人工驯养基地。回沪后的第二天，我又驱车去了黄海之滨的盐城，这里是丹顶鹤越冬繁殖基地。

早就听说扎龙有"鹤乡"的美誉，去过以后感受更为深切，这个称谓是名副其实的。据导游介绍，目前，扎龙有鹤类6种，而本已濒危的丹顶鹤，全球现存不足2000只，在扎龙就有340多只，占全球总数的17%。

在扎龙湖边徜徉，犹如置身一幅优美的自然风景画中。向远处眺望，满眼绿色，各色蒿草在微风的吹拂下，随意摇曳，并有阵阵香气扑鼻而来。收回视线，但见扎龙湖碧水涟涟，波光粼粼，芦苇丛丛。透过清碧的湖水，只见成群的鱼虾来回游荡……

突然，湖边匝道、扎龙广场上的数千游客一齐欢呼起来，人们高举着手机，更有些扛着长枪短炮者，瞬间四散开来，寻找最佳的位置。原来，放鹤的时间到了，随着悠扬的音乐响起，数百只仙鹤竞相走出鹤舍，各自寻找喜欢的去处。有的在湖面上来回漂游，间或探下身子，吞食一两条小鱼、一两只小虾，或者把嘴探入淤泥，亦能搜寻到小蚌、蛤蜊一饱口福。

湖边匝道是早满员了,我只好在广场上找个地方站定,手里举着手机,等待机会的到来。那鹤也实在太善解人意了,居然有几只摇摆着肥硕的身躯朝我走来,并在我的身边停下,温顺地朝我点点头、扬扬脖,还很夸张地扑腾着双翅。它们是想邀我合影吗?我当然不会错过,马上拿起手机,赶紧抓拍了一张人鹤同框的快照……

规定放飞的时间大概到了,正在播放的音乐突然终止,随即又变换了一种旋律,几乎在同时,那些刚才还在和游客亲密互动的仙鹤们,瞬间竟齐刷刷地腾空飞起,它们没有马上飞离,而是在低空悠悠地盘旋,似乎一伸手就能触碰到。有两只在我的头顶上方不停地转圈。我认出来了,就是刚才在广场上和我互动的那两只。我被仙鹤的善解人意感动了,手里举着手机,却忘了拍照,只是一个劲地向这些可爱的精灵们挥手致意。

离开了鹤群,我在扎龙广场上随意走着,广场北端有一个纪念馆,纪念馆前矗立着一尊塑像。看过介绍,我在塑像前站了很久。塑像的主人公叫徐秀娟。正是她,17岁那年中断学业,随父亲来到扎龙,承担起了丹顶鹤的驯养工作。经过几年摸索,终于成为我国第一位丹顶鹤人工驯养的女专家。也是她,在自己的事业风生水起之时,毅然听从国家召唤,不远千里,来到了一片沼泽地的盐城黄海滩涂,创建了我国第一个国家级丹顶鹤越冬人工繁殖基地。

正是在盐城,这位把鹤看得重于生命的姑娘,为了抢救因迷路而身陷沼泽的一只幼鹤,自己不幸被沼泽吞没,献出了年轻的生命,她的人生终点被定格在1987年9月16日——那年她才23岁……

从扎龙回沪后的第二天,我就独自驱车500公里,直奔盐城丹顶鹤自然保护区而去,然时令深秋,除了少量几只丹顶鹤外,大批的丹顶鹤尚未南归,保护区内不免有点冷清。我独自在栈桥上走着,一边听着《一个真实的故事》,一边想象着这位女英雄身陷沼泽的情景。此时,我的眼前似乎幻化出80多年前,在川西北那片沼泽地上艰难行走,不断有人被沼泽淹没，却又义无反顾，勇敢前行的那支队伍的身影……

走下栈桥，我沿一条小路信步走着，不觉来到了自然保护区管理处所在地。首先进入我视线的是楼前的那尊白色雕像，雕像的主体是一位女子用她的双手抚摸丹顶鹤。不用细看就可以断定，那一定是徐秀娟的形象。我在雕像前默然伫立，深鞠一躬，也又一次举起了手机。

不知是我的到来惊动了它们，还是怕我有什么过分之举，一时间，所有的仙鹤竟都聚集了过来。它们照例在我的头顶盘旋，只是多了一分警惕乃至敌意。此时，附近的地埋式音响又开始播放《一个真实的故事》，如泣如诉的旋律在四周弥漫开来。我再次在雕像前站定，说来也奇怪，这些精灵似乎明白了什么，它们的眼神顿时变得温柔了起来……

黄忠杰

行走者生命主题的寻觅

伴随着《松江文化五千年》《寻觅松江》《松江文脉》《松江文化记忆》一本本著作的出版，我终于行走完了这30多公里的九峰三泖之路，也走了一条生命的特殊历程，虽然很累，但达到了自己发掘松江5000年灿烂文化的目标。

这些文化学著作，不仅把现代松江人带进了辽远的审美境界而流连忘返，领略了众多的名胜古迹、千年古道、古城名镇、寺庙残壁、历史文化遗存，让人感叹松江人文生态和远古松江人的造化之工，更为重要的是，我以现代人的目光对这些历史文化遗存、千年古道、古城名镇所积淀的厚重地域文化及远古松江人的人格精神的审视和发掘，特别是我以个体生命去感悟其中层累凝结的生命内核，给人以文化的反思和生命的反省。

松江历史文化似乎是一条急流浩荡、充斥周际、孕育着喧嚣生命的江河，远古时代前来九峰三泖的众多文学家、历史学家、书法家、画家、诗人、学者及智士仁人只是这江河中的行走者、漂泊者。历代松江的一批批行走者、漂泊者虽然最终都免不了随浪花逝去，但志向高远的他们总是以整个生命实现对松江历史文化的雕刻和播扬，在历史文化的内核中留下了永远冲刷不掉的生命痕迹。不息的江河虽送走了无数的个体生命，却积淀了无数厚实的精魂。这些历史文化精魂又化为江河中的一朵朵永恒的闪光浪花，显现着江河的文化品格，昭示着松江地域文化和人格精神的丰厚底蕴。正因那些一代代行走者、漂泊者留下的无数痕迹，才使得九峰三泖、名胜古迹、千年古道、古城名镇、寺庙残壁、历史文化遗存超越了造化，在松江历史的江河中拥有了自己的文化品格，成为生命超时空的传递，成为一代代松江人追本溯源返照自身的生命坐标。松江大地上的九峰三泖、名胜古迹、千年古道、古城名镇、寺庙残壁、历史文化遗存的真正不朽价值正是其苍然秀色后面积淀着深厚的历史文化结晶，从而使后来的行走者、漂泊者领悟到一些生命、自然及社会的真谛。我正是以一个执着探索的行走者身份而不是以一个纵情山水的游客身份穿越了这文化的条条经纬，以个体生命去贴近自然景观、文化生态，去感悟那苍凉悲怆、灿烂精彩后面层累的生命召唤，不仅为读者展示了松江地域历史文化诸多领域的丰厚底蕴，而且把读者的目光吸引到了松江历史长河中一个又一个的行走者、漂泊者身上，启发读者去体味他们超越时空的灵魂呼喊和生命律动。这些年，我一遍遍地行走在九峰三泖之路上，执意寻求那些行走者、漂泊者的生命主题，在苦涩的旅程中，用个体生命去感悟人生。

  作为第一个行走九峰三泖之路全程的文化人，我对远古的那些行走者、漂泊者生命主题的寻求，着眼于对他们生命本体意识的执着追求。他们无意于功名利禄，也无修齐治平之志，只是将生命本体自然地呈现，展示自己的才华，为松江文化增光添彩。我深深地感受到远古的精神追求者对历史文化的那种潜在伟力，是躁动于寂寞文化背景中百折不回的生命之流，充盈于松江天地间的生命律动。他们的生命便在超时空的境界中得到了无限的延长，这怎能不使我的心灵受到强烈的震动！更令我感慨的是，他们生命本体意识的张扬竟呈现得如此明朗和坦然，九峰三泖间回荡着他们不绝如缕的召唤。正是这种不可抗拒的生命召唤，使我重新认识了自己生命本体的回归。

　　寻求生命的主题可以说是贯穿了我行走过程的始终，因而这几本文化学专著有了深沉博大的气象和意蕴，从而超越了我之前所写游记散文的狭小格局，这不能不说是我散文创作上的一个突破。

徐天安

"识花君"与夹竹桃

以前,遇到不懂的问题只能去翻书查资料或是请教他人。自从进入网络时代,有了百度网站,遇到疑问便可随时去问度娘了,可是遇到不知名的花草怎样才能去识别和了解呢?

一天,我和家乡来的好友徐小兵夫妇一起在黄浦外滩游玩时,因逛得累了,便坐在外滩一处花坛前的木凳上休息。忽然一阵清香袭来,我们都很好奇,是什么花这么香呢?

经四处观察,发现原来是身后花坛里一种不知名的小白花散发出来的香气。恰好徐小兵是爱养花之人,他家里长期养着不少花卉,自然也识得很多花。可天底下的花谁能识得尽呢!这种花他也不认识。

但他说,现在有一种小程序叫"识花君",只要对着花拍照便可识别各种花。只见他当即掏出手机,找到这种小程序开始识别起来,一会儿手机上便显示出"尖山橙"的字样,并附有尖山橙属于夹竹桃科植物之类等详细说明。

我不禁从内心惊叹:"生活在当今这个科技时代真方便!"同时,也让我想起自己曾经与夹竹桃有关的往事,于是,我情不自禁地和小兵谈起了前几年认识夹竹桃的那段经历。

  2015年冬，我刚来上海，那时我家还没买房。在我们租住的那栋楼底下的草地上有好几丛绿色大灌木，开着桃红色的花，树高约3米。刚开始我并不认识它，远看还以为是杨梅树。

  早上起床后，我便来到这树底下运动并做深呼吸。这花虽然香味不浓，但凑近花朵，还是能闻到一股淡淡的花香，心想能有这样一块地方晨练真好。后来，我发现小区内的河边和其他草地上也有这种植物。

  我是个好奇心很强的人，凡事总想弄个明白，因此很想知道这种植物的名字，但我问了很多人都说不知道。一次，我在小区内散步经过一座石桥时，看到桥头的道路两旁也有这种树，而且枝繁叶茂，碧绿色的树叶里开着不少淡红色的花朵，有些枝条还一直伸到了桥栏杆之内，像是在给路人送花。

  我随手摘下一朵放到鼻子上去闻，这时，恰好一位老先生从这桥上经过，他告诉我，这花有毒不能闻。我连忙向他询问这种植物的名字，没想到他也不知道，只知这树有毒。

  我当时感到很奇怪，既然这树有毒，那为什么人们要将它栽在小区内呢？想到百度去查资料，可是不知道这植物的名称怎么查？我只得将这个疑问搁在心底。

  一次，我去上海豫园游玩，恰好在园内见到了同样的树，并且发现树下有一块牌子，上面清清楚楚地写着"夹竹桃"三个字，才算是知道了这树的尊姓大名。于是我很快便在百度查到有关它的资料，谁知这一查，不仅让我认识了它的"庐山真面目"，而且也令我大吃一惊！

  夹竹桃，别名哑巴花、夹叶桃。因其叶形状像柳叶，故又名柳叶红。属常绿大灌木。花有单瓣、重瓣，花色多变化，以桃红色和乳白色两种为主。花期几乎全年，以夏秋两季最盛。全株有毒，如果燃烧它的枝叶，烟雾也含有毒性。

  它的乳汁是白色的，含有剧毒，如食用会致人死亡，属十大剧毒植物之一，但它不会放出毒气，如果喜欢攀折的人嗅到了乳汁，会有轻微中毒的感觉，只要不食用则不会有任何不良反应。

夹竹桃原产于地中海沿岸，因为吸尘能力特别强，树叶常青，且花有芳香，对绿化和美化环境有很好的作用，所以被大量栽种在道路两旁。如果你留心观察就会发现，在公路旁边和公园内随处可见，不少小区内也有。

听完我说的这件事后，小兵也讲了他曾经在一家我国台湾人开的公司打工时听到的故事。他说，在台湾曾经发生过两起因夹竹桃中毒的事故。

有一位农民在山上干活，因离家较远，中午妻子送饭给他吃，可是忘了带筷子，到了吃饭时，他便从身边的灌木丛中随便折来两截小枝条当筷子用。没想到，饭后不久，喉咙突然疼痛难忍，呼吸困难，于是妻子陪同他赶紧上医院，原来他折来当筷子用的就是夹竹桃的枝条，所幸抢救及时保住了一条命。

另一件事发生在一家养猪场。一天，该养猪场的一位员工挑着一担潲水去喂猪，因潲水太稀走路时不断往桶外流淌，他便随手在路边折了两截夹竹桃的枝叶放在潲水面上，防止潲水往外流。没想到吃了这些潲水的十几头猪全部中毒死了。听了这两个故事，我惊出一身冷汗。

值得庆幸的是，我当初并没有乱折夹竹桃的枝条来玩弄，说不定中毒了还不知道是何缘故呢！天底下的万物都有它的两面性，对于任何事物，我们只有对它充分了解后，才能更好地利用它，尤其是不要随意去伤害它们。

现在，我不仅安装了"识花君"的小程序，还安装了"识鸟家"。受此事启发，我还在手机上查找到一种"拍照识物"的小软件。无论什么花草树木、鸟兽虫鱼、瓜果蔬菜皆能识别，真是太方便了！

我承认自己是一个永不知足而又异想天开的人，近两天我在想，假如有一个"识鸟音"的小程序就好了，我们就能听懂所有的鸟儿在说什么。

我相信随着科技的发展与进步，将来人类一定会破译鸟语的密码。

蒋近朱

秋染醉白池

秋日午后,阳光柔媚,陪母亲醉白池踏秋赏菊。"今年菊展比去年好。"母亲赞叹道。去年重阳节陪母亲来赏菊,可能略晚,一众菊仙似青春已逝营养不良,花瓣不再水灵,花朵也不够饱满。今年暖秋,重阳早已过,秋菊花正盛,桥上、湖中、道旁,群芳争艳,秋风过处,清香袭人。

小路弯弯,陪母亲慢走细看。路旁花团锦簇,金黄、亮黄、嫩黄、紫红、鲜红、粉红、酱紫、淡紫、纯白、奶白,还有浅绿、绿白相间……一堆堆,一簇簇,朵朵鲜花以盈盈笑脸颔首迎客,随微微秋风扭腰起舞。想起古人咏菊诗句,黄巢的"冲天香阵透长安,满城尽带黄金甲",白居易的"耐寒唯有东篱菊,金粟初开晓更清""满园花菊郁金黄,中有孤丛色似霜",李清照的"不如随分尊前醉,莫负东篱菊蕊黄",晏几道的"黄菊开时伤聚散"……大诗人笔下的秋菊,大多为金黄,偶有白色。也有写到红菊的,如宋代诗人蔡戡的《红菊》:"为爱东篱九日黄,孤标正色占秋光。如何却被胭脂污,也学人间时世妆。"明代丘浚的《咏菊》:"浅红淡白间深黄,簇簇新妆阵阵香。"现今的菊花,色彩更丰品种愈多,琳琅满目五色斑斓,令人目不暇接。

菊之美,人爱之,游客自四方来,络绎不绝。阿姨妈妈喜欢老姐妹结伴游，一身花衣几条丝巾，各种搭配变换姿势队形，争相与秋菊姑娘媲美，看她们旁若无人嬉笑欢乐，如同重回少女时代。池边廊下，三五老伯摆开小桌板，自带茶壶水杯，闲坐半日品茗聊天。身背专业器材的摄影发烧友，则以超常的耐心细心专注，选择角度等待时机，不厌其烦精益求精，只为拍出满意的作品。一中年男子在一池残荷边静默无声蹲守多时，静候光线最佳之际才频频按下快门。一年轻美女随身携带水瓶，选中拍摄对象喷洒人造雨露，以求拍出的鲜花含羞带露水灵鲜嫩。

　　在那一池残荷边，我也徘徊良久感触万千。曾几何时，她们是朱自清先生笔下"亭亭的舞女的裙""刚出浴的美人"，而今繁华落尽风姿不再，枯茎败叶风中微颤，可就在一片枯黄中，仍有零星绿叶昂首挺立，宣示着倔强与不甘。我久久不忍离去，心中那根敏感的弦被轻轻拨动。我来来回回寻找最佳角度轻轻按下快门，想尽力拍出眼前这一片残败美的独特风韵。晚上选图发朋友圈，自认为"一池残荷"当为首选：茎叶枯残风骨犹存，外加池水倒映蓝天白云，还有池边金菊镶色相衬。果不其然，这幅残荷图，颇受关注好评。巧的是，一学生也在朋友圈晒残荷图并附感言："可就这枯瘦清冷之美，却是生生将枯败，蜕换成了风骨，别样的韵味和美丽。是啊，生命尽头也是可以呈现美和精致的，与哀伤无关。"学生所言，亦吾心声，可见师生有缘，心意相通。

　　秋染醉白池，似神奇画笔轻轻划过，秋色秋景惹人沉醉。今日之秋，不再是李清照笔下的"凄凄惨惨戚戚""满地黄花堆积"，而如我学生所言，与哀伤无关。

陆良

徐教授的故乡情

安徽某高校教授、生物学家徐亚君先生已在3年前驾鹤西行了。徐亚君先生是松江人，1931年1月出生在松江跨塘桥南塊廿四图陆家。因姑父姑母不育，在他3岁时收养其为儿子。徐亚君先生原名陆培时，在王子彝老师处读书时改为现名（其姑父姓徐）。徐亚君先生1956年从华东师范大学毕业后被分配到安徽从事教育和生物研究工作，在生物学教学、科研和科普教育方面成绩卓著，可以说是生物学界的一个奇才。徐亚君先生先后获安徽省优秀教师、全国高校实验室系统先进个人等荣誉称号，1988年9月被授予有突出贡献的中青年科学技术管理专家称号，是首批国务院政府特殊津贴获得者，安徽省第七、八两届人大代表，他把自己的一生都奉献给了教育和生物科学研究。

徐亚君先生感情丰富，文学功底扎实，是一个多才多艺的人，而且能文能武。年轻时爱好体育，在华东师范大学读书期间，于1954年创下上海市男子跳远6.49米的最高纪录，曾入选过上海市田径队。他虽然长年在外，但始终对故乡松江有着很深的感情。多年前，我在《松江报》上读到了徐亚君先生写的《廿四图漫忆》《老街遗韵》等文章。他的文章情真意切，字里行间充满了对故乡松江的怀念和深情。因为我家在20世纪60

年代以前就住在廿四图，我也是在廿四图出生的。后来我家搬到仓桥滩，再后来在跨塘桥老街住了几十年。所以我对廿四图、对跨塘桥和老街有着深厚的感情，也正因为如此，我读了徐亚君先生的有关跨塘桥、老街及廿四图等内容的文章倍感亲切和感动，有着比别人不一样的体会。

从徐亚君先生的文章中得知，他虽然大学毕业后长期在安徽工作和生活，但他对故乡松江一直怀着深深的感情，成为他远离故土的心灵慰藉。松江是他永远深爱的故土，徐亚君先生的浓浓乡愁发散在他的散文中。不管他离开故乡有多少年，离开故乡有多远，也无论他身处逆境还是头顶光环，故乡是他永远割舍不下的牵挂。故乡松江的跨塘桥和老街永远是他无尽的思念。岁月悠悠，徐亚君先生的出生地廿四图虽然早已湮灭了，但故乡一直在他的心里，在他的记忆里，尤其是那座古老的石桥，每次他回到松江总要去跨塘桥上看一看、走一走。他在《情系跨塘桥》一文中说，每次返松，他总要到跨塘桥上去看一看、走一走，数一数桥南31级、桥北27级的桥阶。说起来惭愧，我这个在跨塘桥老街生活了几十年，也走了几十年跨塘桥的松江人，却从不留意过跨塘桥有多少级。可见徐亚君先生虽然大学毕业后长期工作和生活在安徽，但他对故乡松江的感情确实是很深的。他退休后，应当时松江区史志办领导的邀约，怀着对故乡的一片深情，不辞辛劳，为故乡松江编写了两本书，一本是《云间动物古今谈》，另一本是《松江鲈鱼漫思曲》。这两本书，填补了松江在这方面史料上的空白。这是他对家乡的回报，也圆了他这个离开家乡几十年游子的家乡梦。徐亚君先生知识渊博，文思敏捷，文笔优美，作为一个研究生物的专家，不但在专业上著作颇丰，散文也写得很好。

徐亚君先生发表在《松江报》上的文章我都认真读过，而且是把他的文章剪下来贴起来，闲暇时细细品味。几年前，侯建萍老师送给我一本她写的《代有才人》的书，其中在一篇介绍徐亚君先生的文章《大山里的印痕：记科学家徐亚君》中说到读过他的一本名为《蹄痕》的散文随笔集，可惜当时我无缘一读。没想到，机缘巧合，今年我无意中从别人处觅得这本《蹄痕》，扉页上还有徐亚君先生在2004年秋将这本书送给他人时的签名，很是珍贵。翻开书一看，其中好多篇散文都是写故乡松江的往事，写故乡的旧景，如第一篇是《情系跨塘桥》，第二篇是《故乡的潮水》，第三篇是《童趣》，充满了对故乡的一片深情。

徐亚君先生虽然已逝，但他对故乡的一片深情将永存。

何伟康

内史第前话定律

七一前夕，趁着入梅后难得见晴的间隙，我来到了浦东川沙新镇寻访黄炎培故居。

黄炎培（1878.10.1—1965.12.21），号楚南，字任之，中国近代杰出的民主主义战士、忠诚的爱国主义者、著名的政治活动家、卓越的教育家，是中国民主同盟和中国民主建国会的主要创建人和领导人。重温党史，方知黄公是上海人，颇感愧怍，我萌发了前去瞻仰的念想。

坐落在新川路上的黄炎培故居，道路逼仄，绿树成荫，车水马龙，人流熙攘。不远处一栋粉墙黛瓦的石库门旧宅，其门楣的砖雕上标着三个鎏金大字"内史第"，遒劲洒脱。走进黑漆铜环的雕花仪门，故居前后有三进，可谓名人辈出。内史第原是黄炎培的姑祖父沈树镛的住宅。第一进沿街的厢房曾是中国宋氏家族宋耀如、倪桂珍夫妇的租房，宋庆龄、宋子文、宋美龄相继在此诞生。"新文化旗手"胡适幼年时也在此居住过。穿过二道门便是黄炎培故居，青砖铺地，朱红落地门窗，客厅门前有尊黑色大理石底座的黄炎培先生半身像，雕像上方匾额有陈云题字："黄炎培故居。"步入立本堂正面悬挂的是一幅中堂国色天香牡丹图，两侧有黄公自撰的对联："天地有正气，园林无俗情。"抚摸着楼梯拾级而上，走马楼陈列室成长摇篮里记载,黄炎培早年失去双亲,在祖辈呵护下成长,幼年时在外祖父开办的私塾内读经,在内史第生活近20年,从临时售货员、私塾先生、南洋公学求学,到开办川沙小学堂、创设开群女学、加入同盟会等,对他的成长有巨大影响。缓步走进黄炎培诞生的房间,只见室内摆设简陋,处处呈现的是浓郁书香之气和儒雅之风,尤其是黄公手书的一幅座右铭:"理必求真,事必求是,言必守信,行必踏实。"正是他一生的写照。

下楼后移步有处与内史第建筑显得十分不协调的拱券窑洞,两旁挂满了一串串玉米、大蒜、辣椒,在我百思不得其解时,窑洞里电子荧屏上正好播放毛泽东同黄炎培对话的镜头,想必就是党史所记载的"窑洞对"了。此刻我驻足窑洞前,仿佛耳边响起黄河的怒吼,眼前飘过往日的硝烟。

黄炎培35岁时离开内史第前往南京等地。1945年抗日战争胜利前夕,应毛泽东邀请前往延安考察。毛泽东问及黄炎培的考察感想,他看到边区的兴旺,想到以后的中国,便披肝沥胆地提出:"我生六十多年,耳闻的不说,所亲眼看到的,真所谓'其兴也浡焉','其亡也忽焉'。一人、一家、一团体、一地方,乃至一国,不少单位都没有能够跳出这周期率的支配力……一部历史,'政怠宦成'的也有,'人亡政息'的也有,'求荣取辱'的也有。总之,没有能跳出这个周期率。中共诸君从过去到现在,我略略了解了的。就是希望找出一条新路,来跳出这个周期率的支配。"

毛泽东听后答:"我们已经找到新路,我们能跳出这周期率。这条新路,就是民主。只有让人民来监督政府,政府才不敢松懈;只有人人起来负责,才不会人亡政息。"

这段谈话后来被人们传为著名的"窑洞对"!毛泽东为使政权永葆活力,心心念念于"不做李自成",提出进京赶考,保持"两个务必"。中国共产党一直坚持不懈努力地跳出周期率,摸索出了走中国特色社会主义的道路,人民当家作主是社会主义民主政治的本质和核心,并提出我们党过去先进不等于现在先进,现在先进不等于将来先进,要始终筑牢执政为民的基石。

离开故居时，我站在内史第天井内，仰望那一抹蓝天和雕花仪门上"德厚春秋"四个字，想起我们党的奋斗历程，有过迷茫，有过挫折，一次次碰壁，一次次觉醒，一次次实践，一次次突破。这是因为我们党始终坚持人民利益高于一切，紧紧依靠人民，所以能永远立于不败之地，实现中华民族的伟大复兴，佐证了："民惟邦本，本固邦宁。"

历史的结论，人民的选择。令我钦佩的是黄炎培作为一位民主爱国人士，洞悉古今，一身正气，救国救民，有如此胆识，道破了这个周期率。从此，"窑洞对"可以与诸葛亮传扬千古的"隆中对"相媲美。随着时间的推移，他的定律愈显警世亘古，流芳百世；他的形象愈益雄峻挺拔，高山仰止。

对历史的缅怀，也是对世人的警醒。黄炎培不朽！

俞富章

农家的灶头

与几个朋友去一农家乐聚餐，席间，朋友们议论纷纷，称赞农家菜味道十分正宗，很能勾起对往事的回忆；有朋友说，土灶烧土菜，味道就是不一般。

这倒让我想到了农家灶头。其实，说农家灶头为土灶，大概说的是乡土的土；认真起来，这土灶还真的不土！

小时候，我家就在农村，我家就有一只灶头。

在我的记忆中，我家的几间房屋，就灶头间里的灶头上是有图画有文字的，图画与文字都是直接画或写在灶壁上的，且还是彩色的，而家里别的房间仅有一张印刷好的领袖像，是用图钉钉在墙上的。如果图画与文字是文化的表现形式的话，那么灶头是我家最有文化的地方了。

当年，我家是一只两眼的灶头。灶台上有三台镬口，两大一小。灶壁分左右两部分，左边部分上下三层，右边是连接烟囱的。左边上下三层是灶洞，是存放装着油盐酱醋和其他调料的瓶瓶罐罐的，灶壁上分别画有龙凤、鲤鱼等，右侧的灶壁也有空格，空格壁上画的是灶王爷；灶王爷是单间，表明他在整座灶头上具有突出地位。灶台下的灶身周围画着南瓜、麦子等。在灶门边上写着"火烛小心"四个大字。

灶头上的图画与文字，体现了三个方面的内容：一是神教方面的，灶头上画灶王爷，表达的正是农民对天神的顶礼与敬畏之心。二是农民生活追求方面的，如龙凤、五谷、鲢鱼、蝙蝠等，体现了农民特有的理想追求与生活情趣。三是用火安全方面的。我见过有人家把"小心用火"的"火"字写得变形而夸张，触目惊心，极具警示意味；灶头间是用火重地，农家把用火安全摆在了十分重要的位置。灶头上的图画与文字，实际上就是一种灶头文化。这种文化，既是对传统文化的传承，又是对乡土文化的表达，是一种典型的民间民俗艺术表现形式。

灶头画里，留给我印象最深刻的自然是灶王爷画像。平日里，看到灶王爷画像，除了有些神秘感之外，倒没有感觉他有多少威严，然而到了腊月二十三，那就十分正式严肃了。那一天，既是小年夜，又是灶王日。灶王爷是玉皇大帝派到人间专门负责管理各家饮食烟火的神仙。每到灶王日来临之前的一天，每家都会将画着灶王爷的那一格腾空，然后将画像擦拭干净，有的人家还会用新的色彩再描绘一新，最后还要摆上水果糕点，尤其是要用糖水抹到灶王爷的嘴上。听父母说，灶王日那天，灶王爷要去玉皇大帝那里述职，给他吃点糖水，就是让他多说人间好话。在农家，灶王爷是当作家庭的保护神来供着的。在我的心里，灶王爷是所有听说过的神仙中距离我们最近的一位神仙。

农家的灶头，一般由三个部分组成：一是灶身，二是灶墙，三是烟囱。灶头都是用砖块砌成的。现在想来，这灶头的结构也是很巧妙的，灶身的大小、灶台的高矮、镬口的多少，都是恰到好处。镬子一般一大一小两只，小的煮饭熬粥，大的炒菜蒸菜；镬盖顶也有讲究，盖顶都是木制品，小镬盖平盖，大镬盖是四周有一排裙边的高腰盖，正好能放蒸笼，蒸鱼蒸糕蒸饭瓜，能蒸之食皆可，非常实用。烟囱不仅可以通风排烟，而且从屋外看烟囱冒烟，就是一道风景，炊烟袅袅升起，既富有诗情画意，更是亲切温暖的人间烟火！灶头，作为一种建筑物，也是一种文化，凝结着久远历史及世代相传的民间智慧。

  农家灶头还有一个重要价值，就是可以变废为宝。农作物收获了果实之后，会留下大量的干柴枯枝，如稻柴、麦柴、棉花萁、蚕豆萁、油菜萁和各种藤蔓，这些生产过程中出现的废弃物，正是灶头最好的燃料。灶头就像一座加工厂，那些废弃物经过灶头的燃烧，不仅煮熟了农家的食物，而且化成了柴灰，农民再将柴灰撒到田里，成为肥料。农家灶头利用农作物废弃物做燃料，既做到了物尽其用，也解决了废弃物的去处，那是最节能环保的一种方式。

  我最喜欢在冬季里跑到灶头间帮父母添柴烧火，冬季天气寒冷，灶门里燃烧着的柴火，把灶后的空间熏得非常温暖，坐在灶后的小矮凳上，浑身暖和。饭煮好时，利用灶膛内未灭的柴灰，埋入一两只山芋，等到火灭灰凉，把山芋取出来，就是一只香喷喷的烤山芋了，吹去沾在山芋皮上的灰，咬一口，甜在嘴里，热到心里。那感觉，真的是一个美啊……

李宗贤

痛失感觉

　　大学时代读到陈村的《我曾经在这里生活》，内心曾无限惆怅。陈村伤感的笔调搅动起我相似的情怀。那是一种淡淡的忧伤的情怀，源于一系列生活感觉连根拔起似的失去。其实那时我们的生活环境和生活方式依然沿袭着几千年的传统，乡村依然那么炊烟袅袅，街市依然那么灯火阑珊，乡音依然那么亲切温馨，远方依然那么山水欸乃。痛失感觉在传统生活中往往因时间的流逝而引起，现在则更多源于我们生活环境和生活方式日新月异的巨变。

　　人活着是活在感觉里的，我们谈说活着的种种际遇就是在谈说那些曾经的种种感觉。如果剥离了爱恨情仇、喜怒哀乐、酸甜苦辣诸般感觉，我们的活着就无法具体谈说，我们的生命就好像并不存在。人的生命是一个过程，这个过程点点滴滴都会消解在我们或隐或现的感觉里。凭着记忆我们可以重新回到生命中的这个点位或那个点位，再度沉浸于曾经的感觉，再度体验生命在过去时空里的真实存在。

　　我们依赖记忆不断找回感觉是因为我们对生命无比留恋。即使我们在生命的许多点位上曾经的感觉是痛苦忧伤，但回忆起来这样的感觉竟也时常让人怀恋。普希金的不朽诗句，过去的一切都会成为亲切的怀恋。我们是在留恋生命，虽然我们为了某种神圣的感觉会义无反顾贡献生命。这并不矛盾。我们倾心的人和倾心的事业总占据着比我们生命更为重要的位置，贡献生命这时候就是热爱生命的特殊表现。实质上，我们是想在倾心的人和倾心的事业上让生命永存。

时光匆匆流逝，生命落叶飘零般无可挽回地衰朽，我们沉浸在往日的感觉中就是想在生命的那些令人无限留恋的点位上多一些停留。感觉存在的话，人总会是活在这感觉里的。但人生全部的过程终结的时候，我们的感觉也无可挽留会彻底失去，感觉的彻底消失大约会像电源切断时显像管中央一小粒光点骤亮一下之后消失于黑暗和寂灭之中那样。感觉的彻底消失不是我所说的痛失感觉。生理上和医学上的原因造成难以找回和修复的感觉丢失和破损，比如失忆症和痴呆症，也不是我这里所说的痛失感觉。

痛失感觉是说我们拥有知觉能力，但无法再度体验曾经的感觉，因为我们赖以再度感觉的那些重要介质不幸丢失或改变了特征。我们的感觉来自特定的生活，来自衣食住行的每一个细节。这些细节可靠地储存着我们曾经的感觉。重游故地、拜访故人、珍藏旧物等行为告诉我们，感觉不是抽象的存在，它总是依附于具体的物质和具体的人物。具体的物质和具体的人物曾经构成我们生成感觉的特定生活环境、生活方式以及生活语言。生活环境、生活方式以及生活语言这些重要介质不幸丢失或改变，毫无疑问会导致我们感觉的丢失或缺损，使我们对以往生命历程无法体验和回味，使我们的感觉飘忽不定无法落地。这种情形就是痛失感觉。

《采薇》里"昔我往矣，杨柳依依；今我来思，雨雪霏霏"是痛失感觉的经典表达。贺知章阔别故乡50多年后回故里，儿童相见不相识，贺知章准定是因为痛失感觉而老泪纵横；母亲不在了，老舍和哥哥姐姐们都好像失去了根一般地痛失感觉。流逝的时间带走了很多无法复制的东西，痛失感觉几乎是每一个人都要承受的痛苦。农舍前的一条泥泞小路、村口的一棵虬枝屈曲的老树、河边吱呀作响的老水车、正穿越着桥洞的轮船汽笛声、河塘高岸纤道上的凉亭、都市里小作坊般的店肆，以及村落般的里弄院落，这些有农业文明特征的物质形态眨眼之间就已成群结伴失踪一样消失于我们当下的生活，我们并非离开了故里，却像是被空降似的生活在变得十分陌生了的环境。

辟路架桥起高楼，基础建设迅速刷新我们的生活环境，不需要时间的足够流逝我们已痛失感觉。我曾多年生活在充满歌谣的弄堂里，生活在充满诗意的雨巷里。在城市改造中，布满青苔和砖缝的弄堂和雨巷纷纷消失，骤然消失的还有打着油纸伞的丁香般的姑娘和砖缝里筑巢的蜜蜂，我再也无法坐在亭子间里感受鲁迅，走在雨巷里体验戴望舒，我不能不痛失感觉。

有什么能留住我们的生活感觉呢？一张照片或一段录像吗？那也只能让我们聊以慰藉。我们失去了墙面斑驳的老宅，失去了长满青苔的砖路，以及柴门，以及瓜棚，以及陶渊明屋前的柳树，我们对以往生命留恋却找不到路径返回。我无法掩饰痛失感觉的心情，这是时间容器里无数送往迎来时情感交接中一场又一场的凝重送别。

陆云

叶大鹰在松江致青春

2022年8月12日，由叶大鹰担任编剧和导演、我国首部媒体人"扒粪"资本市场黑幕的电影《永不妥协》于全国上映，8月10日影片在沪举行提前观影会。《永不妥协》主要讲述了朱丹饰演的《新岛周刊》主编余丽顶住各方压力，与黑恶势力斗智斗勇的故事。在片中，余丽不仅自身遭到绑架，家人及工作团队也身处危险之中。她的助手马华初入职场，被资本色诱，临阵倒戈。尤勇智饰演余丽所在报社的社长王明光，凭借精湛演技与饰演反派角色帝斯国际董事长的海一天飙戏，将一起资本造假案精彩还原，展现出面对社会黑暗面时，作为"扒粪者"的媒体人的决心与社会责任感。影片花费6年时间筹备、拍摄、剪辑、修改，描述了身处险境的记者如何在刀锋上游走。影片昭示于人，在正义和司法面前，金融界绝不是法外之地，"我们终于打赢了，尽管赢得那么艰难"，但看完电影的你会知道，"斗争依然没有结束"。被现场问及跨界制作这样一部媒体行业主题电影所遇到的困难时，叶大鹰坦言："从2016年开始写第一稿，至今6年，经历了方方面面的困难，电影从立项，到准备，到拍摄，到后期，再到现在即将与观众正式见面，这一路遇到很多困难，但这部作品若能给予观众一些有益的思考，给中国电影市场注入新的思路，还是很值得的。"

许多观众都知道叶大鹰是著名的影视剧导演、叶挺将军的长孙，但是可能并不知道叶大鹰曾经在他的青葱年代，与父母、妹妹全家四口人在松江生活、学习、工作了10年之久，在松江留下了许多青春的足迹和回忆。他跟我说："我最美好的10年是在松江度过的。"叶大鹰现在每年都来松江，与他的发小和同学们聚会。

恍恍惚惚的少年时光

1958年，叶大鹰在长春出生。这一年，距祖父叶挺与他的夫人李秀文和大女儿叶扬眉、幼子阿九，以及担任中共重要领导职务的博古、王若飞、邓发等人因飞机失事遇难已经过去了12年。1959年，他全家从长春迁到北京，母亲安琪是八一电影制片厂的著名演员。在大多数人的印象中，我国的春晚始于1983年。事实上，我国第一个真正意义上的春晚，是1956年中央新闻纪录电影制片厂录制的《春节大联欢》。当时还没有主持人的概念，用报告员或报幕员相称。1956年春晚的报告员共两人，男报告员是《平原游击队》中扮演李向阳的当红演员郭振清，女报告员就是叶大鹰的母亲。

10岁以前，叶大鹰就生活在八一电影制片厂的大院里。他说："我认识的大人们都是拍电影的，于是就觉得好像这个世界上的人都和电影有关系，电影不是个神秘的东西。"

1969年，在他小学四年级时，国家为了建设上海最早的航天基地，从北京安排一批航天科技人员迁到松江。叶大鹰全家迁到了上海郊区松江黄浦江上游的一个小岛上。与他父母一样，从北京全家迁来松江的，还有许多航天工程师。叶大鹰在作为航天专家的父亲叶正明工作的某航天研究所附近的城西公社农村小学上四年级。生性活泼好动的叶大鹰随遇而安，很快入乡随俗。读书之余，他和小伙伴们摸鱼、养狗、打麻雀、赶鸭子、看农村露天电影……玩得不亦乐乎。从此，电影不再和叶大鹰有什么特殊关系了，唯一有的就是每当坐在小板凳上看电影，看到八一电影制片厂那个闪闪发光的五角星在片头闪烁的时候，他就会有点激动。他到上海时正是"文化大革命"时期，父亲作为走资派被批斗，母亲则成了航天研究院的一名仓库保管员。他亲眼看见有人把大字报贴在父亲叶正明身上。1971年，小学毕业的叶大鹰，按当时的惯例就近入学，被划入离家最近的松江三中读书。说近其实也不近，他所在的航天研究院家属院与学校有好几公里路。那时的交通工具也就是两条腿，上学和放学回家，全凭谑称的"11路"赶路。他的班主任是语文老师章绍岩。跟叶大鹰聊起，他还记得章老师上起课来"激情澎湃，像五四热血青年"。叶大鹰还清晰地记得在松江三中读书时参加学校组织的劳动时，与隔壁班级的一个同学发生了肢体冲突。去年他跟发小和同学们聚会，说最好把这个同学找来聚一聚，"相逢一笑泯恩仇"。

　　由于家庭受冲击引来的动荡，叶大鹰平均两年转一次学。频繁转学的结果是，不仅不少同学不愿意、不敢和他这个走资派的孩子玩，而且有人还经常欺负他。于是，他开始反抗。"我要保护好自己和妹妹不被欺负，于是我就成了'坏孩子'，每天得跟那些'好孩子'打架。那时我打架特有招，先把对方为首的放倒。一架打下来，好长时间都没人跟我打了。"他打架看似都事出有因。有一次，他在回家的路上听见有人喊"打倒叶正明"，而且还挥拳冲着叶大鹰喊，他就急了，与喊口号的人打架。打完架后发现父亲就在不远处，站在写着很大的"打倒叶正明"的标语旁边，每个字比叶大鹰个头还大好多。叶大鹰就朝父亲那边走过去，走到面前时父亲说，你真不懂事！当时他觉得特别委屈。"我觉得每天在马路中央爸爸的名字上面走过，就像从爸爸的身体上走过一样。"

　　"文化大革命"时期，学校把一些特殊的孩子集中放在一个班，叫可教育好子女学习班，一些表现不好的，以及家里有问题的，每天都到那里去听课。即便是这样的学习班，也让叶大鹰觉得这是自己一生当中最快乐的时光。叶大鹰在松江三中读了两年后，转至松江二中继续学业。那时候，学业并不很重。叶大鹰在完成学业之余，积极参加体育锻炼，成绩颇为突出，经常代表学校出去参加比赛。身材颀长、长相英俊的叶大鹰，是比赛场上一道亮丽的风景线。

1974年，16岁的叶大鹰告别了学生时代，进工厂当了工人。两年后，他进入上海新新机器厂技工学校学习钳工。这一年，父亲叶正明被解放了。"文化大革命"结束后，父母带着妹妹叶小燕调回了北京，叶大鹰因为已经分配了正式工作，只能一个人留在上海。1977年恢复高考，叶大鹰一下子担心起前途来，此前他从来没有想过要去考大学。

然而，命运就在这个时候拐了个弯。

与电影相遇

"我妈在电影学院当老师，回北京后她给一个朋友家里寄招生简章，让我去转交。我拿出来一看——哎哟，电影学院导演系——不考外语，不考数理化。我一想，这事儿靠谱，那不正对我合适嘛。咱们就奔这条道试试看吧。"

叶大鹰去考北京电影学院，复试时被淘汰下来。"但能混到复试，给我带来巨大的信心。你想想，一个什么都不会的家伙，什么都没学过，居然混到了复试，这说明自己能干这行啊！"1979年，叶大鹰去考西部电影集团演员培训班。考试题目中有诗朗诵，他选了祖父叶挺在上饶集中营关押时写的诗——《囚歌》。叶大鹰顺利考入西部电影集团演员培训班，学习表演。一年以后，叶大鹰却发现自己根本不适合当演员。于是，叶大鹰给自己定下了当导演的目标。在做了一部半戏的场记后，叶大鹰考入北京电影学院导演进修班，两年后毕业。

拒绝不了的红色情结

叶大鹰曾与王朔一起写过剧本《顽主》《一半是海水，一半是火焰》，执导过《红樱桃》《红色恋人》等广受好评的影片，还在徐静蕾的电影《我和爸爸》中，扮演过爸爸一角。几十年的电影生涯，叶大鹰获得了很多荣誉。故事片《红樱桃》获1996年中国电影"金鸡奖"最佳故事片奖、最佳录音奖，大众电影"百花奖"最佳故事片奖，1995年"华表奖"优秀故事片奖。1998年，故事片《红色恋人》获"金鸡奖"最佳剪辑奖，第22届开罗国际电影节"金字塔银奖"、最佳女主角奖。

2009年9月3日，叶大鹰执导的电影《天安门》在北京上映。由于拍摄电视剧《陈赓大将》，他错过了拍摄电视剧《叶挺将军》的机会。拍祖父叶挺，一直是叶大鹰的心愿，但是他一直不敢。"我希望人们忘记我的红色电影，我希望那时候自己的新片子比以往的红色电影更加出色，更加精彩，更受观众喜爱，所以我必须不断地努力。"

他的另一个身份是新四军军长叶挺的长孙，在电影圈里，名将后代的光环一直悬在他头上，但叶大鹰特别不喜欢这样的称谓，他经常强调："我不是名人。"

叶大鹰的父亲叶正明，曾任解放军总装备部科技顾问、中国对外应用技术交流促进会主任，是享受政府特殊津贴的专家。叶正明在兄弟之中是跟随父亲时间最长的一个。1945年，在延安中学读书的叶正明得到了周恩来等老一辈革命家的亲切关怀。为了鼓励叶正明努力学习，继承父亲伟业，周恩来为他题词"闻鸡起舞，要做一个革命将军的好儿子"。1981年，我国设立中国电影界的最高奖"金鸡奖"，获奖者除可以获得一尊奖杯外，还可以得到一幅周恩来为叶正明手书的"闻鸡起舞"的墨宝复制品。

叶大鹰是被外界公认的个性导演，他敢于向社会不良现象和一些自己看不惯的事与人开炮。当然，他的这种爱憎分明、心直口快，也容易给自己惹上麻烦。

  2016年之前，叶大鹰每次回松江，主要还是回航天研究院。有一次他说，他经常在松江的两个影视基地拍戏，有时候一待就是几个月，自己在松江待了10年，那么多的同学和老师，有联系的不是很多，有的已经几十年没联系了，拍戏之余有时未免有点落寞。第二天中午和晚上，他要分别与松江二中、三中的同学和老师聚餐。于是，我给叶大鹰在维也纳酒店安排好住宿，在旁边的香涌酒家聚餐。当我按照他的嘱托辗转联系上了三中的王燕平老师并邀请他参加聚会时，年逾八旬的王老师兴奋地说："我不仅是他的体育老师，还是他的体育教练！"当晚9点多，我突然想到戴国庆是叶大鹰在二中的同学，就让他一起来，戴一听也很兴奋。第二天下午，我和王颖超、戴国庆一起来到酒店大堂，失联40年的同学久别重逢，大家很是兴奋。戴国庆拿出手机给叶大鹰看他们中学时一起参加体育比赛的黑白照片，叶大鹰看到自己年轻时的一张张留影，连连说："这太珍贵了！这些照片我这儿都没有！发给我。"当年9月，我们几个又小聚，叶大鹰说起他在松江二中时的几个"初恋"，其实他连这几个女同学的手都没牵过。我调侃说："初恋只有一个好哇，你哪来这么多初恋哪？"大家一起哈哈大笑，说就是啊。其实，在青春勃发的年龄，对心仪的一两个女同学有好感，最多只是暗恋而已。

  几十年的电影生涯中，叶大鹰主业当导演，客串做演员，也做编剧、投资人、剪辑师……获奖无数。在忙碌的工作之余，叶大鹰经常回到松江。他希望通过回忆过去，让青春以另一种姿态永远鲜活在自己不再年轻的生命里，温暖逐渐老去的岁月……

常虹

读美文品书香

读许平《写着写着就写到你》一书，每一篇文章都让我心生感动，我的心情就像作者欣赏钱谷融先生那样"文字美，情感美，入骨入髓，极好"。我随着作者的笔端，认识了一个个名家大师，收获颇丰。

有些文章我读了两遍，如《真正小说家罗洪》一文，这位最年长女作家丰富的人生阅历，百岁高龄依然坚持创作的精神和奇迹，深深地打动了我。她说："在历史长河中，个人只是微尘一粒，但哪怕只有一点荧光，也要尽可能地去照亮别人。""天下每一条成功的路都崎岖不平，每一个成功的背后，都积聚着不断的努力，积累着一种默然坚毅的真诚。"她做到了，特别是她功遂身退后宁静淡泊的心态，崇尚"以文学推动天地人心的进步"的至理名言令人难忘。作者通篇用细腻的情感、美如画的文笔，将罗洪先生的人生犹如一幅历史画卷徐徐展开，情景交融又浪漫唯美，使人如临其境。如《魏晋间人钱谷融》一文，让人不仅领略了当代文学泰斗的风采，而且收获了宝贵的文学知识和人生智慧。如先生宠辱不惊、虚怀若谷的人生境界，倡导"写文章要逞心而言，语语皆从肺腑间流出要感染人，要创造美"的文学主张，"散淡人生，开明豁达"的魏晋风度，让人受益匪浅。如《痴念故土话峻青》一文，让人领略了一代文学大家的风采。

先生不仅具有文学方面的成就,而且还有鲜为人知的书画、诗词方面的造诣;不仅感受到了先生对故乡难以割舍的乡土情结,而且先生还用文学手段将战争年代的那段历史永久地保留了下来,让我们对抗日战争和解放战争有了悲壮的了解。先生所著《黎明的河边》《党员登记表》《交通站的故事》等名篇至今令人感动,让人难以忘怀!如《语文教父徐中玉》一文,读出了徐老在沧桑岁月里淡定超然的境界。

清瘦白发翁,好一位文化老人的范儿,还笑得那么灿烂。
刹那的惊奇:原来耄耋老人的笑也可以这么撩人心炫。
阳关在客厅的地板上悄悄地慢慢地柔柔地向徐中玉那儿挪动。
地板有些年头了,朱红色的油漆剥落得很厉害,显得斑驳陆离。
斑驳陆离,是他留给岁月的痕迹,因此显得意味深长。
意味深长让人想到他和一本书的奇迹《大学语文》。
阳光真是极好,映得徐中玉的板寸银光闪闪,放眼窗外,视野开阔,水杉笔直,恰似徐中玉的人生姿态。

这么美的文字如诗如画,带着一缕清香,呈现在读者面前,令人陶醉。
如《好人好文丁锡满》一文,丁锡满不仅文章好、为人好,亲和接地气,像这样的好人怎么能不让大家喜欢呢?正如文中所述:"盯上了,才发现这老头儿不仅文美,人也极好。"读到《扁担传奇杨怀远》一文后,我一方面感动于作者传奇的故事,世间美好的缘分;另一方面更为作者精彩的叙述、美的文笔叫好!
在《求真求实贾安坤》一文中,读到了新闻前辈贾老师,一个新闻人的敬业精神和求真求实的工作状态,特别是他为了采访新闻,寒冬腊月睡草屋的情节，深深地感动了我。作为一个新闻人，一个真实接地气又吃苦又敬业的新闻人，他不就是千千万万个新闻人的楷模吗？敬仰感动之情油然而生，使我感慨万千……

《激情岁月姜玉英》一文中，二姨自小参军，那份勇敢、胆识，特别是历经一次一次战火的洗礼和生与死的考验，在革命军队这个大熔炉里千锤百炼，成为一名勇敢的战士。

读完《"抓斗大王"包起帆》，这位世界级劳模通过作者精彩翔实的描述呈现在世人面前，现场采访及人物心理活动的描写，让人看到了一个真实、丰满、亲和又不平凡的劳模形象。

《血色青春泣好汉》这篇反映对越自卫反击战中铁血军人保家卫国悲壮感人事迹的文章，通过作者生动的描述，展现了年轻军人的风采及他们保家卫国勇敢无畏，不怕苦、不怕死的英雄气概和高尚情怀。如刚入伍的年轻战士胆小牛在部队潜伏等待命令时，一发炮弹击中了他，痛不欲生愣是没叫一声，把手榴弹塞进嘴巴，死死咬着不让自己出声，最后献出了自己年仅19岁的生命。那壮举惊天地泣鬼神，揪人心催人泪。还有老马，为了夺回被敌方占领的主峰，在冲锋的过程中，被敌人打断了右腿，靠着钢铁般的意志带领尖刀班浴血奋战，夺回主峰，身体被机枪洞穿了177个窟窿……

老马血洒战场，生命永远定格在20岁，天地为之动容，飞鸟为之哀鸣。

此刻，泪水早已湿透了我的脸颊。战争是残酷的，正是胆小牛、老马们置个人生死于不顾、甘洒热血才换来了今天的和平，我们应该珍惜当下，珍爱和平，远离战争。

一口气拜读完了《写着写着就写到了你》，语言生动唯美又活泼风趣，愉悦心灵又增长见识，内容包罗万象，对万事万物的观察和思考，犹如大海般深情宽广，又如淙淙小溪娓娓道来。正如一代大家峻青先生所说："许平的风格就是她的风格，她的文章有齐鲁的气质和江南的妩媚，豪放与温婉相得益彰，被众多读者认可和接受。"还有先生为《平儿小窗》写的题词："窗口虽小，而视野却广阔无垠，万象具备，令人回味不尽。"当是中肯，一语道出了文风。

　　阅读一篇篇美文时，我在想，每一篇都似一个单元剧本，叫影视文学是否更恰当？

　　读《写着写着就写到你》，犹如品一杯上好的茶，清香萦绕；又如欣赏一路的美景，赏心悦目……

魏勇

那年边陲过春节

1980年2月15日午夜,在我连驻地,突然一连串噼噼啪啪清脆悦耳的响声,划破了静谧的夜空,于群山间久久地回荡。指战员们提着枪、穿着背心短裤奔出了帐篷,以为敌人的特工打了进来。我们几个同乡赶紧大喊:"过年了!新年好!"大家这才松了口气。

连长拎着手枪大声喝道:"扯淡!哪里来的鞭炮!"他仔细一看,气了个半死,我们手里都捏着一串连着导火索的雷管,嘴里横叼着香烟。"你们这些上海兵,简直是来捣蛋!一个雷管多少钱?不许放!"说完,回屋睡觉去了。

我们知道,连长并未生气。自从前线撤回后,他变得没脾气了。

此时,我们睡意全无,便来到了南溪河畔的鹅卵石滩上瞎聊。这里的气温很怪,中午穿衬衣还嫌热,晚上裹棉衣还觉冷,大家便点上篝火围坐取暖。

我连从前线撤回休整已好几个月了,长久生活在枯燥无味的山坳里,心也仿佛被裹住了似的,眼下更有"身在异乡为异客,每逢佳节倍思亲"之感,战友们都不由得说起自家过春节时的盛况和趣事来。

不觉地,东方晨曦微露。哗哗哗,忽然,一位手提着裙边,背着竹篓的苗族姑娘，从晨雾缭绕碧绿清澄的南溪河对岸涉水而来，恍若仙子一般。

这当儿，只见那姑娘随着水的逐渐变深而慢慢地把裙子往上拎，直至举过胸脯。上来时，又慢慢地把裙子放下来。

待她一上岸，我们都围上去，这个问去哪儿，那个问有没有好吃的要卖，并动手揭她的背篓。嗬，里边满满的香蕉、巴蕉和荔枝。那姑娘急了，用半生不熟的普通话大叫"不卖的不卖的"，说是要拿到苗寨，那里正举办什么找对象集会。

大伙儿一听都来劲了，但一问竟要 12 公里的山路，都变得垂头丧气。"不过，机会难得……"我只管说，其实也没啥信心。"去。"有人附和道。"去就去！"众人起哄。大家于是跟着那苗家姑娘上路了。

太阳终于从那山的背后冉冉升上了峰顶，顿时，那柔和的橘红色的光芒穿过笼罩大地的薄雾，给四周绵绵的青山披上了一件绚丽的纱衣。无数的鸟儿鸣叫着刺向天空。各处村寨升起了袅袅炊烟……

跟着那爬山如履平地的苗家姑娘，我们这些平原兵可真是吃够了苦头，一会儿攀山越岭，一会儿疾走于逶迤的羊肠小道，加上高山缺氧，不多时，我们一个个累得上气不接下气，大汗淋漓，身上脱得只剩下了一件衬衣。我们只得让那姑娘先走了。

蓦地，一片果林映入了我们的眼帘，树上挂满了诱人的李子。有人欲摘，一向胆小的小赵提醒大家："连长说过，有些果树有麻风病菌，最长的潜获期要 16 年。"我说，走吧，还是不要摘了，万一感染了病菌怎么办。

我们赤脚沿着一条清澈的小溪朝前走。"蛇！"有人惊叫。大家一看，果真有一条 2 米来长的青蛇盘在石洞里，虎视眈眈地盯着我们，大伙儿吓得赶紧跳上岸。真是搞不懂，2 月里竟还有蛇。

走得实在累了，我们便在一片小竹林里停了下来。忽然，我们看到好些动物钻进了土洞，便好奇地去挖，从地下翻出了一只只似树根又像红薯的植物。"是木薯,可以吃。"我在铁路边见农民晒过。于是,我们捡来枯枝烂叶,烤起了木薯。木薯的味道有点像红薯,但比红薯粗糙,不过解饿。走了大半天的路,早饭还没吃呢。

"哇呀!"陡地,小赵跌坐在地上。原来,从一个洞里窜出一只比猫还大的老鼠似的动物,满口焦黄的獠牙咬住了他的裤脚不放,还发出了嚎叫声。小赵的手背上已被它尖利的爪子抓出了几条很深的口子。我们忙用树枝去解围,那家伙竟是个亡命之徒,见状转身就朝我们扑来,大家吓得抱头鼠窜。一位过路的瑶族汉子大笑着说:"是竹鼠!莫打,要咬人的!"

逃出10多米远,我们才敢回头,那家伙却以胜利者的姿态叫了几声,然后抖抖深褐色的毛,大摇大摆地钻进了洞中。我们想想真窝囊,不甘心又跑回去,用树枝堵住四周所有的洞口,点上火,准备熏死它。

"不要往上看!"小胡冷不丁神秘兮兮地说。原来在山腰的小路上,有一位苗族姑娘。苗族妇女上下竹楼时别的男人不能往上看,只有她的丈夫才有权这样做。小胡忙做了个嘘的动作,不料一脚踩空,朝着足有30多米的深谷掉下去。幸亏他还算灵活,掉下5米左右时随手抓住了一根树枝,大家好不容易才把他拉了上来。战友们都笑着羞他,说这就是偷看的下场。再看那姑娘,也已不见了踪影。

中午时分,我们来到一村寨前的一块场地上,那里聚集着成群的人,大多是苗族青年。当时天气晴朗,奇怪的是,那些男青年却都带着雨伞。

不一会儿,男女青年自觉地各自站成了一排。忽然,有一个稍瘦的男青年,脸涨得通红,有点不自然地走向一个紧张地瞪着大眼的姑娘,人群中即刻发出一阵善意的起哄声,他有点窘迫地笑着,而那姑娘含羞地用手半掩着脸,侧着身低着头,可又不时地偷瞄他一眼。那男青年突然嘭地撑开了雨伞,遮在姑娘的头上,并颤悠悠地唱起了山歌,但歌很短,戛然而止。这会儿女青年队伍开始起哄了,那女青年则难为情地打了同伴一下,便轻轻地答起了山歌,声音虽尖细,倒也挺有味道。此后,他俩一来一去,越唱越长，越唱越自然。

可惜我一句也听不懂，身旁的一位汉子，为我翻译起来。原来，他们是在相互询问姓甚名谁，家里有几口人、几头猪等。

与此同时，只见那两排原来整齐的队伍开始乱了起来，好些男青年为女青年撑起了伞。歌声瞬间响成一片，很难分清是哪个在问哪个在答。一不注意，那两个打头炮的却已钻出人群，合打着伞，边唱边朝村外走去。据说是去买甘蔗，一人一半，甜蜜的意思，并约好明年再相会。

要等明年再相会，真不可思议。不过，同是苗族，其风俗习惯也不尽相同。在曲靖地区，青年男女一对上歌，唱投机了，就相携到男方事先已准备好生活用品的山洞里或在山中的草棚里同居3天，然后下山与双方父母商议婚事。这一点倒颇具现代开放意识。

一切都那么新奇，但遗憾的是，我们返回时已找不到原路，只能认准方向瞎闯。直到天一片漆黑时才回到营地，大家不免有点紧张的心才放了下来。

周平

901，印象和梦幻

好像还在学生时期，我就对901、601等这种数字代号有特别的感觉了。

京剧样板戏《智取威虎山》中，团参谋长少剑波与他人不一般，其他人要么是名字，如杨子荣、孙达得、李勇奇；要么就是外号，如座山雕、一撮毛等，而唯独他，有一个代号——203，显得那么神秘。

1980年，上海电影制片厂的破案电影《405谋杀案》（那时还没有惊悚、悬疑的分类）也让我想着法子到处去看，因为光是这片名就够吸引人了，又是"谋杀案"又是"405"的。

等到后来有机会能观看《007》等特供片时，就更起劲了，诸多原因中"007"这代号片名恐怕也是之一。

松江有不少市属企业，其中901、601这两个大型企业，显得那么神秘。因为其他厂，什么照相机总厂、仪表机床厂、消防器材厂、造纸厂、药棉厂……一看厂名就八九不离十知道是做什么的，唯独这两家厂，光看厂名绝对不知道是造什么的，只听同学中是901厂职工子弟的悄悄说是军工企业、保密厂，才恍然大悟。

10多年后，尽管同学、朋友中已有901厂的人了，有的还成了那里的领导，但我与901厂还是形同陌路，不要说厂子究竟生产啥，就是厂里是个咋样的面貌，都一概不知，只晓得那是个创建于1959年的大厂，厂区足足有34个标准足球场那样大；建筑面积11万多平方米，大小车间厂房、办公楼数十幢；职工多达两三千人……直到20世纪80年代后期，当时已参与县里影评联谊会工作的我，参加901厂影评小组的一次主题活动时，才算走进了这个多少次在梦中光临过的地方，但因为一是活动时间有限，二是人家毕竟是军工企业，不让咱随便乱逛，所以只在厂部办公区域附近兜了兜，瞭望到远处大车间那边有一根大烟囱，其他的还是一无所知。

说起901厂的影评活动，那还真不赖！当初松江县的影评工作，不仅在全市小有名气，而且还拿回几次全国奖，党委宣传部领导还是县影评联谊会的理事长呢。

2007年11月，已改称上海九凌冶炼有限公司的原901厂正式落幕关闭。有时坐车刚巧路过，看着那曾经辉煌而今却关闭的大门，禁不住会想：它何时重振威风，让我好好再看看。

2019年，我去坐落于徐汇滨江西岸文化走廊的余德耀美术馆游览参观，由原龙华机场大机库改建而成的3000多平方米主展厅，让我惊讶得差点嘴巴合不拢。近年来，建筑面积约4万平方米、五六十栋荒废多年的粮库及车间，被改造为云间粮仓，焕发出其人文价值、历史价值和建筑价值，已成为网红打卡点。

在一个阳光明媚的春天，我与好友潜入901厂，在901厂大到可造飞机的厂房里、高耸入云的大烟囱下、如今已难得再多见的水塔旁，感觉这些建筑是如此破败：窗玻璃起码一半是破碎的，室内居然长出了半人高的植物，盛开的鲜花正享受着从屋顶破毁的洞中穿射下来的阳光，墙上爬满了枯萎或正欲开放小花朵的藤蔓……我边用相机拍着，边心里期盼起来：偌大的厂区、厂房，如此坚固的庞大建筑，可不能就这么废弃了呀！松江不是在建设科技影都吗？这不就是现成的地块吗？这些大车间做摄影棚，根本不用再另建了，弄一个全新的松江版重庆民国街、浙江横店！记得早在 20 世纪 90 年代初，著名电影导演谢晋就曾建议松江要充分利用宝贵的资源，建造影视拍摄基地，吸引更多的中外影视人来松拍电影。可惜不知什么原因，此事不了了之，谢晋后来为拍《鸦片战争》而去了浙江，这才有了横店影视基地啊！

前不久，听说上海市政府对松江区申报的一份历史风貌保护区文件有批复，这当中就包括 901 厂在内的长石路工业遗存保护和利用，甚至都有了"高颜值"的规划效果图了。

借用《智取威虎山》里猎户老常的一句话："就盼着这一天哪！"赶紧的，把 901 厂利用起来，千万别让它废弃在那里啊……

许平

桑葚红了的时候

　　20世纪六七十年代，那棵桑树驻守在我们部队大院的东北角，高出院墙，直径跟坦克炮管差不多。这不稀罕。稀罕的是它长在墙根的一堆乱石中，根须扎在石缝里，身子呈25度角旁逸斜出。

　　谁会这么种呢！野生的，风卷来的，抑或鸟儿衔来的？

　　想来它若有选择权，也不愿意在那干涸贫瘠又杂乱的地方守着我们吧？

　　年复一年，没见有人修剪和施肥，它竟也有了虬枝接叶而吟风的姿态。袅袅城边柳，青青陌上桑。布谷声起，初夏的风儿吹拂我们额头的时候，它满枝丫的桑葚跟着风儿微微颤动。没几天，桑葚透着光亮从青色到红色再到紫色，跟着来的，就是我们的采摘。

　　大院初生之犊和豆蔻年华的孩子集结起来能有一个加强排。那年桑葚红了的时候，我们自个儿整编了个"兵团"。小军打小就崇拜战斗英雄，写作文长大了干什么，他不是坦克兵司令就是独立团团长；他爱看《回忆与思考》《在保卫首都的战斗中》和《在柏林方向上》，看懂多少不知道，反正说起朱可夫，他滔滔不绝意气风发一时多少英雄豪气。小军还是大院"三个火枪手"的首领，不管哪个孩子闯的祸，大人们总是唯小军是问，他那个当副师长的爹,也从来不问"情报"是否可靠,回回二话没有,抄起棍子就打,抡起皮带就抽。从小到大,小军替大院孩子挨的打一言难尽,他当"兵团"司令,个个服!

那天小军绕着桑树转了三圈,然后意味深长地盯着树根看了小半天,说:"不屈不挠,它是勇敢者。"

"勇敢者"就这么成了我们"兵团"的番号。一切行动听指挥,步调一致采桑葚,小军说这是"勇敢者"的第二十三条军规。采摘桑葚从此正规化,并成了我们院定的节日。

节日至少延续3天。列队,立正稍息报数是每天必须完成的仪式。仪式之后小军一声令下,然后男孩飞檐走壁上树,女孩树下抻着脖子守望。这是我们采摘的排兵布阵。

云从树叶间过去,蚂蚁在树干上转圈,蜘蛛兴高采烈地拉网,花天牛更是气定神闲地吃了半张叶子……许是我们的笑声引得鸟儿飞来。鸟儿东啄一下西啄两下,忙得更叫一个欢。小军其实心软得很,他不让我们赶鸟儿,说没准就是它的爷爷把这棵桑树弄来的,饮水思源结草衔环,咱们得仗义。

鸟儿因此成了"勇敢者"兵团的"特种兵",我们任它打一枪换一个地方地搞游击战。它不知道熟透了的桑葚轻轻一碰就能掉下来,那样的桑葚好吃得不得了。

我们酣战淋漓时,炊事班叔叔或者警卫员叔叔会在不远处观望,等到我们够不着攀不上哇哇乱叫时,他们会迅速"出兵"成为我们强大的外援。

采摘结束,我们就地吃桑葚。吃桑葚也有仪式。围坐一圈,先唱《真是乐死人》,然后不分,不抢,不闹,最多出其不意攻其不备地互相抹个大红大紫的脸蛋儿;吃够了,全体紫舌头,唱着"日落西山红霞飞",回家去。

3天里,我们天天这么血色浪漫到黄昏,即便口若血盆齿排铜板成了

"吸血鬼",即便我们把爹们的将校呢染成了绛紫色,大人们也不骂。为什么不骂呢?我们一直忘了问。

我们也忘了问,我们留在树上的桑葚,他们是什么时候做成了桑葚酒?

小军他们几个当兵离开大院的那天,喝的就是桑葚酒。他们走后,"勇敢者"兵团解散,大院开始寂寥。又一年桑葚红了的时候,我们几个散兵游勇孤单单地坐在高高的树丫上,听桑葚讲那过去的故事。

李仙莲

九旬老爸玩穿越

前年 10 月的一天，年近九旬的老爸突然一声不吭地骑着三轮车出去了，五妹追出门去，可是不管五妹怎么哄，老爸就是不肯回家，说是有人要抢他的三轮车，他得找个地方藏起来。原来，老爸已穿越回 1963 年——一群人闯进我家，找不到值钱的东西，竟然撬走了楼板！这个 57 年前的噩梦重现，让老爸惶恐不安——这辆三轮车是老爸为了载腿脚不便的老妈去庙里烧香或者赶集而买的，每次载着老妈，老爸都神采飞扬，就像蜜月中的新郎一样——这辆承载爱情的三轮车绝不能落入他人之手。在大街小巷转了一个多小时，五妹还是没有办法把老爸劝回家，幸好遇到一位村干部，五妹急中生智，一边打招呼，一边使眼色："阿叔，你去开党员会啊？正好我爸也要去，麻烦你带我爸一起去吧。"这一招还真灵，老爸乖乖地跟着五妹回家了。阿叔也很配合，一路陪着，似乎真的是一起去参加党员会。老爸虽然脑子糊涂了，却没有忘记自己党员的身份！

去年是中国共产党成立 100 周年，党中央决定首次颁发光荣在党 50 年纪念章。老爸 1953 年入党，是一位具有 68 年党龄的老党员。6 月 28 日下午，镇政府领导和村支书等一行人送来了纪念章，还有一盆红掌，寓意一片红心向着中国共产党。全镇能获得这枚纪念章的老党员只有121人，这枚纪念章对老爸而言是莫大的荣誉，既是老爸高寿的明证，也是对老爸不忘初心的肯定！老爸特别高兴，眉开眼笑，精神振奋，一下子恢复了年轻时的神采。

其实，自从藏三轮车事件后，老爸就开启了时空穿越模式，而且晨昏颠倒。晚上8点以后就穿越回年轻的时候，精力特别充沛：有时手舞足蹈，干劲十足，眼前似乎是一个热火朝天的劳动场面，大概是在修水库的工地上，他一边"干活"，一边还给年轻人鼓劲——"大姑娘干活卖力，找男朋友省力；小伙子干活肯吃苦，不怕找不到好媳妇"，那劲头就像一个三四十岁的男人；有时自言自语，声音洪亮，两眼放光，但看不到我们，完全沉浸在他自己的情境中，好像是在社员大会上做报告，有板有眼，铿锵有力，那气势俨然就是当年的大队长；有时会突然呼唤几个人的名字，那些都是他曾经的伙伴，但已不在人世，老妈迷信，认为是那些阴间的人来骚扰老爸，其实是老爸穿越回了青少年时代，正跟小伙伴们一起聊天，一起玩乐呢；有时半夜爬起来，十分利索地穿上衣服就往外走，说不能老住在"别人家"（现在住的房子是老爸45岁时造的，显然老爸已经穿越回了45岁之前）里，非要回到"自己家"（已经倒塌的老房子）去，拦都拦不住……就这样通宵达旦地折腾，一般要到清晨6点左右才会消停，然后沉沉地睡去，似乎耗尽了全部的精力。睡醒后也不睁眼，不管是喂他吃饭、扶他上厕所，还是推着轮椅带他出去转悠，老爸始终闭着眼睛，不知是精力不济无力睁眼，还是留恋昨夜的情境不愿意睁眼。

这样的穿越模式已经持续半年多了，老爸一下子苍老了许多，以致大小便失禁，失去了生活自理能力，但当村支书把纪念章挂在老爸脖子上时，老爸似乎一下子焕发出了青春，目光炯炯有神，仿佛穿越回了入党宣誓的那一刻——庄严而神圣，还能思路清晰地跟村镇干部对话，谈笑风生，直到村镇干部走了以后，老爸依然沉浸在无限的喜悦之中。我想把这一刻定格，老爸也一反常态，非常积极地配合拍照——端坐在藤椅上，脖子上挂着红绶带纪念章，左胸戴着党徽，双手捧着印有"光荣在党50年纪念章"字样的红盒子，我把那盆红掌也摆在老爸的身边，最动人的是老爸那由衷的笑容，简直是自豪感爆棚。老妈受到感染，翻出一本《中国共产党建党八十五周年纪念》的纪念册捧在手上，笑容满面地站在老爸身边一起合影。我把照片发到家庭微信群里，两位老人纯真的笑容感染了我们每一个人，也激励着我们家的中青年党员们不忘初心，砥砺前行。

老爸生性豁达乐观且幽默风趣，即使老糊涂了，玩起时空穿越来，也与众不同，特别有趣、可爱。我们也顺着他，陪他一起玩穿越，不管老爸怎么折腾，从来也不恼，耐心地跟他对台词，帮他完善各种细节，因为只有在穿越时空时，老爸才是精神焕发、生机勃勃的。

那天早餐后，我看老爸精神不错，就鼓励他自己刮胡子。老爸很认真地刮着胡子，突然冒出一句："阿宵（对六妹的昵称）昨天给我的一包烟不见了。"其实，老爸因为肺病已经戒烟十几年了。

我故作惊讶："啊？阿宵也太荒唐了，居然偷偷摸摸塞香烟给您抽。"

老爸不服："怎么是偷偷摸摸呢？女儿来看老爸，见面递包烟不是本分吗？"

我故意激他："您说得没错，但您肺不好，大家都叫您戒烟，您可真行，还在抽……"

"有这样的政策吗？真好笑！"

"强制戒烟的政策是没有，但您的肺不好，我们大家都反对您抽烟，老妈为了您戒烟，一次一次给您炒豆子（这是老爸的戒烟史），阿宵倒好，偷偷摸摸塞香烟给您，太不像话了……"

老妈也在一旁插话："我们是让你保护自己的身体。"老爸似乎意识到自己说漏嘴了："哎呀，我嘴闲，说多了……"惹得我们哈哈大笑。

当然，老爸也有清醒的时候。有一天上厕所后，我帮他擦完屁股，扶他起来，老爸一边洗手一边说："对不起你们，我这么没用，让你们这么辛苦。"我的眼泪一下子涌了上来，一时不知该怎么安慰他，只是说："您不用自责，这是女儿应该做的，我们小时候，您也是这么辛苦地照料我们的。"

去年农历八月十八，是我们隔壁村的集市日，老妈说好久没赶集了，出去转转，但老爸不情愿，好说歹说才肯出门，又不愿意坐轮椅，甚至还逞能——非要老妈坐轮椅，让他来推轮椅。我只好哄他："您先坐，到前面平坦的大道上再让老妈坐您来推。"出门后，老爸虽然没有坚持换老妈坐，但遇到熟人打招呼时老爸丝毫不理会。我俯身凑到老爸耳边，悄悄地问他刚才跟他打招呼的人是谁，他竟然脱口而出，原来他是觉得坐轮椅不够体面才不愿意搭理。此刻我才明白一个自信自强的男人丧失自理能力时的心境，也才理解什么叫作"有尊严地活着"。于是，每当遇到乡亲的关切询问时，我总是解释："没什么，只是为了让老爸省力点，毕竟年纪大了……"

爱，真的能创造奇迹！也许是我们一家人的不离不弃，已经卧床一年多的老爸，今年春天又能健步如飞地去赶集了，每次赶集回来，还会十分得意地跟我们自夸："市集上的人看到我都竖着大拇指说我第二春了。"老爸真的穿越回青年时代了！有一天还起了个大早，跟老妈一起到集市上买了几斤猪肉、一只鸭子，以及七七八八的点心，然后打电话给五妹，要求五妹送他去舅舅家。等五妹急急忙忙赶到时，老爸已经穿上新衣，戴着斗笠——不知多少年没戴过斗笠了——坐在路边等了。看来，老爸年轻时跟舅舅应该感情深厚，都是先进青年，都是共产党员，大会小会经常见面，他们之间不仅是姐夫与小舅子，还是同一条战壕里的战友！

美的老师

美的老师姓吴，是我小学五年级时的语文老师，当时就觉得吴老师的名字很特别——美的，其中"的"的发音与"目的"的"的"相同，但内涵上似乎又与"目的"无关，只有"美"的意义。美的老师小时候得过小儿麻痹症，身高不到一米五，一条腿有点跛，头发稀疏且发黄，皮肤干枯，看上去比实际年龄要老许多，似乎跟世俗中的美女毫不沾边，但在我心目中，美的老师的确是最美的老师。

美的老师虽然瘦小，性情却有几分刚烈，敢于仗义执言，做事雷厉风行，举手投足间总透着一股强大的自信。我们班那些爱调皮捣蛋的男生在美的老师面前都特别老实，校长也对美的老师敬三分，村里的干部和群众都很佩服美的老师。我上小学五年级时还是"文化大革命"期间，农村小学的任课教师大多是民办教师或代课教师，美的老师是少数几个科班出身的公办教师之一，虽然那时候不抓教学质量，不搞统考排名，大多数老师也是混日子，但美的老师从备课、上课到批改作业都是一丝不苟，而且爱看书读报，所以她上语文课也不像当时大多数语文老师那样止步于教学参考书上的分段、概括段落大意和中心思想，而是启发我们品味文章的语言和结构，引导我们思考、讨论，深入地理解文章的内涵。在当年的教师队伍中，美的老师绝对是一股难得的清流。

在美的老师的语文课上，我还有过一次意外的教训。记得那年清明节扫墓——那时每年清明节学校都要组织全校师生祭扫革命烈士墓——美的老师让我们写一篇有关扫墓的作文，我一如既往地叙述了扫墓的经过，还觉得自己写得挺生动的，但到作文讲评时，美的老师选的范文竟然不是我的，而是另一个男生的，已经习惯了自己的习作被语文老师作为范文的我，第一次感到了失落！美的老师特别肯定了其中一段在烈士墓前的丰富联想与想象，让我心服口服，也豁然开朗：以实带虚，可以拓展思路，丰富文章的内容。课后，我很自觉地重写了一篇交给美的老师，也得到了美的老师的当面指导。

美的老师不仅语文课上得好，而且多才多艺。20世纪70年代的学校教育很重视文艺宣传，每个学期都要举办文艺会演，我们学校每一次参演的节目都很出彩，所以每次都能从公社会演被选拔到区会演，再晋级到县会演。那一年，美的老师自编自导了一出婺剧《东海小哨兵》，我演主角小红。美的老师请来了大队婺剧俱乐部的吹鼓手为我们伴奏，几乎每天晚上都要排练，如果吹鼓手有事来不了，美的老师就亲自上阵——拉二胡为我们伴奏。我嗓子唱哑了，美的老师还特意买了胖大海泡水给我喝。演出很成功，这出戏还被纳入大队婺剧俱乐部的保留曲目，每年春节都要演出，有时还受邀到其他村演出。当年学过的课文早已忘得干干净净，但当时排练和演出的情景却宛在眼前。

美的老师心地善良，严厉的外表下有一颗温柔的心，对学生一视同仁，对家境困难的学生更是照顾有加。有位男生的父母长年卧病在床，姐弟三人无依无靠。美的老师就常常去关心照顾，送吃的穿的。那时的冬天很冷，衣服又单薄，那位男生的脚生冻疮，肿得鞋子都穿不进去。美的老师四处打听，找来治冻疮的草药煎汤为他泡脚。我家就在学校旁边，美的老师与我父母相熟，对我家的情况了如指掌——一家八口人，只有一间住房两张床,夏天睡草席,冬天就在草席下铺一层厚厚的稻草,加上一床又薄又破的棉被。从我们认识美的老师一直到她调离,大概有十几年时间,每到寒暑假,美的老师就会把她的宿舍钥匙交给我母亲,让我们姐妹几个去住,而且把结婚时置办的全部家当都留给我们用:夏天有凉席,还有电风扇;冬天盖的是厚厚的棉被,垫的是床单、棉絮。这在当时已经是非常奢侈的了,只有生活条件比较好的新婚夫妇才具备。至今想起来,我还能感受到酷热的夏夜里那张凉席的凉爽和严寒的冬日里那套被褥的温暖。

美的老师待人真诚,总是掏心掏肺地为别人着想。我读师范的时候,回到本县的一所学校实习,正逢有位老师生病请假,我不得不独当一面,实习结束时,那位老师买了一件鲜红的针织背心送给我做纪念。我回家时,上身的白衬衫外就套着这件红背心,下身配一条学校文艺会演时统一裁制的深蓝色百褶裙,走在乡村的街道上特别扎眼。美的老师看到后,以为我追求时髦而不顾家庭困难、父母辛劳,把我狠狠地教育了一通。我不仅不记恨,反而一辈子都感激美的老师,因为她的批评里有满腔的真诚,我所感受到的是无私的关爱。试想,一个老师,出于怎样的爱,才会对一个已经毕业多年的学生这么尽心尽责啊!

一晃40多年过去了,美的老师在我脑海里的形象依然那么鲜明,仿佛一朵"出淤泥而不染,濯清涟而不妖"的白莲花,"中通外直,不蔓不枝,香远益清,亭亭净植,可远观而不可亵玩焉";又仿佛是一位亲爱的姐姐,一位慈祥的母亲,一位知心的朋友,亲切温暖,可以倾诉衷肠。美的老师,我心中最美的老师,永生难忘的恩师!

周明

拜访老校长

8月中旬，经历了台风"烟花"毫不客气的洗礼后，上海的天气还是那样炎热。再炎热的天气，也阻挡不了我去看望老领导的热情与激情。虽说是老领导，其实还比我小一岁。

早就听说袁校长要去上海师范大学履新的消息。直到有一天的傍晚，下班时分，接到袁校长亲自打来的电话，告知接到市委组织部通知，因工作需要调动，经组织上安排去上海师范大学工作，任校长，才真正验证了此消息的确切。

也一直想去看望老首长。与老首长约了两次，一次是因南京疫情波及上海延期，一次是因为本人去参加全国社区教育管理者培训班，需隔离14天而延期。

今天终于成行了。开上刚买不久的奥迪，轻车熟路的来到上海师范大学（母校）。中途尽管有车祸而堵车，还好只比约定时间晚了一点。在上海师范大学外宾楼门口见到了尊敬的袁校长。袁校长是特地赶来学校的，因为在暑期，又是疫情防控严之又严的当下。袁校长特地放弃休息时间，与我这个分校的下属见面，着实令我感动。这也很能反映出袁校长的为人，无官架子，平易近人，客气和善。

我随袁校长来到外宾楼底层坐下，服务员送来两杯绿茶，我们边品边聊。我说一直想来看看，当面感谢袁校长对松江及松江开放大学的关心与支持。今天得知袁校长放弃休息，特地安排出时间来见我，令我非常感动。

袁校长说自接到调令到上海师范大学工作，一晃已经有三个月了，时间过得真快。我俩深有同感，上半年的时间过得特别快。

我们一起回顾5年来总校的变化和取得的成绩，特别是总校特色化的智慧校园建设，引领全国开放教育及开放大学。袁校长很是客气地说道："在开大的5年里，我能做的和力所不能的，我都尽全力去做了，完成得如何，自有开大人来评说了。这5年来，可能是我的思路还没有完全打开，现在需要换个人、换种思路来拓宽，以更好地发展开大。"这也从另一个侧面反映出，袁校长为人谦虚豁达，做事认真，脚踏实地，追求完美。她很客气、谦虚地说道："现在贾校长来了，他长期分管基础教育，与各区县的领导也熟悉，便于沟通，这一点就比我有优势。"这又一次反映出袁校长的为人和品格。

我说要特别感谢袁校长，没有袁校长，松江开大不可能成为开大系统40所分校第一家更名的学校。她说这是应该的，因为开大是一个系统，是你们分校给予总校支撑，才让总校走得更远，规模才能有保证。她还心系开大，说开大要扩大招生，一定要有自主权，把握好政策，随即转发了一个七部门联合发文的关于"双元制"模式的文件给我。其实袁校长在任市教委副主任的时候，就分管过成教系统和开放教育，所以她非常熟悉开大业务，对开放教育有浓厚的情怀。

当说到对我印象深的几件事情，其中一件是陪同刚上任一周的楼军江书记来松江调研时，袁校长说松江是系统的老大，是一面旗帜，再次鼓励我等松江开大的教职员工，努力把工作做好。

边喝边聊，不知不觉，时间已近两个小时。袁校长因还有其他事，我便起身告辞。袁校长客气地送我至停车场,看我上车返程。

我觉得这次不虚此行,再一次从她身上看到了一位有责任心和情怀的大学校长的形象。

多一些理解，多一些宽容

——帮助老年人跨越数字鸿沟

一位老人去某升级的医院看病，用刚刚学会的微信支付。没承想，因使用不够熟练，碰了一鼻子灰。

事情是这样的：当老人挂号，打开二维码支付时，显示器显示了两遍数字：一遍是要收的钱，一遍是已收的钱。老人以为已经支付，刚要转身离开，里面的挂号人员大声喊叫："不成功，钱没有进去。"老人有些耳背，也因为隔着玻璃与口罩，一时没有反应过来。工作人员看着老人，显得很不耐烦，更是提高了嗓门，态度也变了样。

笔者能够理解老人的无奈，不知挂号处的工作人员是否理解。

随着中国人均寿命的延长，中国已经迈入了老龄化社会。上海60岁以上的老人超过了30%，平均寿命84岁。如何适应飞速发展的社会，特别是在数字化背景下，如何自如地生活，而不被数字生活关在门外，是应该重视的一个问题。

在当今互联网、数字化、智能化、信息化时代里，老人需要跨越数字鸿沟，在不断学习中改变，但是需要一定的时间，我们要给老年人更多的时间去改变自身来适应这种变化，如超市自动结账、出示健康码、代收代缴费用、家政服务预约等，都需要老年人不断地去适应和改变。在这一过程中，有快慢之分，有适应与不适应之别，需要有足够的耐心去帮助老年人。正因为如此，国务院专门出台了《关于切实解决老年人应用智能技术困难的实施方案》，就进一步推动解决老年人在应用智能技术方面遇到的困难，坚持传统服务与智能化服务创新并举，为老年人提供更周全、更贴心、更直接的便利化服务做出了部署。方案聚焦老年人日常生活涉及的出行、就医、消费、文娱、办事等7类高频事项和服务场景，坚持传统服务方式与智能化服务创新并举，提出了20条举措要求。

国家层面已有了针对性的方案，那么基层直接服务于老年人的相关工作单位及人员，就应该对老年人多一些理解和宽容，帮助老年人跨越数字鸿沟，让老年人像青年人一样，与数字共生活，而不被数字挡在门外。

老人本就属于弱势群体，更何况是患病的老人，去医院就医，不仅希望获得生理上的治愈，而且希望得到心理上的宽慰。医务工作者本就是治病救人、救死扶伤，要让病人在生理和心理上均有好转，这才叫治病，不能因老人不会或应用智能技术不熟练就对他们态度不好，而是应该耐心帮助他们跨越数字鸿沟，享受科技成果带来的便捷生活。

由饮水机漏水想到的

饮水机出水口漏水，一周大概一杯的水量，不算多，但漏水总是浪费，我急忙找维修人员来修理。结果等了一周，也未见维修人员上门，只得再次联系。本想利用双休日在家时把这件事情办了，结果还是没有等来维修人员。

周一中午，我的手机突然响了，对方称是净水器维修人员，说是要来修理。无奈，我只得从上班的地方赶回家。到家，一小女子已等在家门口，询问其为何不在双休日来修理。她的回答倒是很干脆："我也要休息的。"这理由倒是很充分，维修人员也要休息，所以上班时间来修理。

小女子拆下面板，查看了一番，发现了问题所在。我原本以为，漏水可能是因出水口的什么小橡皮或是小阀门坏了，换了就可以了，结果问题不在口上，也不是小橡皮这一类小东西（其实也没有），而是供水的一个三通器件，一个重要的部件。维修人员更换了这个配件，然后进行了几次试验，查看是否还漏水。在确认不再漏水后，她也高兴地说，问题解决了。然后拍照上传至后台，告知后台已经修理好了。

且不论维修人员修理的态度、水平，但就这个出水口的情形来看，漏水是表象。是何导致漏水，需要找到原因。我们不能被表象迷惑，而必须透过表象看本质，找到问题所在，处理好标与本的关系。

这不禁让人联想到人这个生物体，有时表皮上出现了斑点、红肿等情形，可能是肌体的哪个零件出了问题，所以要用系统的观点来看问题，不能头痛医头，脚痛医脚。中医把人的身体作为一个整体来看，如头晕可能是脊椎的问题，并非只是头的问题，而是连在一起的哪个经络出了问题，所以有对应区、反射区等，也就有了足浴、刮痧、推拿、针灸等。这是老祖宗留下来的宝贵遗产。一部《黄帝内经》就不知包含了多少古人朴素的辩证法，不愧为中国最早的医学典籍，对后世中医学理论产生了深远的影响。

潘安农

读书真好

当100出现时,我心中颇为激动,写下小诗《致敬100》,而当500降临时,我有点辗转反侧了,心中文字激荡。

有人讲我"说得比唱得好听",本非夸人的话我听出了夸的味道,听说松江有群说得好听者以微信相聚,分享美文妙律,各美其美,美人之美,美美与共,我设法挤了进去。

挤进这个叫云间阅读会的群,才知尽管世事纷扰红尘滚滚,"芳草鲜美,落英缤纷"的桃花源还是可以真实存在的。"桃花岛主"上海视觉学院的田教授是语言方面的专家,美好娴静,极其平和,教学双优、优秀教师等荣誉在群内以其循循善诱彰显出来。每天大家将本人诵读作品在群中接龙供大家品赏,当日伴读人点评,田教授则带头诵读,并对诵友作品热情鼓励,温柔校正。于是众同好一起阅读天地,品味古今;魂灵互悦,情感共鸣;用心发声,用爱温暖;含英咀华,驷虬乘鹥。

群内潜水几天,我也忍不住了,而且从发声的第一天起,就跟自己暗暗较着把劲:看自己一天不落能坚持多久。跬步可阶,千里难至,世无捷径,唯有蹄疾。

我选读作品以古文为主兼当今美文,以经典为主,也会信手拈来,甚至本人文章。当然，每读一篇文章，必先看懂读透，包括作者生平、写作背景都要加以了解，这样诵读才能融会贯通、声情并茂，甚至加以发挥，二度创作。这是要花时间下功夫的，比如啃《论语》，阅读的时间肯定是诵读时间的几十上百倍；攻《诗经》数十百来字用上几个小时是正常的；参悟屈老夫子的《离骚》《九歌》，我也得跟他"乘骐骥以驰骋兮，来吾道夫先路"而上下求索。为饱览现代中外诗歌经典，我将《最受读者喜爱的诗歌大全集》置于案头；为了全面领悟毛泽东主席的诗词，我买了《毛泽东诗词辞典》逐篇沐读敬诵……当然，我也从松江诗人如徐俊国、李潇、王迎高、云间方圆等的作品中，汲取最接地气的滋养，然而最得意的还是每当有自己的作品发表，我会自豪地诵读出来，美其名曰方便大家阅读，实则再次显摆。最奇特的诵读是春日徜徉故乡谷溪畔，山风配乐，溪流伴奏，我读山读水读树读石读翻飞的白蝶，信口吟来，作《风中呓语》篇，与风交流，与水缠绵，每每重听，仍魂牵梦萦。

在群里，云间晨曲，空谷莺啼，我未发声可闻鼙鼓阵阵；悦读伴眠，丝竹清音，其间有己方能安然入梦。每天坚持阅读加诵读，"时间"二字是大家的疑问，也是我最初的担心。我500天坚持的体会是，时间是挤出来的！别人刷手机追剧，我追经典刷美文；工作累了，我用唐诗宋词放松；茶余饭后，我与孔孟老庄攀谈。还有，我常常下班晚走半小时，在静静的办公室里享受文字、感受音律。有空，就读长一点难一点的；没空，一首熟悉的七绝28个字不到一分钟总归挤得出来。记得一次忙了一整天，我仍赶在24时敲响的前一刻完成日课作业，钟声为我的决心击节小庆。

500天，我阅读诵读了500篇经典；500天，我聆听享受诵友的数千篇美文吟诵。500天里，我加入了上海市朗诵协会；500天里，我以朗诵作品数次登上舞台。这500天，我更加直观、真切、深刻地感受到了中华经典文库之丰、文采之妙、文韵之雅和我相形之浅薄。

路漫漫，道修远。吾仍将跬步不休，携手同道人，溢风共上征！

侯建萍

相　聚

"年轻的朋友们，今天来相会，荡起小船儿，暖风轻轻吹，花儿香，鸟儿鸣，春光惹人醉，欢歌笑语绕着彩云飞。……"

尽管不是春天，不是在水面上，但我还是不由得轻轻地哼唱起了这首歌。

这是一家被绿树包围了的酒家。我徜徉在生机盎然的自然景物中，有一种莫名的兴奋与激动。

身材修长、面带微笑的礼仪小姐问明了情况，把我引进了一包间。

一张圆桌几乎霸占了2/3的包间。一盆从墙角上方垂挂的绿色藤蔓，如瀑布飞流直下，仔细一看，原来是把大珠小珠串成了一条条翡翠项链。环顾四周，墙体不雕，木框吊灯微微地泛着红光，与圆桌中央的一束勿忘我遥相呼应，透出一种原始、一种质朴、一种自然。择一靠窗座位，见窗外偌大的大厅里假山曲池，细水潺潺；四处散落着芳树珍卉，婵娟修竹，真乃"寒梅引旧枝，映竹复临池"。

就在这个小包间里，一场同学聚会即将开始。我想象着一位位同学当年的模样与当时的那份纯真。正美美地回忆着，同学们陆续赶到了，她们就像一只只喜鹊，让宁静的空间热闹了起来。

12个女人，三三两两，自然地分成了几个小圈子。"不公平，不公平！"小徐面对着小金，一个劲地直嚷嚷。"什么不公平？"小金似乎还没反应过来。"岁月这把刀，怎么就没在你脸上留下刻痕！"小徐说得一本正经，"你怎么还像当年那样年轻、漂亮！""哈哈，不老是妖怪呢！"两人互拍着双肩，一脸灿烂。"你们好！你们好！"荣荣带着大姐般的微笑与风度向大家拱拱手。她已是一位老干部了，村支书与村主任两个职务一肩挑。多年的历练，她比学生时代更沉稳，更显女干部的风韵。"秀秀！"大家异口同声地叫着正走进我们这个小圈子的她。"秀秀，我估摸着，"又是小徐开口，"你的小日子过得一定挺滋润！""你是说我——"秀秀看了看自己有点发福的身体，"养尊处优？""不不，你这是心宽……"小徐把"体胖"两字咽了下去。

大家围桌而坐，虽已步入中年，但灿烂与自信的脸庞敢于向年轻人挑战。从她们滋润、饱满的脸上我读到了女人的幸福与甜美。

经过了时光和阅历的熏染，她们变得大气了、淡定了。讲话是和缓的，神情是清朗的，思想是沉静的。变化最大的是小梅，从学生时的小胖子，变成了一个雍容华贵的气质女人。一件淡咖啡的束腰羊绒毛领大衣，把高贵和稳重表现得淋漓尽致。浅浅的笑，轻声慢语，温柔得让女人羡慕，让男人醉心。都说女人的魅力是智慧下的温柔，她属于这类女人。还有娟，1.72米的个，挺拔、匀称的身材，穿什么都很摩登。只是几年前动了两次大手术，显得有点瘦弱，脸也没有上学时那般秀丽与红润，但那双大眼睛还是那么炯炯有神。席间，娟感慨道："经历了病痛的折磨，我现在真正明白，一个人健康、平安最重要，我建议大家为健康干杯。"我们一起举起了酒杯。

我们说着话、嬉笑着，我们亲酒、亲饮料。"哎，你们不要太浪费了好不好，你们把一桌子佳肴给冷落了。今天谁也不许减肥。"脸已被酒精熏得通红的小莉发话了。她指指桌上，拿起公筷就分菜。

我们品着酒、吃着菜、说着话……时间不仅给了我们理性思考的可能，而且还是一种考量，考量我们的素质，考量我们对人生的感悟。当年的我们，因为学业竞争，因为性格差异，因为大大小小、零零碎碎的磕磕碰碰，免不了有这样那样的龃龉、矛盾，这样那样的不愉快，但因为分离，我们渐渐地咀嚼出了同学这个概念所蕴含的滋味，渐渐地体会到了相聚的无比珍贵。我们自然而然地说到了其他同学，每说出一个名字，脑海中就印出一张脸。

班中叫张红芳的有两位，为了区分，班主任刘老师把其中一位改为张凤芳。她是我的老乡，是一个干部的女儿，但她为人低调，不善言辞，是个乖乖女。她性格腼腆，讲话总是轻轻的，眼睛望着下面，从不正视对方，还会脸红。对不熟悉的人，也从不主动搭讪。工作后，她当上了一名财会人员。多年未见她了，趁此机会我问："谁与我老乡有联系？"小竹告诉我："我在候车站见过她几次，她等校车来接。现在的她可不是从前的模样了，衣着时尚了，话也多了，还是她主动打招呼的。"是啊，岁月的磨炼与身份角色的转变，会改变人的性格。张红芳留一头短发，与张凤芳相比，性格活泼，我们管她叫小滑头、小男生。在表演小品时，她总是扮演可爱的假小子，头上歪戴着有舌头的小红帽，身穿牛仔背带裤，脚蹬白球鞋，舞台上的她是最有看点的。她讲故事有声有色，脸部表情特丰富，常常逗得我们哈哈大笑。绕口令是她的强项，班里数她牛。可是，听同学说她工作后生活不太如意。我们衷心祝愿她一切好起来。

忽然想起了小陆。记得搬入新寝室的第一天，同室的小陆占得上铺，高兴得睡不着觉。她穿着汗衫和花短裤，从床上爬到书桌上，说："这里是我的舞台，我为大家献歌一曲。"她一边用手做拉开窗帘状，一边唱起了沪剧《为你打开一扇窗》。我们被她那滑稽的模样笑得前仰后合，忍不住双手拍打桌面来助兴。咚咚咚，几声敲门声。"你们在干什么？休息时间不可以大声喧哗。"是舍务老师的声音。我们一骨碌钻进蚊帐，宿舍里顷刻鸦雀无声。待老师的脚步声渐渐远去，蚊帐里又传出了我们抑制不住的笑声。小陆后来远嫁其他区县，我们至今无法与她取得联系。

二十几年前全班同学曾聚过一次，饭后在学校操场上围成两个大圆圈，席地而坐。我们唱老歌、忆往事、谈未来，那份童真很是可爱。当时相约下一次聚会地点是江浙一带，可是40多号人，真要组织起来很不容易，至今没有实现。今天，有人竟然谈到了退休。有的说退休后一起去旅游，有的说要学搓麻将，还有的说恐怕要领儿孙啰。一时间，气氛让人有点沧桑感。

时间驮着我们从当初一个个率真的黄毛丫头变成了一群成熟女性，时间又是如此实际地改变着每一个人。30多年来，我们为人女、为人妻、为人母，除了沉甸甸的责任和牵挂外，也为自己刻下了鱼尾纹。人生之旅，经历了一个个车站，而每一站都有不同于往昔站点的风光，我们都能珍视和勇敢地面对，我们期待观赏和领略更多的风光。

同学相聚总有一别。无论是一个拥抱，还是一次握手；无论是一个微笑，还是一个亲切的眼神，都传递出友好与不舍。

哦，多变的是岁月，不变的是同学的友谊情深。

倪红霞

我和中国饺子

我是吃饺子长大的孩子，我喜欢饺子，更喜欢教外国人包饺子。

中国的饺子对我来说，不仅是美味的食品，更是一种民族文化，是一种料理艺术，是中国人的骄傲与自豪。

那一年，我考入国外一所国立大学的大学院。在新生座谈会上，当我自我介绍之后，各位教授对我的导师非常羡慕地说："你有美味饺子吃了。"

我的导师一高兴就立刻邀请各位教授星期天到他家跟我学习包饺子。

听到导师的邀请，我差点晕过去，不会厨艺的我，怎么会包饺子呢？然而，饺子是中国文化的一部分，我又怎能说不会呢？

外国人对中国的饺子钟爱有加，他们认为每个中国人都会做美味的饺子。

我上大学院的第一个研究课题竟然是中国饺子。

只有一个星期的时间，课题重要，时间紧迫。没有任何退路，只有全身心地投入对饺子的研究中。

一开始，我想走捷径，学校附近有个饺子店，叫饺子李。我专程拜访了店主，希望有偿学习包饺子技术，结果遭到拒绝，理由是："教会了你，我就不用开店了。"

无奈只能自己刻苦研究，经过不懈努力，我终于研究出三鲜馅饺子，并写出详尽的操作手册。

我在饺子馅中大胆地添加了洋葱。我主张保持食材的原汁原味，拒绝在饺子馅中添加强烈的香辛料，如姜、蒜、大葱、五香粉、香油等。

难忘的时刻终于到了，星期天，载着包饺子的材料与道具，我来到导师家。

导师非常重视这次包饺子活动，还邀请了法国、美国、英国、加拿大等国家的朋友，总计30人。

还好，我有备而来，胸有成竹。

30人分成5组，每组像做实验一样，用量器量出定量的材料，然后根据操作手册，在我的指导下，统一和面、切菜、拌馅、包饺子、煮饺子。大家步调一致，同心协力。

煮饺子是最激动人心的时刻，不同肤色的人围在饺子锅旁，涨红了脸，看着饺子在水中上下起伏，翻腾滚动，感叹声此起彼伏。

当人们吃到第一口饺子的时候，又是一片赞美声。这味道太美妙了，清新爽口，回味无穷，齿颊留香。人们都在赞叹，这是从来没有吃过的上品饺子。

饺子交流会在一片赞美声中结束。当然最得意的是我的导师，那才叫得意扬扬呢。我呢？偷着乐一下。

第二天，饺子名人卡斯咪（我的外文名字）就在学校传开了。

不久，市政府举办大型国际食文化交流会，学校推荐了我。接着根据我在市国际食文化交流会上的表现，又被推荐为市国际文化交流中心中国文化兼职讲师，主要讲中文，中国茶文化、食文化。

托饺子的福，我的留学生活丰富多彩。

课题研究之外，我把所有的精力都倾注在了传播中国文化上。

最壮观的一次是120人分成12组和我一起学习中国文化。

先学习简单的中文，做中国游戏，唱中国歌曲，最后包饺子，120人如痴如醉地沉浸在中国文化之中。

中国文化就这样在外国这座城市的学校及机关团体中传播着。

中国饺子是中国文化的一部分。

我爱中国文化，更爱我的祖国——中国。

顾夕

响板桥前的沉思

那天，当我在小昆山镇以北3公里与青浦区交界处见到残破不堪的响板桥时，不禁心中充满惊喜。山不在高，有仙则名。小昆山因为松江人文始祖二陆（陆机、陆云）曾经长期在此学习、生活而闻名遐迩。而就在它的脚下，居然隐藏着一座康熙年间建造且尚能通行的石桥，这实在是出乎我的意料。

现在，这座形制不大、结构简单的石板桥就呈现在我面前。它长20米，宽2.5米，如一道彩虹横跨在河面，把青浦和松江紧密地连接起来（北面是青浦区，南面是松江区小昆山镇）。两个桥墩深深扎入水中，用力稳稳地把桥面托举起来。桥上铺有石板，只是两边没有安装扶手，而桥面离开水面足有3米，胆小的人过桥时未免有些害怕。这倒也好，简简单单，清清爽爽，整座桥一览无余。

桥面由三段组成，每一段的东西两边各铺着两块长条石，条石下端做成卯榫结构，卯榫上面摆放着几十块和条石一样高低的小方石，二者紧紧地咬合在一起。人走在上面，小方石就会轻轻晃动起来，发出咯吱咯吱的响声。所以，当地村民把它称为响板桥。

响板桥是一座欢乐的桥。200多年来，只要需要，无论是达官贵人，还是平头百姓；无论是乡里乡亲，还是远方来客；无论是耄耋老人，还是垂髫少年，从它上面走过，它从不说拒绝。过桥者的脚或柔或刚地踩着桥面，手或轻或响地拍着桥面，使得桥面咯咯作响。他们把这种响声当作一种美妙的音乐，有滋有味地享受着，或许还会和着这种响声，哼着自创的小调，跳着自编的舞蹈……据说，石桥落成那天是全村的盛大节日。大人小孩全聚集到桥边来。他们敲锣打鼓，燃放烟花爆竹。小孩们觉得好奇，在桥上嬉戏玩耍，然后纵身跳入水中，发出畅快淋漓的欢笑声。这些声音交织在一起，汇成一曲欢快的音乐，穿云破雾，久久地回荡在村头的天空。

响板桥又是一座苦难的桥。听老人们说，清朝末年土匪在这里出没，抗战期间日军在这里横行，响板桥为此承受了许多屈辱。它不仅无数次地被风吹过、雨淋过，重物碾过，还被钢刀砍过、硝烟熏过，所以伤痕累累。

勿以善小而不为，勿以恶小而为之。令人气愤的是，有人竟然过河拆桥，把桥面上的小方石偷回家中，另作他用，使它成了一座危桥。现在，人只能在窄窄的条石上行走，极不安全。体弱者摇摇晃晃，一不小心就会掉入河中。当私欲的洪流淹没了道德的底线，这些人就可以不管不顾地做出损人利己的事情来。

这些年，由于村民不断外迁，响板桥失去了原来的价值，逐渐走向风烛残年，孤寂地淹没在一大片稻田中。

令人欣喜的是，这座始建于康熙五十年（1711），重修于道光六年（1826）的古桥即将迎来春天。小昆山有关部门的同志说，响板桥的重修已被列入议事日程。相信不久的将来，它将以崭新的面目呈现在世人面前。

徐俊国

向伟大汉语献上一个修辞礼貌

一

弗罗斯特以为"诗始于愉悦，终于智慧"，他缘此而写。博尔赫斯以为诗乃"金丝雀的叫声或者日落的彩霞"，它如同登山家所指"山就在那里"，不问因果，一问就俗了。无论是弗罗斯特的"愉悦"和"智慧"，还是博尔赫斯对粗暴提问的不齿和对粗鄙心灵的反驳，还有西默斯·希尼"为了凝视自己，使黑暗发出回声"，这些都影响过我对"缘何写诗"的自问。

不为"缘何写诗"的"何"而写诗，我所有写诗的笨拙、静定、持久和赤诚，都不被"何"所限，我为自己获得的这种生命自由而写诗。诗激活了沉默寡言的我，鼓励我借助汉语的恩赐，饮鸩止渴般，无声而激烈地，一次次，再塑我的生命。

套用木心的一句话："写诗是死前的一段过程。写诗的最佳状态是冷冷清清的风风火火。"因为有"向死而生"，也可以有"向死而写"。因为死有终点，写诗才是那驾母语租借给我的马车，我喜欢它在纸上颠簸前行时"念天地之悠悠，独怆然而泪下"的即时性和在场感。

二

再伟大的诗人、再好的诗观也只能砌出诗歌之一角，谈论诗观是一件很锋利的事，可能误伤自己和写作。我不是一个雄心勃勃的写作者，但我对自己的诗歌工作有比较严格的要求和步骤。鹅塘村系列是确立一个"大地诗人"的谦卑形象，留下一个诗人生而为人的证据，生于斯而长于斯，民胞物与，念兹在兹。致万物系列是探求一个"自然信徒"的灵魂样本，研究一套勾连世间万象的修辞体系。按照我以前的归纳是：悲天，救心，爱世界，这次再加一条：敬母语。

三

"把辣椒水涂在乳头上的那个人，用鞋底打我又把我紧紧抱在怀里的那个人，我泪汪汪地喊她娘。娘生我的地方我终生难忘，那天，蟋蟀在草墩上把锯子拉得钻心响，钻心响的地方叫故乡。"故乡意味着生养，即使哪天父母都不在了，故乡永远是故乡，而童年意味着死去："我们用过的光和岁月，已经生锈了。人老了，要灭了，不知道如何亮着才好。"（《童年灯》）

四

八大山人根本就不在明代灭亡后的时代里，19岁开始，他就"世界以痛吻我"地活在时空的残山剩水里，由崇祯帝忌日"三月十九"四个字组成的鹤形符号，就是他的魂魄。他亦僧亦道，装聋作哑，对着清朝隔岸放火。八大山人在宣纸上养鸟，那种白眼瞪人的墨鸟，并哭之笑之。这是有些诗人喜欢干的事，也是诗人与时代的关系之一种。这类诗人的诗，酷似八大山人笔下的鱼，刀一样游走，将水剖开为空白。然而，诗与时代的关系，不能局限于短刀相接，还可以绵里藏针，甚至从修辞根基上釜底抽薪。我希望我的诗歌，从更远的地方，以微观的角度，卑微地回应和回答这个令人爱恨交织的时代，互文也可以。任何诗人都逃不出他的时代，逃不出诗人与时代的互文关系。

五

记不清在哪里看见的，大意是，假如有足够的想象力用来写作，那还要经验干吗？就此，陡然想起帕斯捷尔纳克的名句，改写一下："如果二月的墨水足够用来哭泣，那还要泪水干啥？"我当然看重想象力的激发，也特别在乎经验的TNT当量，更对知识带给我甄别诗歌真伪的能力心怀敬意。倘若没有随身携带望远镜的自然观察经验，我哪能开启"对景写诗"的致万物写作。就像苇岸如果没有研究过蚂蚁营巢的三种方式，哪能被称为"自然之子"；再如臧棣，如果没观察过小蓟，哪能写出"一千根针插进它小小的花苞"这种只能发生一次的妙句？在北京大学校园的瘦石下，我真的往玉簪花的耳蜗里呵过气，它响了一下。

六

诗歌可以金刚怒目，因为不能承受之重；诗歌可以菩萨低眉，因为不能承受之轻。

七

  修辞重要啊,且必不可少。当然,我所说的修辞不是装饰、粉饰、化妆,也不是洛可可和巴洛克。在我的执念里,修辞几乎就是诗歌的命,一个好修辞,几乎可以撑起一首好诗,一首好诗不可能不动用修辞。"灯光不用任何修辞就可以照亮世界",这本身也是一个修辞。研究一下中外诗歌史可以发现,它有一条隐秘的线索是修辞发展史,不同的宣言、流派和诗观,不同的技术、策略和效果,无不牵扯到诗人对语言的理解和运用,只是他们对修辞的密度、修辞的难度系数和对修辞的警惕性有着不同的,甚至截然相反的偏爱和实验而已。某些伟大的小说,甚至某些伟大作家终其一生的努力,可能就是为了发明和验证一个伟大的修辞。人离开修辞怎么说话,诗人离开修辞怎么写作。世界本身就是一个深不可测的动态修辞,谁没有修辞过世界,谁没有被世界修辞过,谁又能活在修辞之外?聂鲁达承认自己历尽沧桑,我承认我久经修辞。在进入晚年写作之前,我甚至愿意提前坦白,我的整个写作,可以说是向伟大汉语献上一个修辞礼貌。

八

  好诗之好,经得住刀砍斧劈式的文本细读,经得住抽丝剥茧式的逻辑分析。好诗和一部好电影、一部好戏剧一样,必须有一个得以成立的充足理由,必须有一个可靠、可信、可见的修辞支撑物。好诗确立了某种标准,又堵死了一条可供别人模仿的羊肠小路。

九

从老子的"复归于婴儿"和庄子的"我与天地并生，而万物与我为一"中，皆可找到崭新的汉语，崭新的汉语在古老的赋比兴中，隐藏着取之不尽的修辞源流。"从寺庙进去，从前世出来，这是虔诚的香客。从当代进去，从古代出来，这是自然的门徒。以凋敝的方式离家出走，带着赋比兴的香气回到亲人中间，这是语言的孝子。二月递进为三月，人升格为人生。香客在红尘中行善，自然的门徒在山水间散步，语言的孝子忍受着独身的自由。"在古老而崭新的汉语面前，诗人应是一个独身主义者，语言的孝子。天地玄黄之间，中国诗人的胸腔里，一直孤悬着一枚月亮，一双现代性的手抚摸它、按压它，碰响的是古老的忧伤。

十

樱瓣山下，九鹿湖边，醒雪寺旁，坐在麒麟坡上，看白鹭轻轻一飞，就解决了此岸与彼岸的难题。那一瞬，古今是一天，一颗菩萨心。

十一

王维，成不了佛，却内心有佛。研究他和他的作品，弄明白"诗人可以是谁，可以不是谁"，我们可以反思自己"能成为谁，不能成为谁"。再一个是罗伯特·勃莱，他能从黑暗中掏出一些因为过于明亮而无法被握住的意象，他也因此降落于荣格与弗洛伊德的深度，获得孤独、欢乐、神秘、弯曲的时间和让人信赖的白日梦。

十 二

  诗歌就是明天地球就要毁灭,马丁·路德仍然要种下的那棵苹果树,它给灾难和绝望留下一个活口;诗歌就是拿法国大元帅的节杖也不换,阿波里奈尔的那支芦笛,它让灵魂有趣,让世界的耳朵充满音符而不是谎言和命令。毒药为苏格拉底而备,他却用长笛练习一个曲调,就像练习死亡和一个隐喻,这也可以算作诗歌的功效。诗歌有时候是马蒂斯的艺术安乐椅,有安卧、止息、平衡、安抚、慰藉之作用;有时候是老虎凳,诗人替我们坐上去,受刑;有时候是十字架,诗人垂下来,帮人类受难。

清水

镜中城

某天早上醒来,发现城市变成了一片片闪光的碎片。

——题记

窗

从窗户渗进来的春的光景,刚好能照亮屋子。小小坐在窗下,偶尔有风带来窗外月季的香味。

南窗和北窗将家的功能分隔,一半以草地和阳光继续向前伸展,一半则拐个弯走向附近的商场。南窗正对绿地,倚窗远眺,大多时候它是羞涩的,却又常常出其不意引诱一角天来,打破屋里沉闷的气息;北窗则变得日渐琐碎。

两扇窗在屋子里独立着、交谈着,彼此渴望亲近,又不愿丧失自我。我常常惊异于它们的欢快和悲伤。不管是哪扇窗,于我都是难得的伙伴。从它们那里我得知生活的存在。它们是我的眼睛,让我看见思想和空气,看见我自己的内心。

早晨,窗打开青铜色的身体,用特有的触角观察途经的事物,麻雀、枯枝、半空的云、发脾气的流浪猫……夜晚,光线暗淡,像是坐着小船在孤独的夜空经过两岸,岸边的事物生动着,忽而又消散。夜深了,屋暗了,昼夜更替的力量正在磨损窗的肩部。我深信窗通过一呼一吸时时在对我说话,不管是敞开的白昼,还是紧闭的夜晚,它们告诉我当下重要的讯息,而我只读懂了一半。

两扇窗犹豫着,终于交汇。

因长久的相望,汇合而成的南窗、北窗,变成了一扇新的窗。它平静地打开窗棂,迎接未知的世界……

小　小

小小是条犬,全身金黄,长尾巴卷起。每次看我时眼睛带着不同凡响的温情。小小刚出生即遭人遗弃,一团小小地蜷缩在纸箱的角落,我抱起它,无法想象今后我会拥有多少未被赋予过的生命体验。

4岁那年,小小学会了写日记,它每天都写。对门的美美患皮肤病被开水果店的主人嫌弃,明天就要送去很远的地方,再也不会回来。小小告诉水果店老板,它已说服一朵清高的金盏菊,清凉的花瓣已洗净,服用即可解毒治愈。它焦急地,一遍一遍说,可没人理它,也没人知道它在说什么。最后,看着同伴被一辆陌生的车拉走,它想到自己,想到自己幼小被丢弃时的伤心和绝望,一连几天它都没睡好,脑袋肿胀,它只能躲进自己的房间,写下内心的悲伤。当完成第一篇日记时,它突然觉得写作好像能有效医治伤痛。它开始渴望学习,读了很多书。

后来它终于走出家门,去小花园的路上,它看到路两旁的紫薇树长高了,天空和树连成了一体。它还看到一种能渗透万物的力量,很多东西甚至无法用语言来描述。它想,要是美美也能写下这些,也许有一天它就回来了。

月亮和月亮石

似乎和平常一样，城市映照天空，黄浦江平静地流淌，蔷薇和苦楝在围墙边开放。风吹五月，风吹拂蒲公英白色的柔毛，它们伏在城市低处，似乎更纤细了，忐忑着不知随风落向何处。

在降临的夜色中，孤月高悬。

月亮观察城市与凡人不同。城市不断地制造繁华，又不断地破坏繁华，月亮则静静地穿透繁华来观察城市。

一切在匆匆流逝。

时间、金钱、爱情、书、音乐，不同凡响的人们，都匆匆地过去了。

她看到黄浦江有一条支流长出伤痕，深深的烙痕刻在江边的卵石上。这些石头，被经过荒原的风轻轻婆娑。1000年了，它们守着生命的荒芜和繁茂，守住一条江日出而作、日落而息，它们是时间慢慢衰老仅存的果实。在纷繁的城市，它们低垂眼神，用一片小小的坚硬，锁住风声和雷鸣。

月光轻柔地贴上了石头的耳朵，等待发出某种回声。

药　草

悲伤的时候，卑微之物离你最近。

小小隐没在草丛中。竹节草、地被菊、铃兰、长春花已抽穗拔节，等待入药。药草们总是长在不经意的地方，盛开着，凋谢着。

生命兴枯都是使命。

一株草的处境远比人类艰难，冬天无暖屋，夏季无凉气。恶劣环境中，它们不怨天恨地，平静地接受命运。死亡随时发生，也随时提醒它们，深深扎根泥土活下去，哪怕底下磐石坚硬。意志力是它们全部的精神生活。

草们忘记被强迫修剪成整齐、僵硬的短短一片草茎，现在，它们自由地生根、发芽、长出新的植株。它们繁衍出新的生命。小草则被妈妈赋予了一种沉稳的力量，风吹草低，它们发出沙沙声，恍若低沉的叹息。

小小曾经听到过草丛的生活节奏，它用鼻尖触摸草们，表达它的敬畏和深情。

一想到严厉的花园管理员即将复工，寒光凛冽的刀盘除草机就快要启动，小小突然颤抖起来。

洪丽

窗　外

老屋破旧又狭小，只一间正房，半间灶台，两铺土炕。嫂子进门，虽另建一间，还显拥挤。父亲在亲友劝说下，总算同意卖掉老屋，选址重建。

从初春开始施工，历时三四个月，才临近收尾。

除去厨房、走廊，共有六个房间、二十几扇窗。等不及安装窗户、玻璃，我就迫不及待地要求住进去。

"你一个人不怕吗？"家人问。

"不怕。"我信誓旦旦地回答。

其实，我有个小心思，怕妹妹跟我抢，想先下手为强，能拥有独立的房间是我梦寐以求的事。

房间不大，北向，至多不过10米，一张床铺已到窗下。窗不及胸口高，占据大半墙壁。躺在床上几乎与窗齐平。睡时头南脚北，感觉距离窗子远一点，我就觉得自己占据主动，黑暗就在我的掌控之中。

天一黑，我迅速跳上床，钻进被子，裹紧，睁大眼睛，纹丝不动。波动，丰富，黏稠，润湿，灵动的黑暗似魅影布满房间的每个角落，潜伏在门口、床底、背后，随时准备伸出无形的爪子，出其不意，蒙住我的眼睛，掐住我的脖子。我屏住呼吸，不发出任何响动，以为这样黑暗就不会发现我、侵犯我、攻击我。

时间从未如此漫长。

狗叫声将那些黑暗荡开去，将那些黑暗飞溅起来。月光趁机像水一样漫进，悄无声息地流淌过来，射破屋里的阴深，搅动屋里沉闷的气息。我贴紧墙壁，夜风跨过院墙，越过菜园，爬上窗台，又顺着碎花的薄被，拂到我的面上来，送来一阵清凉。

时间过得更慢起来。

没有窗户，打通了大自然和我的隔膜，把风和月光逗引进来，屋里也和外面一样明亮，我的眼睛渐渐能够辨别出周围的一切。

夏夜，月朗，风清，透彻，清亮，月光布满整个庭院。清光融融，浸透天地；虫声唧唧，蛙声阵阵。禾苗上飘摇着月光，花草上跳动着月光，菜园子里菜叶、瓜叶沐浴着月光，闪着碧青光亮的玉米叶，在月下沙沙作响。

繁星密布，浩瀚如海，我从未觉得自己离星星这样近。宇宙的无限深广和天体的无穷奥秘哗啦啦垮塌下来，把我黑咕隆咚地一口完全吞下。

钱钟书先生说："门和窗有不同的意义。把门关上，算是保护。墙上开了窗子，收入光明和空气，窗多少是一种奢侈，屋子在人生里因此增添了意义，窗子有时也会被作为进出口用，譬如小偷、恶人就不敢堂堂正正地从正门进来，只能爬窗子。"

我以为，有了一个窗框，即便没有安装窗子和玻璃，别人便知道那是窗子，彼此间增加了距离，便能把人隔离在外。

人，只有在年少时期，内心纯真、无邪，不含任何杂质，才能这样气定神闲地去享受生命和自然给人带来的快乐和美好。

我曾在30多年前拥有一个真正的夜晚，一个人在一间没有安装窗子的房间过夜。静静地躺在床上，随着光浪浮游。听月光在树林里叮叮当当地飘落，在菜园里哗啦哗啦地拥挤。我无意间收揽和储存的清辉，抵御了日后风高月黑的漫漫长夜。

我不知道有一天，那个夜晚窗外的景象还如此清晰。怀念黑暗与月光皎洁之间妙不可言的转换。白日的喧嚣过后，被月光浸染的乡村月夜竟是如此静谧、清澈透亮。风微微吹拂，黏稠的黑暗缓缓流动，那些星辰就在眼皮上面闪烁，一直照着我进入梦乡。

一些珍贵的东西被我从记忆深处打捞上来，使得那个原本平常夜晚的光辉，似又重现光芒。在那个特定的、独处的时光里，回想整个过程：初始的决心，中间的恐惧，最后感受到星光的灿烂，月之华美，又在我眼前——浮现。

生命成长的节律，以及对自然极为曼妙的感受在内心弥漫开来。那些恐惧和欢欣的细节或片段，那些树影、花香、草动、蛙声、虫鸣、晚风、清辉，记录下20世纪80年代乡村的自然地理风貌和淳朴民风，除了引逗出我对乡土的怀想，更让我对过往的存在和时间心生喟叹。

生命的过程是一个记忆和回归的过程，回望来处，那个夜晚窗外的景象，像是镶嵌在窗子里的，好比画配了框。

林琳

高山流水
——柳无忌与王尚德先生

这是两张民国时期的老照片，照片上的柳无忌（1907—2002）与姨父王尚德（1917—2012）先生风华正茂，西装革履，温文尔雅又风度翩翩，有着那个时代特有的文人气息，不同的是无忌先生戴着副银丝边眼镜。他俩早年有着相似的经历，都以教书育人为业，并子承父业，均在96岁而终，只是两人相隔10岁。随着时光的流逝，他俩间的交往、书信来往、诗词相和早已湮没在历史中，只能通过留下的诗词、文章一窥究竟。

2004年由社会科学文献出版社出版的《教授·学者·诗人柳无忌》一书中，除了柳无忌先生的诗文著作外，还刊登有对他的忆念文章和悼亡诗。这其中就有姨父母的悼念诗，姨父的"一生事业文坛耀，万斛情思祖国萦"和姨母沈元吉的"久仰崔嵬泰斗尊，中西文学究通源""柱折南社文苑恸，孟园星坠失高贤"点明了柳先生的生平。这些诗作最早刊登在江苏省南社研究会会刊《南讯》第17期。

说起南社，它成立于辛亥革命前，社员大多为文化、科技界精英与名人，其中不乏同盟会会员，影响甚广，与黄埔军校一起被誉为"文有南社，武有黄埔"。身为柳亚子先生的长子，无忌先生年轻时就随父入南社，参与南社、新南社的活动，是最后一位去世的南社社员。他自幼熟读《左传精华》《史记》《古文观止》《唐诗三百首》等，熟悉晚明小品、古典散文等，由圣约翰中学、大学毕业后，随舅父转入清华学校留美预备部，后赴美留学，攻读英国文学，喜爱英国浪漫派诗人，尤其是雪莱。毕业后，无忌先生到南开大学，抗战时随校到西南联合大学再到中央大学教书，1946年赴美定居继续教书，弟子遍及四海。在美工作期间，他将印第安纳大学的中文图书馆建设得卓有成效，并留下多部著作。退休后，他以研究南社为主要学术方向，大力推进南社研究并承继南社之精神，从而形成了令海内外人士瞩目的南学。面对衰老，他坦然写下英文诗《九秩行》："身届此高龄，难免思亡故。""自古谁无死，处世宜泰然。""达观面世界，此生乐且逸。"

而姨父王尚德幼年时就在其父子彝先生的教诲下饱读诗书，擅书艺，善篆刻，江苏省立松江中学（松江二中的前身）毕业后，考入浙江大学，学习英国文学、法语等。他喜欢拜伦的诗作《海洋》，曾写道："当年爱咏拜伦句，长啸一声呼巨浪。"毕业时逢抗战全面爆发，他辗转于上海、松江、崇明教书。1947年，参加全国留学考试，取得赴美留学资格，终因战事而放弃，继续留在松江教书育人，数十年来桃李芬芳。暮年时他回忆起大学时光，写道："莘莘学子习西文，济济一堂气味亲。""吟诗弄翰写心情，犹记当年趣味新。"他在《自况》诗中写道："幼时学古诗，父亲桌畔此心驰。""音律高低才摸索，阴阳配合怎参差。""十七幸升高学府，外文英法喜钻研。""欲把中西同汲取，抑扬顿挫顺天然。"退休后，生活"风平浪静意怡然，九二年华志益坚。淡泊胸怀观世界，静宁心志赏尧天。愿将余暑挥毛笔，不费寸阴读史篇。希圣希贤今与古，为民为国结情缘"。他为松江城内诸如醉白池、方塔公园、西林寺和广富林文化遗址公园等处留下许多墨宝，以及《王尚德书法艺术》（为浙江大学书画艺术院系列丛书之二）、《王尚德诗词联选》，并培养了多位书坛与文坛邦彦。

1993年，江苏省南社研究会的成立使南社四才子之一姚鹓雏先生的长女姚明华女士与无忌先生取得了联系。在松江政协之友社云间诗社，姨父母有缘结交明华女士的夫婿杨纪璋（1911—1997），从此两家往来频繁。受托于明华女士，姨父王尚德开始与无忌先生以英文书信互通往来。姨父王尚德在无忌先生九十华诞时祝诗曰："海屋添筹同晋祝，南山尚有更高峰。"姨母沈元吉赠《百寿图》一幅并在图旁作贺词云："星辉南极，桃熟西池，腹有智珠，筹添海屋。先生中土奇才，当今人瑞，南社领袖家声，西国擅名教授。交流文化功高，后进成人有造。风度雍容，健逾松柏，交友朋于五洲，组国际之南社。于天为日方长，在地如山不老，宇宙间航行，欣逢盛世，八千年岁月，伊始于今。"

　　无忌先生还曾请他的助手，担任国际南社学会美国理事、中国南社与柳亚子研究会副会长的高铦先生代他回国时拜访姨父王尚德，两人在豁庐见面后相谈甚欢。姨父王尚德还受高铦先生之邀为其工作的中国社会科学院翻译外文资料，得到有译审职称之高铦先生的嘉许。

　　由《教授·学者·诗人柳无忌》一书中可知，无忌先生虽出身名门，为名校之教授，却是性情中人，不仅傲骨棱棱而且淡泊名利，喜交学问踏实、忠厚之学者。从柳、王两位先生的经历来看，二人均为传统中国式文人，兼受西学影响，一生都以做学问和培养后学为使命，为人正直，待人诚恳，做事一丝不苟。学贯中西、涉猎古今的他们彼此惺惺相惜，"钟期即遇，奏流水以何惭"。古人云君子之交淡如水，甜如蜜，高山流水……

凌万来

纳　凉

今年夏天的上海，那是出奇的热，49个高温日刷新了历史纪录。哪怕对久居里弄的老上海人来说，也是叫苦不迭——"天热得来，潽潽滚，阿拉要热煞脱了"。

热浪滚滚的上海，去的地方真不多，空调房是唯一消暑的好去处。一日傍晚，孩子们问我："老爸，您小时候家里有空调吗？""没有。""那夏天怎么过呀！""爸爸那时候比现在过得有趣多了。"我笑答。"快给我们说说嘛……"

每年夏季来临，20世纪80年代初的九华山下的皖南农村还是沿袭祖辈传下来的习俗——去户外纳凉。

太阳落山之后，村子里依旧热浪袭人。炙烤了一天的水泥晒谷场，余热尚未消退；门前的梧桐树上，蝉儿躲在树梢上叫得正欢；田野里，金黄色的稻谷一棵棵地紧挨着，无精打采地低着头；熏得发黑的烟囱里，炊烟正慢慢地由浓变淡；远处的群山，由之前的明朗渐渐地变成了深褐色。村子里纳凉之前的驱蚊行动开始了。此时，邀上三五个小伙伴，拿上弯刀，跑到山脚下、田埂边，割几把青蒿，往腋下一夹抱回家，从灶台里铲出一些尚未烧尽的柴火，放到大门外一侧的墙角下，上面放一把枯黄的茅草，再压上刚割的青蒿。一会儿工夫，一股股散发着青蒿香味的浓烟被晚风裹挟着串进了屋子里的每个角落。蚊子最受不了这样的烟味，飞蛾也不例外。这种古老的驱蚊法最有功效，也是我每晚纳凉前必须要做的一件事。

　　炊烟散尽，暮色降临。为了省电，家家户户都习惯在各自门前的晒谷场上晚餐。就餐前，在场上放一个小方桌，方桌两侧再放两张竹榻。从村东头的老井里挑来一担井水，用葫芦瓢舀着井水，一瓢瓢均匀地洒在晒谷场上，井水很凉，确实是降温的好帮手。晚餐开始了，左邻右舍的餐桌隔得很近，有的坐在竹榻上，有的坐在小马扎上，有的站着，有的蹲着，端着碗边吃边聊。从田间地头的农活，聊到今年的收成；从老吴的水牛下了两头崽，聊到大华家又在后山脚下开垦了一块荒地；从化肥尿素的紧俏，聊到谢老四家的闺女考上了大学……笑声和着杯盘碰撞的叮当声，从这边的餐桌飞到那边的晒谷场。尽管没有灯光，没有电风扇，但邻里之间那其乐融融的场景显得和谐而温馨。

　　月亮终于从村子东面的莲花山上升起来了，群山、田野、村庄，顷刻间浸在那如水的月光中。田野里，数不清的萤火虫忽上忽下，一闪一闪欢快地跳着舞。蛙声伴着溪流的潺潺声，仿佛一首美妙的小夜曲在月光下吟唱，越发得显出夜的祥和！村子里此时也热闹起来了，姑娘们穿着各式各样的花裙子，三五成群，呼朋引伴；弄堂里孩子们追逐嬉戏，捉迷藏、打夜战，尖叫声、欢笑声此起彼伏；村旁的田野里，几个孩子拿着玻璃瓶，在田埂上来回跳跃着追逐萤火虫，欢快地奔跑着……

　　月亮渐渐地升高了，村子里孩子们的嬉闹声已经听不见了，喧嚣了一天的村庄也终于安静了下来。此时，除了那沉睡的鼾声和蒲扇轻轻的拍打声，再也听不见其他声响了。我静静地躺在门前晒谷场上的躺椅上，沐浴在这柔和的月光中，独自享受这夜的恬静。此时什么都可以想，又什么都可以不想。在这如水的月光下，宁静是属于我们的。辛勤劳作了一天的人们，夜不闭户，都敞开着大门，有的睡在竹榻上，有的睡在躺椅上，还有的干脆在门前的晒谷场上铺一张凉席就地打起鼾来。夜风轻柔地吹过,门前的梧桐叶微微地颤动着,却没有一丝儿声响。在这苍茫的月下,村庄、田野、群山,仿佛母亲怀抱中的婴儿睡着了一般,是那样的静谧……

须臾之间,离开故乡 30 年了。每到夏天,虽然窗外的月光依旧朗照,小区里偶尔也能听到几声蛙鸣,但我总觉得少了些许味道。此时,我就会情不自禁地又思念起故乡夏夜里那种纳凉的滋味了。

王一峰

映日荷花别样红

对荷花的留墨，最早出现在《诗经》中，传唱于汉乐府的歌赋里："江南可采莲，莲叶何田田，鱼戏莲叶间。"历朝历代的文人墨客无不吟诵荷莲的圣洁，世人也以赏荷为大雅之事。位于上海西南的新浜镇，从元朝起大兴荷莲文化，又因地小多圩且形似荷叶，自古被称为荷叶地、芙蓉镇。如今漫步乡间，处处可见美丽的荷花，绵延近千亩，品种多达800余种，蔚为壮观，远近闻名。每年七八月荷花盛开时节姹紫嫣红、千姿百态，当真是"接天莲叶无穷碧，映日荷花别样红"。

五六月的天，新浜的荷花已开始崭露头角。在一片片绿色的荷叶间，隐隐约约着粉色的、绯红的、奶白的、淡黄的，都露出一点点尖尖的头，花苞包得紧紧的，羞涩娇嫩，透露着青稚的气息，倚着荷叶不时微微点头。待到盛暑来临，柔软轻薄的花瓣完全展开，大玉盘般的荷叶虽是更加浓郁密集的绿，却也不得不退化成背景。此时才可以看到，那粉的并不是完全的粉，芯子里是星星点点的黄；那绯红也不是通体绯红，而是由浅入深地过渡，每朵都不尽相同，淋漓尽致地展现着色彩上的变幻。整个6月到10月间，新浜的千亩荷花会渐次绽放，"东边不亮西边亮"，任何时间都会让游人乘兴而归。即便秋冬季节，满池菌菭只剩下一些残枝枯叶，却残而不败，枯而不废，依然有一种清寂的美，像简笔的水墨画，每每在细雨中让人驻足，不忍离去。

　　观荷，乃雅事也，独品是一种感觉，众赏是一种情调。荷是自带雅韵的。荷之雅，其雅在茎。不同于其他会枝枝蔓蔓的花草，荷花的茎泾渭分明，两根，一根长花，一根撑叶，专一到极致，以孱弱纤细的一己之力，直直托起花叶，绝不借助一分他力，傲然挺立，经风雨亦不折腰。荷之雅，其雅在花。一朵荷花的盛开和凋零，有"小荷才露尖尖角"的青涩，有"碧荷绽露伴蝉鸣"的诗意，有"映日荷花别样红"的震撼，也有"留得残荷听雨声"的沧桑，荷花的一生写尽人世间的酸甜苦辣，却自有本心与纯洁的留守，终其一生不变志节。荷之雅，其雅在叶。碧绿的圆盘状绿叶铺满池面，层层叠叠，雨后尤其亮眼，叶片被附上了光感，上面滚动着如水晶般的珠子，仿佛从少女的长睫毛上滴下，碎成一颗颗小小的圆。风吹过，荷叶如波浪般卷起，带来云卷云舒般的惬意。

　　著名画家张大千一生画荷无数，常以"君子之风，其清穆如"喻荷，可谓情有独钟，成就了美术史上独树一帜的"大千荷"。其居住的庭园内，通常要开辟池塘，遍植荷花，即便在相对局促的摩耶精舍，仍用几只大缸养满荷花方能安心。花开时节，大千先生便四处游历，寻亲访友，赏花写生。他曾在松江城内居住，因痛失恋人在禅定寺削发为僧百日。倘若他游历到新浜，见到这接天莲叶的大片荷塘，必然会一声赞叹，或是挥毫泼墨，或是静守时光，把心绪隐遁在淡淡的荷香里。新浜籍画家吴玉梅，是唐云的入室弟子，最爱描绘家乡田间的风物，荷花在其笔下清新自然，极富韵味。

　　以荷入馔，亦是风雅之事。新浜荷花宴已经出品 28 道佳肴——果味藕带节，是用果珍粉泡大半天藕带所得，装盘时随意丢十几粒小豌豆，配上桃红色荷花娇羞的花瓣，如一幅江南水乡画映入眼帘，未举筷子已经陶然；莲子焖酥肉，选用干莲心，与上好的连皮五花肉拼在一起蒸，勾一个酱红甜蜜的汁，配以绿色荷叶和粉色荷花瓣装盘，高贵典雅……这样的菜色以荷叶茶相佐，赏心悦目，清心润肺。

在松江人看来，新浜的荷花别样红，还有另一层寓意。1927年，陈云同志领导著名的枫泾暴动时，赵王村村西的大方庵曾是指挥所，至今当我们走进史料陈列室时，依然会被那段硝烟弥漫的革命岁月深深打动。这段历史为新浜荷叶地注入了红色基因，也晕染了这一丛丛荷花。世人常用"出淤泥而不染，濯清涟而不妖"来形容荷的纯洁，赞颂像荷一样纯洁高尚的人。陈云在革命、建设、改革中屡建大功，长期掌管共和国的钱袋子，但终其一生清正廉洁，不正是荷花高尚品格的真实写照吗？

神游于荷的世界，那种不慕名利的超然、简单质朴的从容，令人心动情涌。在新浜，人们的生活单纯而规律，日出而作、日落而息，在歌舞中释放身心，祈祷五谷丰登，风调雨顺。耘稻之际，田头响彻一首嘹亮的新浜山歌，那是在唱我伲农民的幸福梦想；节庆之余，街上扭起一段花篮马灯舞，那是在舞我伲农民的美好生活。久而久之，本土歌舞形成了宝贵的非物质文化遗产。新浜有"戏剧之乡"的底气，活跃着一批热心创作的民间文艺爱好者，走出了著名剧作家陆军先生。村民们最爱去的地方是戏台，几乎每个村都有，小到不满10人的"螺蛳壳道场"，大到可容纳500人的大舞台，戏台成了记忆乡愁、传承文化的载体。这台上唱的荷花赞歌，映射的是一方水土一方人："百花园里不争春，只爱家乡泥和水。……"

如今的新浜，四季景色宜人。春有牡丹夏赏荷，秋看稻浪冬赏梅。然而，最负盛名的，还是每年的荷花节。人们纷至沓来，只为赴一场视觉的盛宴，享一刻夏日的欢愉。唯有芙蓉出清水，花开时节动云间。盛夏时节又要到来，到新浜赏一池映日的荷花容，品一壶清香的荷叶茶，尝一桌特别的荷花宴，闻一阕典雅的古琴音，听岁月浅吟轻唱，看时光静雅如流，人生如此，岂不快哉？

年磊

母亲的凉面条

又到三伏天，酷暑难耐，每逢吃饭的时间，总是没胃口。

此时，遥忆儿时，很想吃母亲做的凉面条。那时兄弟姐妹五人，都尚小，盛夏中午，母亲从田间干活回来，我们便像雏鸟般飞奔过去，仰起小脸急切地问："娘，晌午吃啥？"

母亲走到院子里，放下手中的农具，一手举着刚从菜园子里摘的黄瓜和西红柿，笑呵呵地说："吃凉面条吧！"于是，我们便开心地期待着。凉面条，不仅是夏日里最可口的饭食，更是难耐酷暑里的一股清凉。

大姐是老大，当然说话有分量，由她来分工。大姐抱柴，我烧锅，大弟负责从村西头挑水备用，妹妹和小弟剥蒜，并捣成蒜泥，安排完毕，大家便各司其职，开始忙起来。

母亲看着我们，脸上笑开了花。她先是切了几个西红柿，打上几个鸡蛋，在大铁锅里炒熟盛出，放在饭桌上晾一晾，然后用水瓢往大锅里续上水。我把锅塘里塞满柴火，大火烧起来，以备煮面。

在我烧水的间隙，母亲已经和好了面，把面团放盆里醒一会儿，然后把醒好的面团放在案板上，用力揉成光滑的面团，再用手掌心按成饼状，用大擀面杖擀得更薄一点，把面皮卷在擀面杖上，从中间向外推出一只手的位置，然后两只手转到两边用力拉回到原来的位置，就这样一推一拉，一推一拉，很快一张又大又薄的面皮就擀好了。母亲说，擀的遍数越多，面条才越劲道，才更好吃。

这时，母亲把擀好的面皮上撒上一层薄薄的面粉，然后一前一后把它叠起来，放在案板上，再用刀切成粗细均匀的面条，然后把切好的面条抖散放在案板上。母亲麻利而娴熟地干完活，直起腰来，脸上豆大的汗珠滚了下来，汗水湿透了上衣，我赶紧拿来毛巾帮母亲擦去额头的汗珠。

此时水已烧开，母亲快速地把面条下到锅里，往水里加入一勺盐，为了防止面条粘连，盖上锅盖大火煮熟，随后捞出，放在备有凉水的大铝盆里，一遍遍地用凉水过滤着。

三遍过后，面条的热气消失，母亲便将晾好的西红柿鸡蛋、黄瓜丝、胡萝卜丝、青椒丝放进去。这时，小妹将捣好的蒜泥端了过来，母亲用醋、酱油、香油化开蒜泥，一同倒进盆里。随后，母亲用筷子不停地搅拌着，让面条和各种食材作料完全融合。

那时那刻，真是最为激动和开心的时刻。五个娃围在母亲身边，眼睛盯着盆里的面条，馋得直流口水，肚子咕咕叫……

总之，那一碗爽口的凉面条一口气吃下去，整个身体凉爽而舒畅。天气虽然酷热难耐，可一家人其乐融融地在一起，是何等的幸福时光。

每次回忆起那年那月，那时的场景一直是我童年无比珍贵而快乐的回忆。随着年岁的增长，我逐渐明白了一个道理，那样美味的凉面条里，不仅包含着浓浓的母爱，舐犊情深，还有一家人通力合作、共同劳动的快乐，一家人把爱融合在一起，营养才如此丰富，味道才如此绵长。

"妈妈，太热了，没胃口，想吃你做的凉面条了。"这时，儿子打断我的回忆。"好的，咱们晌午吃凉面条。"

一家三口分好工，我和面、擀面、切面，先生做下手，儿子剥蒜和捣蒜泥。不一会儿凉面条做好了，儿子一口气吃了两大碗，嘴里还不停地说着:"好吃,是妈妈的味道!"

  这一刻,我觉得当年吃母亲做的凉面条的感觉又涌上了心头,一家人围在饭桌旁吃凉面条的温馨画面又浮在眼前。爱在传承着,是家风,是魂,更是根,中间系着浓浓的乡愁……

牧太甫

美成在久

伏羲氏一画分天地，教化生活在自然状态中的人们脱离原始的愚昧，采用一阴一阳两个符号，将人类比较熟悉及和生活密切相关的八种景象，以八卦来表示，告诉大家应该遵守的规矩和必须保持的秩序。

周文王看到商纣王暴虐无道，人们无辜受苦，于是，他把毕生累积的宝贵心得和经验，将八卦两两相重相叠成64个重卦，他儿子周公透过卦辞和爻辞，分别加以注解，利用大众关心未来变化、喜欢趋吉避凶的心理，经由大家的占卜，推广宇宙秩序的观念，规劝君王和百姓循道而行，参赞自然，化育人们，使人与自然和谐发展。

到了孔子的时代，暴君污吏数不胜数，于是，他作《春秋》以警告这些乱臣贼子，为《易经》作传以教化人们。在把宇宙秩序和人生规律更加紧密地连结起来的同时，指出加强道德实践的重要性，把它视为趋吉避凶能否有效的根本要素。

伏羲、文王（以及他的儿子周公）、孔子三位贤人为人类文明奠定了以《易经》为文化基石和群经之首的中华文明。他们三位的初衷，都是为了参赞自然、化育百姓，解救人们于水深火热之中。这其实就是我们中华文明史里最早的"科学教育"。

著名的英国科学史学家李约瑟在《文明的滴定》中写到,中国人"以先验构造的数字命理学或数秘主义的形式来摆弄假说中的数","中国人是最持久、最准确的天象观测者","中国的数学思想总是深奥的代数式的,而不是几何式的"……他在书中大量、详细地阐述了中国古代的科学技术如何改变了整个欧洲和全世界,除了众所周知的四大发明外,更有很少人知道的马镫、植物防疫和《盐铁论》,以及像"机械钟并非发明于文艺复兴早期的欧洲,而是产生于中国唐代"等这一类的世界科学史实等。

今天我们所说的科学,脱胎于西方文明这一母体。通过科学来认识西方文明的特质,思索人类的未来,是我们这个时代的迫切需要,也是科学教育的重要意义所在。

在科技文明主宰一切的当代世界,人们常常悲叹人文精神的丧失。然而,口号式地呼吁人文、空洞地强调精神的重要性,却也显得苍白无力。若非基于真正的理解,简单地推崇或拒斥均属无益,我们真正需要的是深远的思考和探索。

老子说:"悠兮其贵言,功成事遂,百姓皆谓我自然。"庄子则说:"美成在久。"《易经》也说,要以人为本,严格遵守自然规律,对万物的化育,只能"赞"不能"管",只能"弘道"而不能"改道",只能"助长"而不可"揠苗"。

那么,就要进行真正的科学教育,才能让科技文明充满人文精神,让科技文明富含中华因子,更让错失了现代科学时代的中华文明获得科学经验。

大家知道,西方文明有"两本书":《圣经》之书和自然之书;中华文明也应该有类似但更富内涵和外延关系的"两本书":《易经》之书和自然之书。

中国的思想从一开始就有一个核心问题,即如何才能建立一种稳定的社会秩序。这种社会秩序只有与人性相一致才能稳定,而它反过来又反映了宇宙的和谐秩序。"在中国人看来,宇宙是一个巨大的有机体。"总之,中国的世界图景促进了一种非常注重精确观测的自然研究。

荷兰著名科学史家H·弗洛里斯·科恩在《世界的重新创造:近代科学是如何产生的》一书中指出:"文明可以相互碰撞,也可以相互孕育。""当(文明之间的)交流以某种形式进行时,就特别容易带来创新。"这个"某种形式"被他叫作"文化移植"。很显然,在历史发展长河中,"中国则没有发生过一次"。

当今时代正处在百年未有之大变局中,我们当有文化自信,通过科学教育这种极为有效的形式,主动移植创新,主动融合发展,让人类文明重新焕发生机,生生不息。

科学教育,美成在久。当持经达变,含章可贞,抱无成有终的心态,以"功成不必在我,功成必定有我"的决心,终日乾乾,夕惕若厉,终究能生生,过程即生生……

颜萍

车与牌

上个周末沪牌拍牌，22万人参拍，3000多人中标，我有幸成为1/3000，着实窃喜。和我2005年买车相比，这张沪牌似乎来得有点迟。

我虽是上海人，但是在市区读书工作的时候，从来只说自己是松江人，至于松江是"上海之根"，多数上海人是不知道的。我以为上海人是瞧不起松江人（乡下人）的，因为松江在有G60高速之前，交通闭塞，通往市区的道路只有沪松公路，加之以农业见长，我在市区工作的时候，同事是这么形容的：去松江办事，就像去了趟外地，没有半天时间是到不了的。这也是实话。当年，我在市区读大学，每次都是在人民路上的汽车站乘松梅线走高速公路进城，然后在城乡接合部的莘庄换乘地铁1号线或是其他公交去学校，单程至少两个小时。而这个距离，也造就了沪C牌照（免费）。

上海市区外环以外可以申领沪C牌照，在外环以外通行，而一张可以在上海市每个角落通行的沪A牌照，不仅需要拍牌获得，而且价格连年走高，一牌难求。

刚工作那会，我被总公司派往金山上班，单位虽有宿舍，但郊区之间的通行没有一辆自驾车，总觉得寸步难行。于是，父母赞助了一笔买车款，加上我自己微薄的积蓄，凑了10万大洋买了辆当时比较贵气的菱帅，至于上牌，我几乎不假思考地选择上沪 C，享受 "乡下人"的福利。

两年后，我有机会跳槽去了市区一家更有实力的单位。彼时，地铁 9 号线刚刚通车，进市区的途径多了，可在郊区享受惯了私家车的独立空间，挤地铁显得很不习惯。那么，开车进市区只有两个可能：一是上沪 A 牌照，当时拍牌均价 3 万多；二是上外地牌照。外地牌照有一定的进出限制，比如高峰时段不能上高架等，但不算严苛。再三权衡之后，我花了 3000 元，上上了浙江嘉兴的牌照，算是打了个擦边球，顺顺利利地把车开进了市区。

又过了几年，我回到松江工作，菱帅也到了退役的时候，很快我就选好了更新的车型，而在上什么牌照的问题上，又很纠结：一来这次回松，基本是职业生涯的最后一次变动；二来一家老小都在松江，松江是家乡，是归属，是今后主要生活、学习、工作和养老的地方；三来若偶尔去一次市区，打车、地铁都很便利，还省停车费。既然有这么多理由支撑，那么选沪 C 牌照比较合算。

这些年，去市区的次数的确不多，但是主动或被动想换沪 A 牌照的干扰越来越强烈，于是去年申请了一张沪牌标书，经由自己拍、朋友拍，最终交由专业代拍公司，历时一年多，眼看这一年又要过去了，最终在上月成交。

经历过 10 多个月每月 20 多万人的厮杀，最终摘冠的感觉还是很好的，这不仅是出入市区的通行证，更代表一种拼搏精神，与上海的气质吻合。

摔出来的自省

摔得有点猛。从楼梯上滑下来，腾腾腾，不知道滑了几级台阶，骨头和木头碰撞发出震耳欲聋的声响。

大脑一片空白，两眼一抹黑。

但是本能让我倏忽之间爬起来，扶墙站立，痛从四面八方涌来。

定了定神，没忘记这是要去开会。会议重要，不合适请假，我捡起掉在地上的公文包，拿了车钥匙出发。

开车的时候，屁股不敢占满座椅，半悬着，脚踮着踩油门和刹车，稍有颠簸，屁股撕心裂肺地痛。手指也在摔的过程中碰到扶手或者被压到了，明显肿了起来。

开会入座，坐到那把木椅子上，用手撑住扶手，尽量不让重心指向尾椎，侧着身体用一侧屁股上的肉垫着坐。虽看起来姿势不咋的，但硬是撑了一下午。

中场休息的时候，费了很大力气站起来，但碍于面子，也没有和别人提摔跤一事，挪着小步到外场平地走了走。其间，还帮着主办方搬了点东西，从室内到车上，从车上到室内。

痛，是自我的承受，说出来是痛，不说也是痛，所以还是需要自己慢慢消受。

晚上回到家，照例和父母谈笑共进晚餐，轻描淡写地说了摔跤一事，吃完饭去接兴趣班下课的孩子。周末表妹结婚，全家人都去帮忙，我申请在家带娃。

这个周末本就安排了很多案头活要做，需要坐在电脑前静静地琢磨。家里的转椅还算柔软，我坐着可以两个小时不动。真正的痛是每次从椅子上站起来、从床上爬起来，以及打喷嚏、咳嗽的时候，整个从骨髓痛至肌肉再至皮肤，既像骨肉分离的撕痛，又像肌肉胀开的疼痛，那个痛得面目狰狞不是假的，我家娃还戏言：“老妈，你是奥斯卡得主吗？”

"去医院拍个片子吧，排除骨折大家都放心。"于是被家人送到医院拍片。结果很扎心，骶5椎体骨折，静卧处置。

人到中年，第一次骨折，对于酸文人一定是不会放过所谓的自省的。

为什么会摔？这是大家都比较关心的问题。

原因之一肯定是急。为什么急？卡着点。为什么卡着点？手上还其他事情要做。事情做得完吗？做不完。急的背后还有什么原因？一种急切的期盼，急于求成的愿望。临近年底，年度任务没有完成，预期指标还有差距，希望速战速决、速见成效。然而欲速则不达，这下躺平了什么事都干不了了。

原因之二是硬。什么硬？骨头太硬，易折。朋友说，这和骨头硬有什么关系，是缺钙。峣峣易缺，木强则折。学了曾国藩的自警联下联"撑起两根穷骨头"， 从来不屈服、不低头、不求人，而没有学到大师上联的精髓，"养活一团春意思"，意为人处事要柔和，像春天一样生机勃勃、和谐包容。这一摔即折，恰是说明我硬度有余而韧劲不足。

原因之三是强停。命运常常会和我们开玩笑，很多时候则是警示，我们从出生开始，就坐上了时代的列车，火车从绿皮时代驶入了高铁时代，速度越来越快。为什么要停下来，还是那句老话，让身体等一等灵魂吧。这毫无征兆的狠狠一摔，让原来的计划搁浅，甚至流产。然而，暂时的躺平何尝不是一种转机？

命运不会辜负每一个真心努力拼搏的人。

吴安

生命的颜色

绿，是生命的颜色，常常让人们从失落中看到希望。

记得很多年以前，我有一段时间情绪很低落。那次去承德避暑山庄的时候，一路上，我看到了成片成片连绵起伏的山。所有的山上，严严实实地覆盖着密密实实的翠绿的草和层层叠叠的碧绿的树。除了车子行驶的道路之外，满眼除了绿，还是绿。车子在广阔的绿色海洋里奔驰了很久，我的心也在那片望不到边际的绿色海洋里奔驰了很久，在广袤的绿色中久久地浸润着，久久地汲取着大自然所赋予的能量。在那一片绿里，我突然有了热泪盈眶的感动，突然意识到生命的坚韧不拔，突然心里就回荡起了"阳光总在风雨后，乌云上有晴空"的旋律。很多年以后，我已经几乎遗忘了避暑山庄里依山就势的布局、飞檐斗拱的建筑，逐渐淡忘了避暑山庄里精致优雅的装饰、行云流水的书法，然而那一路驶来映满眼帘的漫山遍野的绿，却依旧如昨日般清晰，如阳光般温暖。那片绿，曾经照亮了我的眼，而直到如今，每每回想起来，它依然像当初一般照亮了我的心。

其实，不只是我，我身边的很多人都曾领略过绿色的魅力。我的一位同事，家里从不栽培姹紫嫣红的鲜花，只在一个透明的小水缸里倒上清水，插了绿萝，养了金鱼，放上几只小螺蛳。鱼吃绿萝根上的绿藻，小鱼的排泄物为绿萝提供生长所需的养分，螺蛳则清除水中的垃圾。于是，一个卓然天成的微生态环境油然而生。我的同事从不为换水、喂食而操心，她只需静静地待在小水缸旁边，看着绿萝的叶子在风中轻轻地摇来摇去，看着小鱼的尾巴在水中翩翩地摆来摆去，看着螺蛳的青壳在缸壁上悄悄地挪来挪去，有趣极了。看着，看着，她就会忘记生活中的不愉快，仿佛自己也变成了一株绿萝，在自己的一方天地里，与世隔绝，只与知音相伴。后来，她不知从哪里找来了一些光滑圆溜的鹅卵石，白色的、黄色的、褐色的、青色的，煞是好看，大大小小、参差不齐地在缸底密密麻麻地铺上一层，这缸绿萝就更加盎然生趣了。我的另一些朋友喜欢在院子里、阳台上种些绿植，绿色也给他们的生活增添了一丝丝情趣。我还听闻昔日的同学，把切去了长叶的青葱、用水泡得裂开豆衣的绿豆等蔬菜种在盆子里，有些竟真的种活了，冒出了芽，长出了叶，成了饭桌上的一道道佳肴。

　　不少文人雅士也都在文学作品中表达过对绿的赞颂。朱自清惊诧于梅雨潭的绿，在散文《绿》中表达了自己对于绿的陶醉。艾青则通过现代诗《绿》，描绘了春回大地、到处绿色的美丽景色。唐朝的贺知章吟诵过《咏柳》："碧玉妆成一树高，万条垂下绿丝绦。"一个"碧"字和一个"绿"字，描绘出了柳树别样动人的绿，绿得茁壮，绿得亮丽，衬托出美好的春光。最广为人知的是美国作家欧·亨利的短篇小说《最后一片叶子》。凛冽的寒风中，饱经风霜、穷困潦倒的老画家贝尔门画的那片常青藤叶子，使身患肺炎而奄奄一息的穷学生琼西感到了生命的蓬勃而恢复了健康。那片叶子，"靠近茎部仍然是深绿色，可是锯齿形的叶子边缘已经枯萎发黄"，但就是这样一片似乎已经枯黄的叶子，却用那仅剩的一点点绿，给琼西的心中灌注了无穷的绿色的希望。由此看来，对绿的赞美，古今中外达成了共识；对绿的热爱，是跨越种族、不分你我的。亲近绿，源于人的本性，与文化无关，与年龄也无关。你看，两三岁的小孩子步履趔趄颤巍巍，可看到了绿色的小草，总忍不住挣扎着走过去，欢喜地碰一碰，快活地摸一摸，眼睛弯弯，涌出了无数闪亮闪亮的小星星。年轻人喜欢用鲜花拉近关系，手捧一束玫瑰、百合、勿忘我或者康乃馨，不用言语，一切情感都寄托在花语之中，用一簇簇茂盛的绿色映衬出的深情厚谊，令人格外心动。耄耋老人呢，喜欢聚在一汪绿水边、一排绿树旁，看着明亮的绿色，他们的皱纹里舒展出淡定的笑容，眼角绽开智慧的花朵。

绿，是生命的颜色，充满了生命的活力，充满了生命的能量。它带给人感动，也带给人希望。

杨强劲

陌生人的温暖

朋友聚会，席间，Y君说起自己几年前经历的一件事。

那是一个寒冷冬天的傍晚，地上的雪已经堆积有数寸厚了，Y君一人从周谷堆附近出门前往新火车站。等车的间歇，发现一位老人拎着两只硕大的蛇皮袋踯躅地行走在雪地里，蹒跚的脚步、微驼的背影让Y君想起了自己在老家的母亲。于是，他便走上前询问老人要去哪里，巧的是老人要去往火车站附近的儿子家。Y君便帮老人拎起袋子，拦下一辆出租车，顺道把老人送到目的地。

Y君说到这里的时候，语气艰涩地说："我帮老人拎起蛇皮袋的时候，周围人的眼神真让我一辈子都难以忘记，那是一种怀疑、猜忌夹杂着不屑的眼神，眼神中透出的寒意让人无法承受，比当时的天气更让人感到寒冷。"

后来，Y君把老人送到目的地并打电话给老人的儿子，而后未等老人的儿子到来便离开了。

我说："你的帮助是老人在那个寒冷冬天里最温暖的外套，能把暖意汩汩地传递到她的心里，而且老人的儿子以后遇到这类事情也一定会像你一样去做。"

Y君依然难以释怀地说:"我之所以记得这件事,并不是因为我想夸耀一下自己,而是当时人们的眼神至今想来仿佛都在我的眼前,深深地刺痛了我。"

我说:"如果现在再遇到类似的事情,你还愿意伸出援手吗?"

Y君思索片刻,痛心地摇了摇头。

我想起自己遭遇的一件事。那是在北一环附近,车子的前胎突然坏了,无法行驶,我和妻子下车准备换上备胎,但是由于这只轮胎已经使用了3年多了,轮毂咬合得特别紧,再加上卸胎工具不齐备,所以尽管我们使出了浑身解数,轮毂依然纹丝不动。我看见不远处停着一辆挂着皖F牌照的大货车,三个中年男子正在车下捧着饭盒吃饭,无奈之下,我走上前去想问他们借几件工具。没想到,听我说完情况后,他们放下饭盒,热情地说:"我们来帮你看看。"

于是,三个陌生人围着我的车,一会儿蹲下,一会儿站起来,一会儿又半趴在地上,花了半个多小时,终于帮我换上了备胎。看着他们额前密集的汗珠和满手的油污,我感到十分抱歉,于是说:"师傅,为了我这车,耽误你们这么多时间实在不好意思,你们看饭都凉了,我请你们到附近吃点吧。"

三个汉子异口同声地说不用这么客气,然后叫我发动车子试试看,叮嘱我起步一段路不能开得太快,随后便大步回到大货车那边端起饭盒继续吃饭。

看着他们蹲在那里的身影,我感到自己的内心突然被一种异乎寻常的灼热的东西填满了。

临走的时候,我鸣笛向他们表示感谢,他们挥手回应,这时我看到了三张憨厚而朴实的笑脸。

在车里,我对妻子说,他们是这个社会上最善良的人,他们很朴实,却最美丽。

生活中我们会常常遇到需要别人帮助的事，也常常会遇到需要帮助的人，像途中车胎坏了的我和风雪中的老人。幸运的是，我和那位老人都遇到了像三个汉子和Y君这样的陌生人。我们无须知道对方从哪里来，到哪里去，我们只是相逢在人生的旅途中，擦肩而过之后便不再感到冷漠，不必用过多的言语来解释，一种从心底流出来的东西在彼此的心间回旋激荡，像风微微吹过树叶，像雨点轻轻打湿小草般自然，虽然有时自始至终没有开口和对方说一句话，但我们分明感受到了对方给予我们的温暖，尽管我们匆匆相遇后又将各自上路，尽管那些面孔也许会在念念不忘中渐渐模糊，但彼时彼景永远清晰如昨，每当想起都会化作一束无形的阳光穿枝拂叶而来。

　　台湾作家张曼娟说："人与世界的诸多联系，其实常常是与陌生人的交接，而对于这些人无欲无求，反而能够表现出真正的善意。"

　　两三陌生的人，一些暖人的事，成为我们生命里最美的风景，也让我们有勇气抵御那些冷漠的眼神，丰盈自己的内心。

陈贝贝

堪培拉的秋天

　　堪培拉坐落于南半球，是澳大利亚的首都，也是一座风景优美、气候宜人、安静闲适的小城。我于2011年来到这里，开始为期4年的博士学习生涯。这座小城，承载了我很宝贵的一段回忆。我喜欢看风景，也钟情于记录风景。著名作家老舍先生曾经写过一篇文章，叫作《济南的冬天》，我也应个景儿，写篇《堪培拉的秋天》。

　　记得刚来堪培拉九个月时，第一次经历这里的春天。春天短得像是一首诗，当你意识到那是春天时，它已经离你而去。不过，堪培拉的春季郁金香花展十分热闹，是这座小城一年当中最受欢迎一个节日：人们从悉尼、墨尔本驱车而来，竞相争艳的郁金香、风信子、紫罗兰、百合花让人们的笑声里充盈着令人沉醉的香气，人们在那个小小的展览公园里，安静地欣赏每一朵盛放的花朵，孩子们笑闹着，湖中的硕大充气蜗牛，像一个守护者，欣赏着孩子们的天真。

　　夏天是悠长的，阳光热烈而明亮。樱桃在这个季节成熟，开车越过几座小山坡，来到樱桃园，一边采摘，一边品尝，十分惬意。若是你家附近有大大的草场，那么带上一个野餐篮子，烘焙几个松饼，躺在软软的草地上，你会发现任何烦恼都会逃之夭夭；如若喜欢烧烤，公园里有免费的烧烤炉子，夏日夕阳西下，人们带着食材，晚风中烧烤，别有一番趣味。偶尔有遛狗的居民经过，馋嘴的狗狗拒绝离开的样子，令大家开怀大笑。

至于最喜欢的秋天，我一直怀着好奇的心情，想知道这个未知的季节，究竟是个什么样子。是不是如同我的家乡济南，有蓝天白云的清爽，又带着一丝微凉的秋意呢？是不是如同我待过7年的青岛，到处都是红树绿草呢？是不是像语文课本上描述的那样，黄澄澄的收获季节，又是一年当中文人抒发悲叹的日子呢？

就这么想着、念着，却不知秋天已经到来：渐渐地，街上的漂亮女郎穿的迷你裙不知道什么时候变成了呢绒裙，而走在路上的行人，一不小心，就会头上顶着几片被吹落的半红枫叶。市区中心车站旁边的银杏变成了凡·高画里的向日葵颜色，一阵风吹过，叶子簌簌地飘落，仿佛置身于童话之中，又仿佛像是在油画里面。

小城咖啡厅里的音乐，也开始由夏季的律动舞曲，转为悠长的萨克斯曲调。坐在木椅里，会觉得秋天的微寒融化在每一杯温热的饮品中。每天经过的校园林荫道变成了五彩斑斓的世界，那一株株姿态各异的香槟树，仿佛憋足了劲儿竞相争艳，叶子不知何时已经悄悄地被涂上了色彩：紫红色像血腥玛丽，淡红色像梅洛红酒，嫩黄色像法国香槟，绿色则像薄荷鸡尾酒……这个在夏天着一身墨绿色的林荫道，瞬间成了一幅18世纪的油画，远远地看着，人们驻足静赏，不忍踏入画中。

从我的办公室走到校园门口，有一个迷你玫瑰园，在秋天竟也绽放得一塌糊涂，红玫瑰、白玫瑰，还有黄玫瑰，像一个个淑女，迎接着每一位来访的宾客。春天和夏天，玫瑰树上几乎光秃秃的，只有几片叶子，好像一位灰姑娘，到了秋天，就真的称得上是一位公主了。你若喜欢室外阅读，会发现连图书馆门口的桌子上，都落满了各种叶子，树上的乌鸦和喜鹊，渐渐不似往日的聒噪，安静地站在树丫上，凝望着来来往往的人们。

我恍然大悟，这就是堪培拉的秋天。相比悠长又热情的夏天，这里的秋天宁静而清爽，斑斓而低调。阳光变得慵懒，从炽热的温度中恢复过来，温暖又宜人；草地上沐浴着日光的人们，从夏天的高烧中苏醒，慢悠悠地遛着一只苏格兰犬；教堂的钟声变得更加悠扬，穿过街道、丛林，到达城市和田野相接的地方。

堪培拉秋天的一切，节奏放慢了一格。走累了，就在街边随便找一家店坐下来，无论是穷人还是富人，买一杯付得起钱的咖啡，慢慢品味。枫叶就在你的头顶慢慢变红，鸽子们飞过宝石蓝的天空，孩子们骑着自行车唱着歌。

秋天到了。

乔进礼

轧水井

装修房子的事,妻总是有各种各样的奇思妙想,比如集成灶、湿垃圾处理器、洗碗机等,许多我不曾想到的东西,都要进入家门。其他的东西,我大多没有感觉,其中有一款直饮机,倒是让我心生感慨,许多小时候的事情都涌上了心头,仿佛就在昨天一样,但转眼间,已物是人非。

我尽管在上海已经10多年了,但是出生于河南商丘这个事实,确实任何时候也无法改变。人常言:"狐死首丘,叶落归根。"有时,想着如果有朝一日离开人世,还想着能够埋到自家的田间地头,守望着那一片庄稼地。只是,人世间不如意事十之八九,至于最后能否如愿也只能听天由命了。

受疫情影响,我回家的次数越来越少。只是家乡的人、家乡的事,我还时常牵挂着。每次回家,家里都会发生一些变化。有些是,科技发展给农耕带来的变化;有些是,国家政策给农民生活带来了提升;还有些,只是家人传过来的消息,家里的那个谁没了,有的是年纪大的,有的是比较年轻的。

东拉西扯说这么多,无非是内心充满了今昔之感,需要宣泄。说到取水设备,我时常想起小时候家里的那口轧水井,它在我记事起就有了。

它是一口浅水井，模样非常古朴，每次轧水时，先要加进去一些水，然后不断地轧，水就会出来了。我们称加进去的这些水为"引水母"，又简称"水母"。

当时，这口井轧出来的水是浑的，有一些泥沙，轧出一桶水，必须澄一段时间，然后取上面的水喝，将下面沉淀的泥沙倒掉。尽管如此，当时并不是每家每户都有这样的水井。邻居家的婶子，住在我家西南角，他们家一开始就没有水井。婶子经常到我家来轧水，在我刚记事的时候，她就得病死了，所以她在我家轧水时，回头看我的画面，是我对婶子唯一的印象。

婶子死后，叔叔带着两儿一女三个孩子，依旧照常过日子。凭借勤劳苦干，叔叔家的生活水平并没有降低，在饮食上甚至还有所提升。我清楚地记得，就在婶子去世的那两年，叔叔家打了一口深水井，轧出来的水甘甜可口，一点泥沙也没有。于是，风水轮流转，我们家的水井退出了历史舞台，我们开始到叔叔家去轧水。有时候，父亲去；有时候，母亲去；我们兄弟长大后，也开始拎着水桶去轧水。

我在读的小学，在二里之外的邻村，有时上学时我会带着一个啤酒瓶或者饮料瓶，里面装上水，等口渴时饮用。家庭比较好的，还会放一两粒糖精，让水变得更甜。大多数的人并没有带水，而是下课时到学校旁边的邻家去轧水，接一瓢凉水一饮而尽，大家排队轮流如此。那时候的农家院落，大多没有围墙，才有了这样的氛围。后来围墙开始多了起来，甚至成了每家每户的标配，我一直认为围墙是弊大于利的，隔开了人情，让村民变得冷漠。以前串门只需喊一嗓子，现在必须敲别人家的大门了，这是许多人都不愿做的事。于是，连串门也变得少了。

这样的生活持续了很多年，后来母亲生病，家里的三间瓦房也过于老旧，准备拆掉重盖。奶奶家有四间瓦房，只有爷爷和奶奶居住。于是，只好遵循天之道，损有余而补不足了。我们搬了过去，权作过渡。没想到仅仅过了两年多，母亲就撒手人寰。新盖的房子给了哥哥，我们就一直住在奶奶的房子里。

跟奶奶生活在一起时，也是一口轧水井，水很甜。直到我上大学的时候，回到家仍然喜欢直饮其中的水，而此时，农村的取水方式又有了新变化。邻居们开始大范围地安装电动马达，只要一推开关，水就哗哗地流出来，而且井也打得更深了。以前，全村只有做生意相对富裕的几家有马达自动取水，这时开始"飞入寻常百姓家"了。这时候，我们嫌轧水比较吃力，也会拎着水桶到邻居家取水。我们家当时比较贫困，又连遭变故，所以一直没有装马达。

直到我大学毕业之后，有一次回家，又轧了一桶水，舀了一瓢，带着满满的回忆，使劲喝了一口。令我感到惊讶的是，此时口中泛出的竟然不是甘甜，而是苦涩。我问奶奶："井里的水怎么不好喝了？"奶奶说："是啊，也不知道咋回事，今年井里轧的水不好喝了。这会儿，必须得烧开才能喝，凉水不能喝了！"

我很是失望，但也没有深究细想，接着我就到了上海。再接下来的两年里，听说村里去世了两个年龄不大的人，一个39岁的男人，留下了年轻的妻子和两个未成年的儿子，还有一个是女人，也不过四五十岁。听说，都是得了胃癌。再后来，听说村子里要通自来水了，要与城里人接轨。

我结婚后，带了妻儿回家，家里的轧水井也没了。喝了点自来水管冒出来的水，微微有点发涩，仍没有小时候记忆中的那种清爽甘甜。我知道，时光一去不复返了。轧水井的消亡代表着一个时代的结束，也是我童年和青春的结束。

现在，在南方的农村，或者旅游景点的古镇，偶尔还能够看到轧水井，我总是不自觉地去轧几下，出水顺利的话，就洗洗手，然后掬一捧凉水，放在嘴里面尝尝味道。就目前来说，江南的地下水质，可能要比河南的好一点。这是我多次尝过之后，得出来的结论。现在，常说绿水青山就是金山银山，希望有朝一日回到家乡，能再次喝到甘甜的井水。

方晨

诗的断章,引我重新走向炙热山海
——简评微电影《未竟的诗篇》

近日,友人向我推荐了一部自制微电影——《未竟的诗篇》,诗、山水、留白、禅悦等多元化的要素交织在一起。13分钟的影片话趣无穷,不禁让我鼓荡胸脯。

弗洛伊德认为,梦是被压抑的欲望和伪装起来的满足。观赏完《未竟的诗篇》,我不禁自问:"我们的人生里,还有多少梦的碎片,还有多少诗的断章?倘若把消散的意气凝聚到手中紧握的笔杆,任其在曙光下生辉,在微风里摇曳,我们在一行行生命的诗句里,是书写欲望还是镌刻满足?"

整部影片用较短的时间描绘出巨大的心灵空间,一座微茫的精神宇宙,星星点点与浩瀚无垠在无尽的思考里,显得异曲同工又殊途同归,因为他们都关乎灵魂。观影者不妨怀揣野心,透过一组组画面和镜头去窥探导演的内心世界,甚至可以去驻足、去逗留、去占有。镜头里欲盖弥彰的思想在潜伏,在等一个时机去喷涌,他在和时间赛跑。孰胜孰负,如同阿基里斯与龟的典故,分割,再分割,不断分割,给自己拼凑出挑战时间巨人的狭小空隙,就好比这部影片有意无意地给观影者留下的仓促感,人生太短,载不下这一首未竟的诗篇。

浮光掠影的委婉，浅尝辄止的风度，无不为本部影片点染着欲说还休的基调；古韵风雅的独白，林深见鹿的配乐，都不失为作者的一种手段。可以较为清晰地看到庄周梦蝶的意象，可以隐约感触几层梦境在累聚，但现实意义的欲望终究不能给画外之意更多的喘息空间。梦到底是有点迷糊，不酣畅、不痛快，反而是开篇涟漪映射星河，将人的灵魂撕裂出了一小片，掉落在时空的裂缝里，飘摇向独白以外的广袤。蒙太奇的手法确实是一把利刃，割开一幅又一幅新画面，也将现代都市人心头触目惊心的疤痕赤裸裸地、残忍地在镜头中展播。水肤山骨、风信相伴、鹣鲽情深，一组组将死的和鲜活的丹青缠绵嫁接，从小我见大千，在欲念里挣扎，在束缚下消融，似洒向林间的光，斑斑驳驳，影影绰绰。遗憾，东方韵味的思考未能一以贯之，关于《白桦林》的民谣弹奏属实是在讲述另一个维度里的另一个故事，主人公只是长得像而已，所见所闻亦只是似曾相识而已，无关风月，相忘于江湖。

通过影片，导演想要描述一首未完成的诗，但残缺的诗格捆绑住了镜头内外的人，好在有绿色延续生机，诗化作孤独的火种，独自朝着夜的方向远去了。写到此处，我又想到一段话："少时离家，看山是山，看水是水；中年立业，看山不是山，看水不是水；晚年归途，看山仍是山，看水仍是水。"

回味这部影片，燃烧的诗篇、遥远的星海，未竟的不是诗章，是人心惶惑时不足的历练与沉淀。诗和星海都有一片光，因黑暗而愈发闪耀，但他们都没有感恩夜与黑暗的勇气，只是自顾自地燃烧，夺尽夜幕的璀璨，诗向鸿蒙，承付星野。

影片会结束，人生还在继续，我们还能重新续写未竟的诗篇，还能在梦与诗的交织后重新和不完整的自己深情拥抱吗？诗里歌颂着山海炙热，梦里演绎着星野人生，无论在诗里还是梦里，请不要忘记仰望头顶那一片深邃神秘的苍穹，请不要质疑足下仍是一片布满尘埃的热土。

淦霖

任性的代价

人生低谷的时候，我最喜欢读《鲁滨孙漂流记》，看鲁滨孙如何绝处逢生，忙这个做那个，如何把一手烂牌打得精彩纷呈。鲁滨孙，是每一个人心脏角落里的那个理想主义。

生命在于折腾，鲁滨孙是一个好折腾的冒险家，我虽不敢称冒险，却也爱折腾。这个折腾的背后，或许是一份对生活的热爱，不愿平淡度日，祈愿在不间断的摸索中为平凡的人生增添几抹色彩。而这些，在不懂你的人的眼里，或许就会被认为是自讨苦吃。好在，清醒的年轻人听得到自己内心的声音，而鲁滨孙显然是一个坚持自我而不愿墨守成规的人。

鲁滨孙在流落荒岛前经历过海难和奴役，他落入蛮荒部落首领的手里，成了他的奴隶，虎口逃生，险象环生，但他依然再次上船航行直至独自幸存流落荒岛，最终成就了独居荒岛20多年的传奇故事。这其中，我读到的是一个勇敢、聪明、执着的鲁滨孙。

作为现代人的我们，往往被时代的浪潮裹挟着向前不停地翻滚。于是，用上几天做出一把铲子，再用上十几天开垦出一块荒地，或再花上几十天来耕种与等待的日子，足以让人在读《鲁滨孙漂流记》的时候心向往之。没有评判，没有考核，没有最后期限，逐渐开始明白古人避世山林的隐逸情怀，"种豆南山下，草盛豆苗稀"的随遇而安。当然，天不从人愿，命运不会放过他鼓掌下的任何一个弄潮儿。

所以，作者为鲁滨孙安排了"人类的脚印"与仆人"星期五"，由此独居的悠游自在迅速演变成了一场接续一场的"战争"，与食人族的对抗让我再次看到了一个智勇双全的鲁滨孙。鲁滨孙的梦想实现了，他终于离开了荒岛。

生命的意义在于永不停歇。因此，当好不容易重返文明社会的鲁滨孙抛弃妻子再一次踏上冒险之旅的时候，并不那么令人惊讶，反而让人生出对他的一份理解之情来。

总之，鲁滨孙的人生或许是每一个年轻人都想要去尝试一下的人生，哪怕是其中的某一个阶段。《鲁滨孙漂流记》或许可以被解读成在危难与挫折面前不轻易退缩，但我以为他更想说的是："年轻人，你可以选择任何一种你想要的人生！"

潜伏岁月

电视剧《潜伏》讲述了1945年初，余则成潜伏在国民党军统从事地下工作的故事。今天我要讲述的是松江区车墩镇的一名地下党员奚天然同志，他以8年的地下革命工作，演绎了一部真实版的《潜伏》。

1948年12月寒冷的一天，奚天然按照沪淞工委委员陈伯亮临走时的要求，头戴一顶深灰色的鸭舌便帽，双手戴上棕色翻皮长筒手套，左手拿一个板烟斗，在旅馆门前来回走了两趟。此时，一个戴眼镜、穿麦尔登呢中山装和黑色大衣的中年人，慢慢地从这个旅馆里走出来，此人就是松江特派员胡训谟。一问一答间，两人对上了接头暗号，接上了组织关系。

奚天然和妻子王华在华阳桥开了一家名为奚永源的小杂货店。这家看上去再普通不过的夫妻店，实际是中共松江县城东地区地下党组织的秘密联络点。隔三岔五，一些神秘的顾客就会前来光顾他们的杂货店，悄悄地进行革命活动。

奚天然和胡训谟在自述里，都提到了临近解放前一次死里逃生的经历。奚天然在把胡训谟留下的《新民主主义》油印本交由另一位党员带走时，不慎被过路借宿的伪保安队察觉，当即被扣留。虽然奚天然机智地骗取了伪保安队的信任，连夜出逃而幸免于难，但也因此彻底暴露了身份，被国民党以"共匪"罪名通缉。

死里逃生后，奚天然在国民党的眼皮子底下，又化名陆明，继续以共产党员的身份投入了解放松江的一系列武装斗争中，着实可敬可佩。

在8年的潜伏斗争中，作为中共松江城东区地下党组织负责人的奚天然，还曾领导华阳、车墩、茜蒲泾等地群众进行了一场抗缴日军军粮的斗争。在这场声势浩大的抗军粮斗争中，张小和等人带头组织了车墩、茜蒲泾等乡500多人，成功捣毁了替日军收缴军粮的永裕、义兴两家米行。松江的日伪军抓捕了抗征军粮的领导人，刘绍华、姚新法等被关押，经狱中积极斗争和组织营救，所有被关押人员被释放。

为了纪念像奚天然一样千千万万的地下革命工作者，车墩镇党委于2019年创作了沪剧大戏《金灿灿的谷子》，主要讲述了这次抗缴军粮的故事。

奚天然曾在个人自传中写道："我的经历虽然是我个人的，但这不是我个人的私有财富，应属于党，属于社会，应让它发挥作用。我今年虽有90岁高龄，但我要学习修身，思想常新，与时俱进，为实现民族振兴而努力！"这是一位老革命家的真实写照。我想，这种精神也应当成为我辈前行的动力，激励我们为国家、社会多做贡献。

魏叶

中山路上的童年

听闻中山西路变了样,闲来无事便散步而去。果真看见了各色怀旧壁画,不禁也让我怀旧起来。

我想,我可能是怀念着中山路的。中山路于我,串起了童年的点滴。

出生时,家住方塔小区,一条中山东路便是我整个童年最熟悉的地方。雯雯点心店是母亲常领我去打牙祭的好去处,而今分店开了一家又一家,却就是没了记忆里小馄饨的味道。那时候的方塔公园里还有游泳池,不会游泳的我在父亲亲切的指点下,摸索出了只能游10米的狗爬式。公园对面超市前的投币摇摇车曾一度让我移不开脚步,里面的娃哈哈则是我最熟悉的味道。我也曾自诩为中山东路小霸王,可惜弱小的身躯让我只能顾影自怜。每每到了展销会的时候,便是我最霸王的时候了,拽着父母在卖香肠的小摊前不愿离开,一句"吃饱了才乖"贯穿了整个展销会。

巧的是,中山路的另一头是爷爷奶奶家。因为地处中山西路,总爱称呼他们为朝西爷爷和朝西奶奶。由于松江话中"西"和"鲜"读音相似,以至于我一度觉得他们一定住在朝鲜,小小年纪的我曾一直以为是出国探亲。

那时的中山路上,还没有华亭老街,那里有各式各样的店铺、琳琅满目的货物，现在难得一见的竹篮、竹匾曾在这里随处可寻。也有摆摊的小贩兜售各式小玩意儿，能买到超市里不常见的小零嘴，有现做的棉花糖、爆米花，还能看见做糖画的手艺人。小弄堂的深处还藏着少年宫，曾经无数个周末在这里度过，却又没有什么印象深刻的瞬间，好似有母亲的唠叨，有老师的催促，也曾有不甘心的哭泣，这些都随着时间而慢慢淡去。

那时候，奶奶常会牵着我往西走，修钟表的、弹棉花的、刻字的店总能吸引我驻足观看，直到奶奶买了麻球和大饼将我引诱走。或是去秀野桥下的菜市场晃一圈，再从南边的小路回家，就算什么都不买，沿着市河往回走，看小狗在石墩子上眯着眼，瞧河边的婆姨洗东西，也觉得很有趣，这可能就是生活的气息吧。

这些，便是我怀念过的中山路。怀念消逝的店铺，怀念逝去的时光；怀念头发未白的父母，怀念已故的奶奶……

我想，我是怀念中山路的。

小角落演绎缤纷大世界

——访松江非遗皮影戏传承人唐洪官

一间不到10平方米的小屋子里，七八个半百之人，叙千古事，舞百万兵，十指间是惟妙惟肖的人物和精彩纷呈的世界。

夏初的一个午后，我走进了泗泾镇非遗传习基地。在那一人窄的木梯之后，便是那个双手舞万象的皮影世界——鸿绪堂。推开鸿绪堂的窗棂，凉风拂进小屋，皮影戏传承人唐洪官倚窗娓娓道来。

在老镇深巷里、青砖黛瓦后、朱门绮户中，古圣先贤不朽，市井庸愚仍存，帝王将相常在，才子佳人共饮。

皮影翩翩，匠人已老

皮影戏的历史源远流长，最初入夜围方帷，掌灯烛，皇帝帐中观。之后逢庙会，影班轮番演，百姓齐欢乐。原本以为会一直兴盛下去的行业，清末时期一夕之间便难觅踪迹。再之后也是摸爬滚打，直到现在才渐渐有了点起色。

现在松江皮影戏已被列为上海市级非物质文化遗产名录，传承人之一的唐洪官已到耄耋之年，年纪大了，嗓子也不比从前。"不能一演一整晚哩。"他笑道。

唐洪官背有些驼，但操作起皮影来精神抖擞，如指挥千军万马。在铿锵锣鼓、悠扬琴笛和朗朗演说声中，跌宕起伏的剧情、触动人心的情节展现了一个不一样的现实世界。随着皮影小人儿活灵活现的动作，观众们目不转睛，随主人公同喜怒、共哀怨。

每每演皮影戏，唐洪官就会回忆起当学徒的时候。农闲时的夜色里、灯柱下，一方幕布，锣鼓声响，说唱声起；幕布前是惊叹不绝的观众，幕布后是手指翻飞的皮影艺人。那时候娱乐活动少，皮影戏很招人喜欢，常常是演通宵。

一个皮影班子，大家背着几箱子皮影，赶到表演地时，犹如明星出场，很受欢迎。不同地方的人还会抢幕布。"我们是幕布去哪就到哪里演，那时候还有人从青浦骑自行车到泗泾看皮影戏哩。"唐洪官有点小得意。

唐洪官说真希望能再看见近千人围在幕布前的那种盛况，但现在因皮影戏难以走入快节奏的都市，故全国皮影剧团屈指可数。他有很多想做的，但自己年纪大了，而皮影界的师兄弟、好朋友，也已大都故去，现在他守着鸿绪堂这方寸之地，想把皮影传下去。

唐洪官有四个徒弟，年纪大的有60岁了，小的也已经50岁。他叹道："年轻人很少做这个咯。"就连伴奏的乐队里也找不到年轻人了。

没有年轻血液的注入，唐洪官很担心老祖宗留下的手艺哪一天会失传，所以现在他经常会去学校演，希望这些孩子能真正喜欢皮影戏。"只要喜欢的，我都愿意教啊。"唐洪官语气中满是焦急。他希望有20多岁的年轻人能喜欢皮影、学习皮影和传承皮影。

当然，随着宣传和推广，现在鸿绪堂已不乏年轻的身影，观众多的时候能把整个鸿绪堂挤满。这里最小的常客应该是唐洪官的徒弟陆品莲家的小孙女张彧涵了，她3岁就在这白幕布前看皮影了，大家都喜欢叫她小肉圆。开场前，她会跟着喊定场诗："八月中秋白露。"

看见孩子喜欢皮影戏也让唐洪官很高兴，他也希望更多的孩子能喜欢，所以他们也在排练新剧本，制作新皮影，新的气象唤新人。

百练生巧，多才多艺

从学徒到"老法师"，这条路唐洪官走了60余年。小时候他父亲在余友三班子里吹笛子，他便在一旁观看，到19岁的时候开始学习皮影戏，之后拜入余友三门下，直到8年后，能独自演绎皮影戏了，才算出师。

同一时间操控两个皮影是基本功，有时候一场下来操控十几个皮影不在话下，这需要反复研究剧情，不断练习如何衔接。

学习表演皮影戏，最大的诀窍就是多练习。唐洪官说每当晚上戏班子出去表演时，他就会趁开场前，自己练上几下。后来能演上半场了，这让他很是高兴，也愈发刻苦。

演皮影戏除了技艺要纯熟外，皮影制作也不能马虎，选皮、制皮、画稿、过稿、镂刻、敷彩……这一道道工序，复杂且奇妙，一个简单的皮影小人儿，需要制作者反复上色，才能保证不会褪色。唐洪官说最复杂的一个皮影他做了3天，一笔一画都需斟酌，一针一线都要考虑。

现在他已经很少做牛皮的皮影了，因为真皮放置久了，边角容易翘起，影响使用，维护难度大。现在大多选用塑料，省时省力，但他总觉得少了年少时的味道，不知是因为材质不同，还是时代不同。

除了制作皮影外，唐洪官在配音、敲锣、吹笛子、拉胡琴和前场表演等方面都有建树，是个多面手。目前，他是松江唯一的皮影戏传承人，传承的重任也在他身上，他对大弟子唐家昌寄予了厚望，念白、唱腔都亲自指导。

《岳飞传》《清官李柬》……这些熟记于心的戏，由于嗓子不好，现在演出时，唐洪官只在最后小露一手过过瘾。

阳光透进小窗，照在唐洪官那微驼的背上，他轻抚手上的薄茧，缓缓道："非遗传承必须得靠小辈哩。"

云间笔会
2022

诗　歌

何居华

山间午餐（外三首）

山里人的午餐很特别　无桌无椅
管活路不管时间　活路告一段落
午餐就开始了　女人解下背上的孩子
男人为她折来树枝当筷子　从树上
取下瓦钵里的饭菜　分一半给女人
女人从碗里扒出一点给男人

女人还在给孩子喂奶　男人
已吃完午餐　从女人手里接过孩子
用父亲的慈爱哄着孩子　孩子
吸足带汗味儿的奶　在阳光下
露出甜蜜的微笑

夫妻俩看着微笑的孩子　心里甜甜的
孩子如接受阳光般接受
父母的爱　嘴唇微微动着
仿佛要说什么　孩子心里的阳光
让他会说话的时候再描述吧

树在旁边

身旁的树
默默站立村口　已有几百年了
前辈的前辈甚至更前辈的人
在童年时就认识了树

人和树彼此了解　树给人阴凉和
鸟鸣蝉噪　人给树当儿做孙
世代守望　一代代的人从出生到老死
树却没有半分衰老　依然
铁骨铮铮　枝繁叶茂

傍晚　我们七八个乡邻
手拉手簇拥在树的周围
用血肉之躯去丈量树　体味
大树父亲在生活中的定力
以及对故土的眷念和热爱

不一样的袜子

小时候家里穷　袜子也惜着穿
母亲给袜子做了袜底　这样
一双袜子可以当几双袜子穿　袜底
坏了就不断换　右脚袜子

比左脚袜子磨损得快

几年下来　右脚袜子无法再穿了
左脚袜子却好好的　于是
左脚袜子又陪着另一只右脚袜子使用
这样两只新旧不一　颜色各异的
袜子套在一个人的脚上

上学时　为了面子　我总放下
裤管　罩住两只不一样的袜子
母亲明白我的心思　告诉我
惜袜有袜穿这个简单的道理
几十年来我一直用这个道理　教育
我的孩子及孙子

酒杯老了

人老了　酒杯酒壶也老了
人年轻　酒杯酒壶也年轻
酒壶喝空了　再灌一壶
每次聚会都有年轻的新朋友

酒喝到中年　人数固定
各自的酒量也固定了　不增不减
年轻时酗酒大醉的事没了　上有老
下有小　肩上压着生活的负担

靠酒缓释身体的疲惫

负担没了　人也老了　酒杯
逐渐减少　老酒友陆续缺席
不再相见　留下酒杯
空守寂寞　在人生的黄昏里
独自举杯呷一小口　慢慢地
回忆过往岁月

王迎高

在松江，翻一本黑白相册

岁月是否有倒带，让我重新做人。
重新拼接那条碎了的五彩河七彩路。
重新在失眠中找回那台三五牌座钟里的滴答。
重新在蚂蚁搬家时听一只蝉鸣，看一羽燕贴地低飞。

多么美好，那把奶奶的蒲扇不仅降温，还能驱蚊。
一辆老坦克凤凰车载着一个家的欢乐温度和速度。
一只四喇叭收录机将一根彩虹播出了云的天空与羊群。
一棵院子里的枇杷树，不用施肥也能结出又大又甜的鲜果。

怀念一条露着肚脐眼的短裤。
怀念在道路的尽头折返，向家的方向狂奔。
怀念一场大雨把自己淋成一只掼浪头的落汤鸡。
怀念一条快要干涸的河里，一条大黑鱼等着被抓。
怀念一树悬铃木，挂着挂着就由风吹成踝脚和悼念。
怀念邻居石弟，七六年初中毕业后去东莞打工就断了音信。

回不去了，那些褪了色的小人书和旧时光。

那傍晚铃声中传来的"火烛小心，关好门窗"。

那隔壁老屋走廊炒菜时飘来的油爆葱香与肉香。

那小伙伴相约时发出的布谷布谷的联络暗号。

回不去了，当一颗牙从坚硬中被裁员。

当一根白发在黑压压的拥挤中悄悄破茧成蛾。

当一座老城再次唤醒萤火虫里的耳熟能详与鲈汤肥。

当一个人坐在一只被尘世透射成疾的藤椅内翻开一本黑白相册。

云间方圆

你惊艳了这浅浅的夏（外二首）

你的妩媚与美丽

惊艳了这个浅浅的夏

我却知道

你只是人间高贵的过客

生生不息

是你此生神圣的使命

你用江南式的清纯

在浅浅的夏路过人间

劝你千万江南住

我将携带一抹夏的芬芳

和你一起去山高水长的远方

浅　夏

浅夏

任由思绪微风里放飞
飞过小区的围栏
落入在都市里的楼群
寂寞拐角处扎根

暖风微拂
携带着天边白云的梦
飘过经年的渡口
把曾经的思绪写成诗
贮存在这个特殊的浅夏

春的故事
杜撰过一个远行的梦
走过繁花的春
浅夏渡口轻轻落下
却在远方的故乡发芽

柔和夏阳
落入脸庞
灿烂的笑意
把郁结的心事陶醉
让爱的故事再演

浅浅的夏
碧草青青映入眼帘
像是浅夏的寄语

把夏的柔情注入笔尖

写给奔走的浦江

告　别

与你告别

告别过去的我

我要去青山绿水的地方

在那里写诗论画

游览山水

与你告别

告别繁华的城市

我将去开窗见南山的远方

在那里品茶说红楼

重整文字

宋顺弟

活佛（外一首）

桂云是我的发小
体貌如虎
中年去一家镇医院干门卫

他去之前
医院医患冲突不断，常少东西
他去之后
医院平安无事，常多东西

他在医院的角落造木屋
收留一群流浪猫
工薪一半购猫粮
一半给村里的孤老治病
路人常见
猫立身朝门卫室作揖
老者跪膝朝门卫室磕头

桂云少时贪婪顽劣残忍
偷菜打架杀生的事没少干
而今
他是寺庙外的活佛
比寺庙内的佛明亮生动

门卫室的窗台上站着佛经
椅子上他虔诚的虎身
泛出一波波佛光

帅医生

邻村帅医生吃错药
瘫痪卧床

我探望期间
他反复向神祷告
 "我能走前，
 接骨一只折翅的黄鹂，
 救起二只溺水的蚂蚁，
 买下酒馆笼里的三只草狗，
 法庭上为四个弱女子讨回公道，
 治愈许多奇异怪症的病人。"

他长着三颗心

仁心、人文心和正义心

昨日夜梦，我见
一枚仙风道骨的神
把自己的身躯摁入他的身躯

再去探望时
他已起床
披着浅红色的袈裟
盘坐在西林寺的黄昏上
给一池锦鲤讲经

活是一支领路的火把
推开夜
死是一支坐禅的长明灯
依然推开夜

帅医生死了
他吃错的那味药名字叫黑
我在中药谱里没有找到

沈亚娟

为中国女足亚洲杯夺冠而作

出征异域遇寒冬,
初战未赢霜雪蒙。
绝地攀追不言败,
横天拼杀逆翻空。
两球折转摧坚壁,
一脚反超立俊功。
捷报传来九州动,
如潮欢庆泪熏风。

王福友

一只黑蝶在三月凋落（外一首）

那只好看的黑蝶
凋落在黑色的三月

它曾带着一个少女
美丽的梦想，展翅飞翔

可巨大的不幸，灾难
瞬间将它击中

它折翅于尘埃
从此再也飞不上天

回不到天上的天使
愿你在人间，安好

平安扣

亿万人噙着热泪
读那一行行写满平安的文字
我也泪眼蒙眬
为了看得更真切
一再把那张纸片放大

透过那一行行的娟秀
我读出一个人内心深藏的
美好和柔软

我猜想,它的主人许是一位
豆蔻年华的女孩
或是一位二八芳龄的佳人

那充溢字里行间的
是多么虔诚的祈祷
多么殷殷的祝福

活在尘世中
谁不期盼日日宁静,时时平安
唯有平安能让人踏实,坦然

可这趟未尽之旅

让一切支离破碎
132个鲜活生命魂断蓝天

请跟着亲人们点燃的灯盏回家吧
请跟着亲人们的一声声呼喊回家吧
一路走好，一路平安

梅芷

闲云野鹤（外二章）

一朵闲云，在松郡九峰之上飘然若仙，淡泊的眼神让天空更加明净；一只野鹤，在南村的田野、河渠，时而栖息，时而飞翔。

庙堂的风水是不适的土壤，心中的霜菊枯死，怎能行尸或走肉。

放飞在湖光山色、田园垄亩之间。从大自然撷取，眼眸、胸怀、存在，在天地之间呼吸清风明月、日月星辰，还有南村的草堂，草堂里的瓮牖、竹梁、竹柱、竹椅、竹床、蓑衣、鸣叫的秋虫、书写的叶子……都汲取了天地精华，光阴就有了仙风道骨，就是一首仙籁。

泗水、泾水脉脉着四季流转的清波，岸边的蒹葭苍苍，披着日月的霜，草堂后面的竹林摇曳青翠波纹，茂树浓荫连绵着起伏。"窗浮爽气青山近，书染凉阴绿树圆。"临窗弥望，青山映帘，沉浸书香，有绿树遮挡太阳，化身阴凉。闲云野鹤修身养性的岁华流年。

即使过去几百年，现场感激发前生记忆，灵魂已先于身体出生在陶公的胸怀。

贝叶上的佛经

把自己书写在流水、树叶、明亮的眼眸，光芒不会流逝、湮灭、腐败。草堂里走出一位书生，春雨滋润胸中和村前的原野，勃发的激情一样郁郁葱葱。躬耕之余，田沟水稻旁，成片的络麻和桑树，摘一叶，就是容纳声像、文字的光盘、胶片、备忘录……小天地，大世界，捕捉刹那的吉光片羽，截取瞬变的心灵图像。

在瓮里，地下的树叶，十年暗无天日地窒息封存，却依然跳动鲜活、灵动的心，那时代那土地那截时光，从幽暗走入光明：水流淙淙，桃花映日；鸡犬相闻，邻里往来；黄牛间或的哞叫更显书写的静谧；在竹主居，弟子渴求的眼眸仰慕先生的高山仰止……市井人声、风土人情等，天上人间都浓缩在小小叶片的经纬里。

无论乡野、市井，深山或老林，幽冥洞府还是光明长驱直入的天地，清新俊逸的灵魂透过碰撞的朝代、挪移的乾坤、尘封的岁月、禁锢的幽暗，散逸永不消逝的清香，芳香凝结成历史贝叶上的佛经。

春天，苏醒的九峰三泖

山朗润起来，水清澈起来了。沉睡的土地和记忆苏醒了。一缕缕阳光透过土地的缝隙照进历史的书写，一阵阵春风温煦光阴的过往。

春光给先民捎去阳光的果实和织成的衣裳，给他们果腹和蔽体；春风抚慰刑场上凄恻的眼神和身体里华亭鹤唳的伤口；春光温暖了跨塘桥下的河水、才子的躯体、佳人的痛心和幽怨，也照亮细林夜哭的悲怆，照亮那个凛冽和黑暗的夜晚。

刀剑对血肉的罪恶，唯有死亡才是刽子手最好的救赎。当爱已遥远，彼此无法翻越相隔的高山，徒留的叹息随风而逝。当刀剑销蚀成泥，彼此的边界、锋芒，甚或刀光剑影……过往皆归入尘土。刀斧下的伤口渐渐丢失了痛感，时间是对罪恶最好的宽恕。

那些地下有知的灵魂放下了怀抱的悲伤、哀怨、仇恨和执念……

春光温暖，春风吹拂，春雨轻叩着，春声召唤着纯洁美丽的灵魂。

他们走、钻或顶出地表，在九峰三泖，对着天地说出内心的喜悦，对着太阳歌唱着赞美。油菜花、桃花、梨花……是他们最美的心灵镜像，钻出地面的兰花笋是他们的权权心意……

对春天的感应，呈现最美的自己，抒发最美的感叹，涂抹最美的色彩。

从先民们淳朴之心而来，从才子佳人风骨和玉质而来，从他们诗画里走来。翱翔的鸣叫是穿越千年陪伴二陆读书的江东华亭美丽的鹤鸣，荡漾清澈的三泖河水是子久的《九峰珠翠图》潺潺流淌过来，佘山山坡上花团锦簇的梅花和青翠俊秀的竹子从眉公的梅花卷册上移居过来，一片片金黄辉煌热烈延伸远方的油菜花是南村的瓮酝酿……

在苦难、病痛、恨怨、死亡……的伤口长出新芽，在历史的土壤、时光的记忆开出清新的梦想，所有生灵用最美的笔触描绘九峰三泖至美的春天愿景，用圣洁的心遣怀郁积在胸中魂牵梦萦的乡愁。

漫尘

炊　烟

山谷的下午时光
一切几乎静止
轧路机枕着巨大的碾磙
和粉碎机一起，趴在
大山脚下的沥青路旁

植被还算茂盛的山岗
几只山羊也在树荫下打瞌睡

看得久了，山峦和我
似乎都失去了主客观的意义
彼此不喜不厌

就连山坳里升起的炊烟
也凝滞不动
好像在跟什么较劲

又好像什么都不在乎

我感觉炊烟的主人
也懒得再往灶膛里添一把火
不愿为了我所谓的诗意
打破现在脆弱的平衡

一头鹿朝落日下跪

它似乎能听见我们听不见的
比如这落日：下坠、燃烧、趋向
黑暗时发出的脉冲与叹息
让它保持长时间肃穆
耳朵竖起，眼神如隐士般冷静
而又苍茫。在它眼里
落日是一个充满神谕的发光体

为防止发情期的搏斗
它的嘴被钉上铁条
像淘汰下来的角斗士

是的，我们来欣赏的是：
招展的鹿茸，湿漉漉的梅花斑点
丛林深处那呦呦的鸣唱
溪边啜饮和撒蹄欢奔的

身影。这些它都没有
这精灵,已沦为欲望的牺牲品

夕阳下,万物融合,舐舔感伤
芦荻与枸骨分享彼此的
柔软和尖刺:在我们内心并存
而它朝着落日,扑通下跪
仿佛这微凉的土地有一道缝隙
可以驯服、祷告和掩埋

夏青

断桥（外一首）

云很白，和蓝边界分明。
我们去桥边数云朵，
你指着湖里的那一朵，
让我猜天上的是哪一朵。

你的马尾辫在桥上写字，
我的铁环滚落桥根。
西山的太阳点燃芦花，
许多火苗升腾着，像星星。

这样的时光重复到老桥翻新，
太阳不再着火。
我们已不再给云朵配对，
湖水的倒影是打碎的霓虹。

昨天，你抱着孙子路过我，

我路过西山，两岸尚有旧桥残存。
没有太阳，也没有芦花，
我们都把伞，压得很低。

流水的声音

生活像蜗牛爬行，
又像堵塞的流水，无奈地倔强向前。
符合自然的是清晰的，
像轻乐，又如沉雷。

像日子，
日子不会发声，它不是事物的载体。
这里离自然太远，
看不到黄河与长江，
不见拍岸的巨响和东流的气象。

闭塞市井，
所有的声音，都来自然遥远的山端。
这里，卑微成笼头、茶杯、抽水器，
以及下水道、浴室…存在的理由，
以及人类和类人生物的分量。

轻风掠过所有见与不见的事物，
它们替代流水，代表各自的声响。

王民胜

我喜欢春天的燕子

我喜欢春天的燕子
筑巢后依然自由地飞翔
踩踏着三月里的落花
去扇动轻的翅膀

它唱着欢乐的歌谣
它的梦就在不远的远方
它是想做风的样子呀
怎么懂我的忧伤

可是它也有好奇心
发现了尘世的不同寻常
奇怪平时忙碌的人家
此时却不声不响

世界如此寂静

世界如此寂静：
马路上繁华的车灯，
让道给了过路的春风；
学生们奔跑的身影，
消失在了校园的草坪。

世界如此寂静：
窗边波斯猫的眼睛，
望着蝴蝶追逐过花红；
而一颗心跳的声音，
有谁能在年华里听懂？

世界如此寂静：
我没有睡意昏沉，
黑夜只是暂时的背景；
何况有月亮的清明，
愈合涟漪过后的波心……

吴文利

偶入荷塘

夏炎心躁觅耕烟，
偶入霜塘客叠肩。
粉蕾绿波惊艳处，
荷风千载颂清莲。

独步泰晤士小镇偶感

杏黄簌簌逐风飘,
枫叶层层染赤潮。
独觅诗心丰韵里,
碧天秋水映清漻。

浦江烟渚

圆泄斜塘双合璧，
孤灯冷影定江平。
千帆往复潮音起，
黄歇情吟鹤语声。

入 夏

茸城四月花风信,
一树幽蓝次递开。
布谷声残烟雨里,
忽闻半夜噪蝉来。

子薇

江南呓语

时间，静止不语
伊说，她那驿动的心
安静下来
蛰伏的心事仿佛被摁下去
时间去哪了
倚着老宅木格子窗
她自言自语
莲花垂下眼帘
白荷衣袂飘飘
风送茉莉与白兰花的
体香，老宅属于江南
和美人，在灵动的
羽翼下，其缓缓倾诉
它宝剑锋从磨砺出
金戈铁马的往事
它耕读诗书

腹孕片玉山庄美名的
高光时刻
啊我多期待老街它伸长了
高昂的头颅，而这老宅
也是它飘飘的衣袂

烤肉的酱香沾满了薄荷味

有一阵子,沉迷消毒水
的味道,让我安心凝神
做好每一件事
恰如此刻的美国薄荷
它助我提神,有些微微凉的甜
我的压力日渐微小
昨日两只白鹭飞过南塘
又捎走一些
今日这美国薄荷又
让我缓解,脑海里
反复出现这一幕
我们仨在烧烤,野葡萄架下
几根腐朽的
木头长满了木耳、树灵芝
烤肉的酱香沾满了薄荷的芳香
多年前发现的这款植物

再次光临

它的花语是

有德之人

美术馆记忆之一

远方的客,珍贵的
嘉宾,他们都在赶来
这里有个百年渡口记忆风华展
招贴广告,海浪
拍岸,江水滔滔
"此乃风水宝地
此地,特殊的地域标记
比肩寺庙
供奉地藏王菩萨的古寺
前靠元代古石桥庆阳桥"
某人舌如练江,滔滔
不绝且喜形
于色,爱家乡
真不要理由,而事实上还是有
一千个一万个理由的
此一时我更愿我是

耳边的潺潺溪水

余音绕梁，清凉

一枕边

李潇

安静（外二首）

戏水的鱼们看我来了
不仅没有躲开
反而向我聚拢过来

阳光用下午四点钟的时态
照过来，正好打在
我和它们身上

它们在想什么
我又在想什么
我们互不知道，也不打听

我看着彩色的它们
它们看着朴素的我
我承认我开了一个小差

我被花香浮在半空

院子里百合,栅栏外栀子花
两三滴傍晚的雨掩盖不了
花朵们此起彼伏的香

花香浮在院子的半空中
我被浮在花香之上,下不来
我看到快递小哥诧异的眼神

栀子花的香浓郁而熟悉
百合的香密度小且陌生化
但一朵百合能盛五六朵栀子花

无尽夏和月季也正在开花
它们分别有硕大朵和正宗红
它们也是浮我半空中的同谋

担心花朵们淋雨后变暗或熄灭
赶紧拍照片留作花开花香的证据
来赏花吧,顺便把我从花香上扶下来

我被词语从深夜唤醒

我在电脑上写白天没写完的文章

夜雨用零点的声音告诉我它来了
起初我没当回事，继续敲击键盘

"风大吗，窗户上的薄膜皮渗雨吧
上次屋脊漏雨的地方还漏不漏雨"
我迅速起身，又猛然坐下。哦

我已经身处25年后的异乡城市
多年没动的记忆竟然如此鲜活
谁在深夜唤醒我，为什么唤醒我

惊醒后的我又认真归了一下因
刚才我写到过故乡、童年和乡村小学
这一类词语，还三次写到母亲、老屋

朵而

暴雨后,夜在鸣叫(外一首)

我们不说话,耳朵

被周边密集事物包围,小众,深刻

一盏路灯倒垂在枝杆

只剩内脏,却依旧活着

小径,匆匆走过的

应是熟识的邻人,门卫,流浪猫

江南院子,填充着火棘、蔷薇

毫无悬念地,篱笆挡不住的

由夜替代了,一切发声体

包括檐上悬而未坠的雨滴

让具象增生歧义,比如

突如其来的空会偷袭,并沿着颈椎几条筋

集体突突贯穿到脑门

每当这种时刻来临
我反而选择顺从，顺从
手臂到手指的隐形麻木
也顺从记忆，炎症一样降临

接近真相

树过高，光落在空处
鸟鸣过低，堆在一起
云，没有动

风顺着指示牌练习平衡术
一串字母似的，紧紧挨着彼此

从合作至兰州的高速上，除了沿途释放酒精的呕吐物
搓成碎屑的烟蒂，见底的泡面盒
并未因一张锯齿状托运单
提前给出免检的关键词

走S形的司机，头更深埋进肩脖
他把自己裹成了一个符号
这位在高速上突发酣睡症的患者
之前还在为不熟练的汉语腼腆万分
现在他将我们引入一本消亡史
一边由引擎拔高云的能见度
一边将鸟鸣磨成碎片

同时，他善良而温润

此类表达

不可能再有其他搭车人提出异议

古铜

雪是一面镜子（外五首）

静下来，一种高亢降临，有如纤尘不染的洁白，浩大辉煌，庄严富丽。

白光从秋江升起，芦花荡漾的白，白鹭轻举的白，向白雾轻薄的远处延伸。

我的目光深处，有一片天地下起了小雪。

有些白是悄悄到来的。像父母鬓角的白发，如今我的头上也开始下起小雪。

有些白必须一直保持。譬如如初的素心，君子之交的透彻，人品里外如一的纯净，可与雪互映。

雪是另一种绽放，白是另一种妍美，与上善品格相当。

人生的远足，有时近墨，有时近朱。白，渐次丧失。

在月光下，我们看到自己的阴影；在白天，我们又遮蔽自身的污浊。

把自己交给一场雪，把心掏出来看看，雪是一面镜子。

背对太阳

离开家的时候，双亲背对太阳，面对土地。

我转身，从熟稔的土地走向陌生的远方，三千里。

从此，就有了三千里亲情、三千里心悸、三千里思念的山川距离。

怀着未知的吸引，懵懂离家，走向很多人，走向更多的人。

抱着一支竹笛，却将笛膜藏在心底，每一丝振动，都牵动一块稻田上的禾苗和白发。

在纵横的芦苇荡包围的巨大城市里，夜深人静时风声不期而至，震动安静的笛膜，将河流的浩淼吹奏成宏大的音量，都被译成孤寂。

人走近了，又走远。更多人走近，又走远。有的清醒，有的沉醉。

走到后来，只有影子还在，影子这种远古时代的巫灵，它与世界同在。所以，当你远离世界，顾影自怜的时候，其实你仍然在世界无边无际的包围、碾压和滋养之中。

当我们背对太阳，背对蓝天白云，背对一整座巨大的城市时，甚至背对漫长的时间长河时，什么是大漠孤烟，什么又是草长莺飞？

餐花饮露，吟诗捞月，那些远行者踏上了修途，他就被永远安放在路上，就像那摆渡者，摆渡是永远的轮回，就像宿命。

那时，我们就接过祖辈的衣钵，面对脚下的土地，面对土地上伟大和渺小的事物，将生活恨了又恨，爱了又爱。

三千丈

从唐诗长出三千丈诗情，上接月光，下接酒缸。
从月光长出三千丈孤独，三千丈仰望，三千丈唏嘘。
从酒缸长出三千匹烈马，三千丈豪情，三千丈梦想。

唐绢上三千丈狂草，如冰魄封存的良知在世情漂白之后，三千丈初心如土地上的庄稼，被反复种植，一如金石铭刻的誓盟被反复吟诵。
三千丈秋风吹动三千丈红尘，各种劫难劫了又劫，留下守望三千丈，围绕在建了又毁、毁了又建的家园，孩子们依然在念着唐诗"白发三千丈"。
三千丈诗的种子，像月光洒下清辉，辉映旖旎的世界、明媚的人间。

对　称

我戴着一部无声的耳机，聆听一场关于天文的解说。
宇宙浩瀚，无数众星之间，地球渺小，人类孤独。

我想起儿时关于星空的最早科普，那是在繁星密布的夏夜，我们追逐漫天飞舞的萤火。
那时并不知道，萤火翻飞的家园之外，还有广阔的世界，广阔的世界之外，还有无尽的宇宙。

父辈们将收割的稻谷晾晒在晒谷坪上，铺开凉席在晒场上守夜，整个星空做了我们的蚊帐。
我想，天上是不是也有一群农夫，在晾晒着这些星星？

紫　云

紫气升腾于东方圣土，升腾于五千年演义绵延的东方圣土。

从耕牛哞哞的田野之风，从收割金黄水稻的农桑之味，从围炉宴饮的亲情之暖，紫气升腾。

从巍巍高耸的峻岭崇山，从滔滔不绝的长江黄河，从熙熙攘攘的闹市街衢，紫气升腾。

紫气升腾为云，铺展于九天之上，丰盈如华盖，笼盖九野。

庇护草虫，飞禽走兽，包括尘埃、雾气、巨石、沙漠、林海、沉睡的蛹和心灵、延伸至头顶的神明。

受惠的凡躯皆为圣盘，擎举信念，点亮心灯，汇入紫色之气。

修行者为苦难的人类祈福，慈悲牵动紫气，紫气滋养慈悲。

哦，天使在人间，天使即凡人，慈悲即众生之爱，他们的心愿和梦想，如水汽升腾，与日星之光相映，是为紫色之气。

小到每一颗元素，大至昆仑擎天之柱，天地呈祥，众生繁衍不绝，皆依赖紫色之气。

紫气与大地相呼吸，与浩气相往来，与心灵相应和，以养天地正气，正气在人间，与道相辅相生。

道是老子的道，也是普世的道，包含天道，也融入人道。

而案头这块被"踏天磨刀"的采石工人所采集，"佣刉抱水"的紫色端州砚石，似一块芯片，记录一部人类远行的史册。

成 全

在时间的深度里,有些人冥顽不灵,直到中年仍然稚气未脱;有些人头戴光环,备受关爱,把众生的福泽败尽。

只有那些负重远行者,踏着微茫的星光,笑傲苦难,渴饮沧桑,经过些许炎凉,初尝点滴悲欢,把人间的况味一品再品,始终握住爱和责任,至死不渝。

上苍把众生圈养在时间的栅栏里,任其物竞天择,适者生存。在亿万斯年的久远恒长之中,这一部漫漫旅途的进化论,或许仅是一茬春华秋实,弹指一挥。

而时间隐形着洪水猛兽,大量的时间比暴君还要迅猛,它浩浩汤汤淹没万物,它恣意纵横劫掠一切。

我没见过史前的荒凉沉寂,也没见过恐龙的强壮威猛,那些深藏不露的化石和冰雪封冻的远古遗体,讲述的是遥远的荣耀和辉煌,至今留下的世界,除了迷醉,就是茫然。

有的人,懵懂就是一生。而在宇宙,懵懂或许就是众生。

时间的恩泽点点滴滴。它为世界洒下星光灿烂,它为大地洒下花雨斑斓,在它浩大的工坊里,永不停息的能量推动万物繁衍生息,它一边雕琢、书写,一边塑造、成就,又一边拆卸、抹去。

最苦是时间的奶水,最甜是时间的毒品,慢性渗入大地,弥漫在空气中,飘散在宇宙的浩淼里。

而它仍给予悲悯和成全,以一双无形的手,撒下万能的药粉,渗入冥顽,启迪灵智,让所有伤痛慢慢愈合,万物畅享蓬勃生机。

谌贵芳

山 行

如果内心躁动了，那就走向山野吧。不必走远，有那么一座山就在不远处，随时接纳你、倾听你。

环境清幽宁静，岁月渐渐沉淀。沿着368级台阶拾级而上，一种古老的禅意自远方跋涉而来，在你的面前缓缓莅临，徐徐铺展。

千年的红尘中，时光悄悄拂过你的脸庞，内心的风暴渐趋平息。

佘山，东西两座，不足百米，却是沪上之巅，足以安放一个人的灵魂。

问候清脆的鸟鸣，问候葱茏的草木，问候如黛修篁和头顶吉祥的白云。

随便择一块石头坐下，聆听历史，聆听石头内部存留的木鱼声声，聆听时间的流水，从一个时代，流向一个时代。这时候，倾听比凝视更接近于真实。

闭门即是深山，读书随处净土。

竹窗下，唯有蝉吟鹊噪，方知静里乾坤。陈继儒焚儒衣冠，把人世的疲劳和厌倦全部卸下，把自己安顿在佘山的每一株草木里、每一块岩石里。

明朝旅行家徐霞客也与佘山有着深深的缘分，前后来过五次佘山。他首次来佘山，就与隐居东佘山的陈继儒一见如故，极为亲热，并一起来到西佘山拜见施绍莘。

施绍莘在西佘山辟有三影斋、春雨堂、翯黛楼、秋水庵、聊复轩、西清明寮等崇阁高堂，掩映于青松翠竹之中的别业精舍可谓轩丽室雅，一派兴旺景象。

陈继儒常与施绍莘诗场酒座，邀相往来；东西辉映，盛极一时。置身山水掩映、花木扶疏的美好环境，徐霞客捻着髭须，大为赞赏：佘山胜景，养心怡神！

在山间小径，我看见了动物自由奔跑留下的一行行踪迹。

透过温暖的阳光，我仿佛听见了，丛林大合唱中的两声清脆，它在风中掠过、浮现、淡远，与我遥相呼应。

站在一棵树下，抬头仰望天空，云雾在缭绕，像一个旅人在漂泊，却没有发出像旅人一样慨叹的声音，它们有自己的歌。

此刻，我的心高昂、舒缓，堆出层层远山与缠绵风声：

眉公走远了，气息还在。

霞客远行了，故事还在。

光阴流逝了，遗迹还在。

游览佘山，必须用翻阅一本线装古书的姿势，慢慢品读。

走累了，坐下来，回望过往烟云，可以慢慢梳理，可以轻轻吹散。

坐得矮了，就仰视；站得高了，就俯瞰，全凭自己的性情和心境。

阅读一座山，就是阅读一幅经卷；阅读一座山，就是在阅读生命，阅读人世。

我会顺山而行，在攀登中体会汗水的流淌，在树荫下摘取鸟语蝉鸣。

我会择水而居，喝一口洗心泉通透灵魂，并将所有的生活情节，倾吐给山野的深厚与宽广。

任凭隐隐市声，从远方汹涌而来，又向远方奔腾而去。

佘山仍然耸立，千年万年。

人世间丢失了灵魂的人，都应该到山里来走走！

鲁培栓

七绝·伤春

千芳未谢百花逢,
半亩遗痕半亩空。
沉梦遥观行万里,
人间忘却有春风。

七绝·春日思

柳色初新烟雨涵,
小花已绽满江南。
春风万里千山度,
梦起阑珊是故园。

七绝·初夏自驾江南偶闻

青山扑面两边来,
绿树无垠入我怀。
半叶江南一日览,
神州好梦与君白。

七绝·重游西沙湿地公园

水暖云崖雁落沙,
西风无绪惹闲花。
红黄共谱秋冬曲,
不枉人间走天涯。

李洪涛

尖顶树林

有时树顶
是决定性的终结
我遇到桥，就像昨天一样的事
就像水经过桥
临近天的水面很低
有时打水者会认为
树临近河水
是为了一场不平整的爱情
打水后的水面仍是不平整的
而我也试着给水面叠上另一层阴影

岛是桥的一个比喻
远处的黑色停在白线的终点
白茫茫的避雷针
你已想好
砍伐、捕食，然后静坐

大雨将至,孩子们雀跃着

跳过蓝色警戒线

他们有玉石般的眼睛

发生在屋子里的火将被浇灭

而声音

麻雀斜刺的飞行

直升机的突突声

正在有节奏地发出

在岛上,我有颗巨大的心

我模仿一只鸟

远远看很像一只鸟

一只棱形

打水者今天没有来

或者将不再来

我将不再能遇到他

而鸟仍会穿越树林

无数棱形

不断撞击树林的尖顶

胡震

爱莲说

莲之爱，同予者何人？

一

一个盛放的朝代
必须能够安放
一个同样盛放的灵魂
许他以碎叶城无垠的月光
淬炼一柄
斩妖除魔的长剑
许他以一千首
惊天地泣鬼神的壮丽诗篇
抵达想象所能抵达的
无穷可能性
也许他自诩为青莲
哦这岁月静好的名号

二

居住莲花峰下的人
将流经屋前的水流称作濂溪
栽以莲
常于莲叶田田中
离析动与静
辩证的哲理
并以一篇千古妙文
自证清白的一生
自证文以载道
以及至诚主静的主张
作为宋明理学
绵延发轫的源起

三

那个夜半时分在清华园内
披衣而起
静静观赏荷塘月色的
孤独背影
快一百年了
早已与月色融为一体
与月下荷塘
互为美学

一体共存的参照

四

《本草纲目》记载：
莲花，服食驻颜，天泡湿疹帖之
莲子，补中养神，益气力，除百疾
藕，消食解酒毒，及病后干渴
藕节，捣汁饮，治吐血不止、口鼻出血
莲房，止血崩、下血、尿血
荷叶，生发元气，裨助脾胃，散瘀血，消水
肿痈肿，发痘疮，治吐血咯血、下血尿血、
产后恶血不尽、损伤败血
故莲之爱者
亦宜乎众矣

俞月娥

爆　豆

小风箱拉得呼呼响，
大灶头烧柴亮晃晃，
毛灰要派大用场，
装进脚炉暖洋洋。
乖小囡，
跟了娘娘孵太阳，
脚炉盖歇（揭）开火星旺，
豆豆埋到灰灰里，
一粒一粒硬邦邦。
过一歇，
大眼乌珠小眼乌珠盯牢伊，
蹦蹬蹦蹬毛灰里跳出一阵阵香。
乖小囡看了拍手叫，
爆豆爆得汗水淌。
几粒给囡囡，
几粒给娘娘，

还有几粒舍不得吃，
给隔壁盲眼婆婆也尝尝。

王崇党

生命本草

> 人倒下的地方，会长出草来。草，是人复活的一道记忆。
>
> ——题记

一

那片古迹的斜坡上，草每年都会鲜嫩一次，就算每年烧它一次，也无法阻挡它来年春天再次鲜亮地回归。一次，我费力地拔出一棵粗壮的大草，却不小心带出了它千年前的草根。

先辈的坟堆庄稼环绕，一辈子守着庄稼的先辈，如今轮到庄稼环侍他们。坟堆上长出了丛丛蓬草，先辈的记忆在一棵棵复活。

你看，人们从土里刨食，死后又归于泥土，成为土地的一部分，泥土和庄稼多像我们的至亲。干活累了就靠在坟上休息一会儿，梦里与先辈的交流也是那样亲切自然。

生命如大地的毛发，大地不老，生命连绵。

二

  我在阳台上的盆罐泥土里播下蔬菜种子，长出的每一片嫩叶都是欣喜。不久的将来，还将会有碧绿的青椒和鲜红的西红柿轮番上场。

  尘世是我们的土壤，我们则是那种子，所有的生命密码已经在种子里编辑完成，剩下的只是我们如何翻译自己的人生，觉醒生命，成就自我的枝繁叶茂。

  我努力地翻译着自己的人生，也许人生很多非常重要的部分，被我无意翻译丢了，想到这些，让我徒增了很多烦恼和无奈。

  我庆幸自己爱上了诗歌，可以将自己的人生翻译得更加诗意一点，也许那些翻译不出来的部分，正是人生最诗意的留白，最有张力的部分。

三

  月影之下，我见一株龙葵在秉萤火虫夜读，便蹲身与它交谈。

  "龙葵，你只是一株杂草，还要学习啊？"

  "是啊，因为你们都是病人。"

  "为何这样讲？"

  "我全身都是可入药的，能够给人类散瘀消肿，清热解毒。如今你们中的毒越来越重了，我也要努力提高解毒能力啊！龙葵是人给我的名字，可所有的名字都是一种局限，《本草纲目》里很多药草也被你们称为杂草吧。"

  "也不是每个人都需要消肿解毒，都是病人啊！"

  "每个人都在坐井观天，只是井的深浅不一罢了。广袤的宇宙就像一口深井，人的认知程度对于世界来说几乎可以忽略。身体的病是一种病,心灵的病也是一种病,自大是你们的病吧,傲慢、贪欲、自私、执着等也是。"

"呃,那人也有追求啊,有很多人类的发明创造,没那么不堪吧。"

"所有的科技发明和创造都存疑,那些原理和机巧本来就在,人们只是发现了它。人其实如同一个快递到这个世上的包裹,只顾向外追求,忘了要打开自身,呈现出生命的本来具足,白来世间一趟。"

四

扬谷场上,风吹走灰尘,粮食在空中星辰般闪亮。

每一粒粮食都全息着物种的所有信息,我们"播厥百谷,实函斯活",让生命繁衍生息。自幼赤脚踩在田地里,劳作连着收获,生活单纯而快乐。我则如另一棵庄稼,脚趾如根扎进泥土,吸足肥料随风生长,渐渐颗粒饱满。

我看到生命的广场上,种子大军队形变幻,时而演绎社会变迁,时而组成物种基因图谱,时而连成宇宙星空,时而推理出哲学文化思想。

我抱紧内心本初的种子,保持不变质、不腐烂,等待迸发出生命的奇迹。

五

一株四处奔跑的植物,追逐着斑斓的肥皂泡,不能在一处扎下根须,成了无根之木。逐渐增厚的检验报告,诉说着身体的流失和亏空。

当我终于停下来,观照自己的时候,开始在检验报告的反面练习写诗,慢慢地那些诗句一个字一个字地落地生根,深入脚下的泥土,来自泥土深处的滋养汹涌地注入我的身体,焕发生机的身体一片片长出新叶,随风摇曳。

在中药铺里，我了解到哪些植物可解毒，哪些可安神，哪些可降火，哪些可补气，等等。一服中药，就是一块补丁，我们的身心太需要打补这漏风的身体。

六

我们太过于追求未知的远方，岂不知所有的远方都是近处的复制。

眼前的一株小草、一枚浆果、一片树叶，都是一切远方的存储器，遍含了星辰大海。即便是眼前的草长莺飞、叶绿花红，也都会化尘归入轮回。

我们在泥土草木之中穿梭，一遍遍地爱草木、爱土地，只为在穿梭中与心爱的人不期而遇。

七

一棵树在成长过程中，那些风雨摧折的地方，后来都长出了疤痕般警觉的眼睛，盯着这多变的世界。

代表爱意或仇恨的名字，被我们用小刀刻在树身上，也随着树一起长大，成了树眼睛里撕扯扭曲的名字。我不知道在树眼的盯视下，那些人会不会莫名慌张。

其实，我们在成长过程中，也经受很多风雨挫折。特别是一些事在我们身体里刻骨铭心，留下深深的烙印，也如树眼一样，让我们充满警觉和惊惧。

检视这些烙印时，我惊奇地发现，一些是真实发生过的，一些只是梦中发生的，由于梦中的惊惧过深，醒后也很难释怀，慢慢混入烙印里，成为生命的一部分，让我真假难辨。

这让我不禁怀疑起自己的人生,是不是只是一个梦中梦的虚像。

八

怕黑,是因为黑幕下那些模糊在一起的事物里,有所有我们害怕的东西。

太阳落山后,天总是黑得特别快,动荡汹涌的庄稼地里所有的亡灵开始复活,任何一处都能看出可怕东西的模样,就连微微泛白的小路也如一条小蛇开始蠕动起来,我高声唱着几句熟悉的歌词,壮着胆逃也似的赶回村庄。

在一个严寒的冬季,传言村西南两里的一处河堤上半夜有漂亮的女鬼出没。一日清晨,人们发现村里的老光棍在那里抱着一棵树冻死了,收尸的人看到老光棍脸上还凝固着令人费解的笑容。

小时,房间的土墙上,我能一盯就是很长时间,从那些细小的色差和纹路,我能看出很多人、动物和楼宇,有时能看出一个繁华的集市,有的影像看着看着就动了起来。长大后,我在医院的病床上,看到雪白的房间顶部各类亡魂活动的影子,我只是装作不知道,谁也不告诉。

我知道,有的事说出来就是荒唐。

九

没有荒地。

被管理的土地是一种秩序,不被管理的土地是另一种秩序。那些人们鲜少涉足的地方,往往叫作原始之地,如原始森林,那里物种齐全,生命活跃,是物种的天堂。

一种云存贮开始流行,我也偷偷开辟了一个地方,那里是我的处女地,我常把一些一时无法实现的美好期望放在云上。

等我终于放下一切来这里时,这里早已生机一片,我一点点深入这块土地,一点点得到静穆、欢喜、清凉、圆融……

十

到自然里去吧,那里有你的至亲,你会找到属于你的生命意义。

青也

荷居士：夜游昆秀湖（外一首）

蹚过所有的月色，还未曾抵达你
我爱的你荡漾在绿波里
捧着那么硕大的白，像展翅的白鹭
像一支舞
我猜想，你一定来自江上

在远离喧嚣的尘世，从淤泥里仰起手和脸庞
用圣洁的身姿供养一切美学
用空和苦，灌溉田亩
你从不出现在交易市场，也从不
出现在情爱之手
你不是玫瑰不是牡丹，你是
诗人的一个梦

浩渺盛大的湖泊里，六月盛夏
你把一副单纯娇羞的样子献给五颜六色的眼睛
这个世界缺失太多，而你拥有的

却正是这个世界缺失的
这洁白的梦,让我想起一位居士
他来自江上,他在起舞

访 荷

夕阳在树林子里奔跑,而远方在回来
这乌有的喧腾,还有这荷之臂膀
它握着一颗满目疮痍的心
迎接我,回到它并不结实的怀抱

面对思想家的俯视,所有眼睛都是乌合之众
我对自己都是怀疑的
当人们兴致盎然地绕着枯荷探讨整个夜时
我连你也警惕起来

荷,夜色,月亮和女人,圣洁
都是值得联想的
而我的名字繁杂,寥寥几笔带不过
仿佛有人在临水跳舞一样
仿佛月呼吸着农药的毒一样,仿佛你造的不是诗一样
也仿佛我只对江面动情一样

夜是世间的一块遮羞布,独木舟上的那个人
他端坐绞刑架,保持最美的姿势
面对狂澜一动不动

张萌

拧　开

夜读阿多尼斯
"夜晚和我枕头之间的道路是多么漫长"
独特的表述让语言成为诗

这个下午，我困在阳光里
寻找一场雪的起点，寻找冬天
生锈的钥匙

或者说：我的生活被琥珀色阳光锈住了
我在等一个人，用枯枝
拧开阳光的锁孔

随　记

转头看见一片湖
并不局促的湖面，收紧了
宽阔的心

因为太小，因为没能装下
一朵云的倒影，而
感到羞愧

湖水清浅
两三枝秋天
站在残荷的孤独里

斜靠着路过的鸟声，和
日渐枯萎的
风

已 然

两条通往山顶的路
我总是喜欢走僻静的那一条
因为，它离春天最近

扶着清脆的鸟声向上
石缝，苔痕，寂静里长出
狭窄的春天

沿途都是熟悉的风景
仿佛每个春天都要有这样的
遇见：山中有塔，碧峰如溪

半山腰的桃花倏然，开了。撬动
内心的引擎。山路蜿蜒
已然是春天的模样

白　鹭

苇叶沾满水珠，白鹭振翅
弧线瓷亮，划过晨寂

这些乡间探险家，在空旷的回声里
接受磨炼

潮汐晃动，树影婆娑
湿润的鸣叫落在紫云英上

五丰河在灰麻雀的欢叫声里，推醒了
慵懒的水草

阳光抽离苇叶上的湿气
鸟声的褶皱，映出村庄的脸

适 度

鸟声参差如词语,波纹
扩散

雾未消。凝露
挂在蜡梅滴嫩的幽香里

清晨湿润
寂静荡漾。青枝

伸进窗,房间感受到
立春适度的松弛

袁雪蕾

等　我

等我，从一朵后山修炼的云
变成门前淋漓的雨
再变成你眼中的彩虹和泪水

等我，用人生的另一种输入法
把写下的句号，变成逗号
于省略号里，开出天涯的花朵

等我，在岁月中努力地用嘴巴
去咬住自己的尾巴
连成一个圆满的圈

虽然等我，可能是件遗憾的事
爱如明月，更多时候缺一角
也可能是件危险的事
誓言缄默于胸口

梦里化作呼之欲出的雷

亲爱的自己,你看这
红尘如星斗满天又重又空
你尚可在空中等我

配 方

大风掀开影子的面纱
发现每个人的配方都不太一样

有的人水分多一些
温柔一辈子,也让人沦陷一辈子

有的人是火做的
烤焦别人,也灼伤自己

那个人是金子做的吗
在你心头那么重

让我成为木头人的
是世事风霜,在身上雕花
一会儿阴纹,一会儿阳纹

其实我更愿意是土做的
在我自己还能够做选择的时候
把我最想要的那一颗种子
偷偷地抱在怀里

顾雪莲

在云间（外二首）

春风吹绿一遍，大地开始长高
秋风提着镰刀，大地矮下去
四千年，光阴多少次转身
眷恋在云间

这里诞生伟大，也谱写平凡
历史碎成只言片语
时光拼接文明的密码
铁路在修补远方
星星在缝补夜空
这片土地有无限可能
每条拐弯的河流
都在探寻大海的方向
云朵是季节的序言
落日为美好的一天总结

许多人守住一片山水

为了多看一次日出

许多人走过千山万水

为了回来看一场日落

黑渡口

窗含夕阳。落日漫步在富林湖上

黑渡口，白鹭如闪电一亮

轻松完成了此岸到彼岸的交接

一目了然的岸不是岸

深不可测的湖，是江湖

我们在广富林谈论时光的隐身术

来去无踪，有迹可循

碎片里隐匿朝代，竹简里记录证词

陶土里收纳炊烟

光以明暗的方式移动

以长短计算，时光模棱两可

一天太长，一生太短

流水以浮萍的高低，表明曾短暂离开

月亮从湖水的宫殿搬到塔顶

在知也禅寺打坐

时光是汩汩的流水声

夜未央，古老的月光

正照亮

今天通往明天的渡口

清　晨

灯用一个夜晚阅读巷子的深度

闭上眼睛，冥想光的穿越能力

昨夜是一枚泛黄的书签

遗留在历史的书案上

耳蜗里储存了绿色的鸟鸣

清晨如牛奶般新鲜

大地肺腑里吐出鲜红的朝阳

身披黑夜的人接受了光的启蒙

逆风，内心装满明天的人已经启程

柳燕梁

告别（外一首）

是否每一次美丽的分别

可以预示下一次的相逢

那一天晚霞中的告别

在记忆里闪着金光

树影斑驳的小路

映衬你

转身向我走来的身影

那一刻

诗意朦胧，鸟儿歌唱

那一刻

秋风徐徐，我心安然

最美的遇见

那一天你我初次相遇

初秋的风有着阳光的绚丽

那一天我触遇了你的目光
一个最美的世界在我眼前呈现

那一天我听到了最美妙的声音
无边的幸福将我笼罩

那一天我听见你呼喊我的名字
我转身看见你眼里炽热的火焰

到如今，我还记得那一天
晚霞中的告别
霞光，树影
你走向我时轻快的步伐
朦胧的诗意在我周围弥漫

那一天你要看到满天闪烁的星星
那是我在向你展现心底的秘密

那一天你要看到蓝天里悠悠的白云
那是我遥想你时愉悦的笑颜

宋憩园

比如说生活（外一首）

日子缓慢如花开。
搬新家后，我睡得早
起得早。你早，你好！
我审视房间的摆设
内省在你心中的位置。

烧一壶开水，煮俩鸡蛋
在沙发上读一会儿书，我读得越慢
内心越丰满。我拆解词语。
阳台上的花香，通过风
被送到这里。

"我们要享受生活，
不是去享受想象的快乐。"
读到这里，我把书合上
去卧室吻了一下她的额头。

这一刻应该出现在诗句里。

应该被更多的朋友所读到。
窗外鸟叫，大于鸟本身。
她在睡梦中将我的
今天回笼。我以敲碎鸡蛋壳
取出鸡蛋黄的方式，享受垂直的快乐。

年龄的礼物

在植物中，时间变慢了。
这是在房间里感受不到的。
罗汉松顺从着它的枝叶
历史的力量让视野明亮。
在一棵黄杨树下，我停驻
凝视，叶子在叶子上滑行。
紫竹隐匿于昏暗，黑松伸展
固守东南的宸宇，梅花占据西南。
石级环绕四周，花境高低参差
将我们的情感聚合一处。
二十五岁，我想拥有很多东西。
三十五岁，我可以在花径坐一天。
夜深人静，在露台的宽阔中静默
感受四面八方的光亮
以及直立着的、弯曲着的耳朵。

张开江

离沪返滇有感

雪落云间轻入梦,
朝离沪上向家山。
爹娘急问何时至,
高铁飞驰一日还。

过娄底见窗外雪景有感

铁龙呼啸过星城,
雪满苍山送客行。
即使归途千里远,
乡愁减半景相迎。

醉白荷韵

一夏江南伴水行，
千年荷韵墨文耕。
诗心愿与莲心结，
共写云间羁旅情。

新春由沪夜抵昆明有寄

我向乌蒙去，
青山不寂寥。
千家灯火照，
万壑雪花飘。
许是归心切，
何愁陌路遥。
团圆终可盼，
美酒共良宵。

雨后晚晴

近日炎炎暑气蒸,
蚊虫扰梦苦难承。
千畴雨滴滋蔫树,
几缕清凉护嫩藤。
犹喜晚晴燃火焰,
坐看霞照破云层。
诗材方得虽临夜,
一片橘红如点灯。